復旦哲學·中國哲學文獻叢書

捌

東亞《家禮》文獻彙編

朝鮮篇

①

主編
吳震
[日]吾妻重二
[韓]張東宇

上海古籍出版社

退溪先生喪祭禮答問

［朝鮮］李滉　撰
王志剛　整理

《退溪先生喪祭禮答問》解題

[韓] 韓在勛 撰 林海順 譯

退溪李滉(一五〇一—一五七〇)開朝鮮時代《家禮》研究的先河,《退溪先生喪祭禮答問》是其代表性的禮説集。然而,該書並非李滉本人所編,他生前没有進行任何關於禮的著述或編撰。不過,他的文集不僅收録了很多與門人或知舊就《家禮》進行問答的往來書信,還留下了大量涉及禮學各个方面的文章,包括國家典禮、書院享祀禮等。雖然通過講學或答問,李滉的學説有了很大影響,但由於他没有著述或編纂禮書,所以其門人感到有必要整理先師的禮説。《退溪先生喪祭禮答問》就是其中的代表性成果。十六世紀末,李滉的門人趙振(一五三五—一六二五)任公州牧使時刊行了該書,並撰寫了跋文。延世大學校學術情報院國學資料室等有藏。

《退溪先生喪祭禮答問》收録了李滉與四十一人就喪祭禮相關問題所作的往來討論。如果將《退溪先生喪祭禮答問》收録的資料按照《家禮》的喪祭禮體制進行分類的話,則與喪禮相關的共二百三十一則,包括成服三十四則、奠上食十八則、葬二十四則等,與祭禮相關的共一百五十二則，包括四時祭四十七則、忌日十九則等，另有其他主題十九則，共四百零二則問答。

李滉平時對門人作的《家禮》講解，賴門人李德弘（一五四一—一五九六）整理的《家禮注解》、金隆（一五四九—一五九三）整理的《家禮講録》等得以流傳。《退溪先生喪祭禮答問》中，《家禮》没能解決的與變禮相關的内容居多。李滉在編纂《朱子書節要》的過程中抽出朱熹禮學的定論，將之用作應對多樣變禮的根據。他將朱熹應對變禮的觀點和方法運用於自身所面對的變禮狀況中，而這一傳統也被他的後學所傳習，他們試圖通過《退溪先生喪祭禮答問》來考證李滉的觀點和方法。

《退溪先生喪祭禮答問》雖然不完全是禮書，但所選編的内容以考證爲基礎，所涉主題又很廣泛，因此，在朝鮮禮學之後發展中，被視作重要的基礎資料。然而，該書從刊行初期，就被指出在諸多層面存在局限。金長生（一五四八—一六三一）不僅指出該書的内容存在與古禮不符之處，而且還留下了《喪祭禮答問辨疑》一文。從體制上看，該書由於是從時間和對象受限的往來書信中選取的資料，而且其内容大部分局限於喪祭禮等，因此一般認爲存在局限性。

爲了克服類似的局限性，退溪學派内部持續展開了以類編書的形式對該書進行修正和補充的嘗試。首先，鄭逑（一五四三—一六二〇）没有像趙振刊行《退溪先生喪祭禮答問》那樣只是單純的選編，而是作了分類。該書據説已失傳，作爲筆寫本現存的《退溪先生喪祭禮答問分類》（高麗大學校圖書館所藏）被認爲有可能就是鄭逑的類編本。除此之外，金士貞（一五五二—一六二〇）的《溪門禮説》、孫起陽（一五五九—一六一七）的《退陶禮説》（或《退溪先生喪祭禮説》，失傳）、金應祖（一五八七—一六六七）的《四禮問答》、趙克善（一五九五—一六五八）的《抄寫退溪喪祭禮答問》（失傳）、李惟樟（一六二五—一七〇一）的《二先生禮説》、李瀷（一六八一—一七六三）的《李先生禮説類編》（失傳）、李野淳（一七五五—一八三一）的《溪山禮説類編》、林應聲（一八〇六—一八六六）的《溪書禮輯》等，都是退溪學派具有代表性的《退溪先生喪祭禮答問》修正補充之作。

本次整理，以延世大學校學術情報院國學資料室所藏本（圖書編號：MF［古書貴］7010）爲底本。該本爲木版本，一百五十二張一册。無目録，卷端題「退溪先生喪祭禮答問」。此本半頁十行，行十八字，四周雙邊，内向二葉花紋魚尾，中間記書名「喪祭禮答問」。

目録

退溪先生喪祭禮答問

退溪先生喪祭禮答問

答李仲久 湛 甲子

有後母生存而遭父喪者，前後子孤哀之稱果似互有嫌礙，而未有經據可斷。然鄙意，來示所舉一朝官只稱孤子者爲得之。蓋士大夫後娶者亦媒幣所聘，固爲正室，非如嫡妾之間殊等之分。故禮於後母生事喪祭，一如己母而無異，何可以非己出而遽稱哀於其生之日乎？況人子孤哀之稱，出於至痛而不得已也。其稱出於不得已，則其猶可不稱處所不忍稱之，無疑矣。父亡而稱孤，母亡而稱哀，俱亡而稱孤哀，所謂至痛而不得已也。一母亡而一母在，是正所謂猶可不稱哀處，豈可忍而猶稱哀乎？前母之子既不敢稱哀於後母之存，則後母之子不稱哀，又何嫌於前母之亡乎？前之子非忘己出，後母之存猶己出之存也。後之子非不母前母，爲存母諱哀，而前母之爲我母自若也。或人所謂聯書則同稱，分書則異稱，甚苟而無理，恐不可從也。

「母喪身死，其子代喪」之疑，此中亦有數家遭此故來問者。考之前籍，未有可擬。其一家答以不知。其後一家則答以如所示甲者之言，而致疑於其間，令其自擇而處之，未知其人終何如也。然以事理言之，甲者所謂祝文及奉祀之類皆當以長孫名行之，所以不可不追服。此恐不易之理也。乙者所謂其子已服，其孫不追服。雖似近之，其奈喪不可不終三年。而又無無主之喪，其於祝文不可無名而行之。又禮無婦人主喪之文，則冢婦主喪之説又不可行也。如何？如何？然古今人家比比遭此變故，而禮文所萃如《儀禮經傳》等書乃無一言及此，何耶？以是益疑而不敢决。然至於不得已處，此事則終不過如前所云爾。

答李仲久 乙丑

按《儀禮·喪服篇》「齊衰三月」條「爲舊君、君之母、妻」注：「舊蒙恩深，今雖退歸田野，不忘舊德，此則致仕者也。」其傳曰：「舊君者，仕焉而已止也。者也。何以服齊衰三月也？言與民同也。君之母、妻，則小君也。」注：「爲小君服者，恩深於民也。」此言庶人爲小君無服，今致仕之臣服三月者，恩深於民故也。以此禮言之，或人之爲，非禮也。蓋禮所云者，致仕者也，雖退而恩數在。故非徒服君，亦服小君。如或人非致仕、帶職銜之比，是當以庶人之義處之。至成服於闕下，則恐非禮之禮也。

答宋寡尤言慎　庚午

竊意長子無子，次子之子承重，應指適子孫而言。雖有妾産，恐未可遽代承也。冢婦奉祀，當代者不得受，則祭無主人，事事皆難處，所不可行也。而國法決訟率用冢婦奉祀法，中間尹彦久爲大憲，欲改其法。滉謂尹曰：「此法固可改，但薄俗無義，長子死，肉未寒，或驅逐冢婦無所於歸者有之，當如之何？故今若欲改此法，必並立令冢婦有所歸之法，然後乃可。」尹極以爲然，未知其後能卒改與否耳。

「祖母及母生存而孫奉祀，廟主遞遷」之疑，世人亦多有之。然苟如是不可改，則《家禮》大祥前一日何故不論祖母或母之存否，而直行改題遞遷之禮乎？夫莫重於昭穆之繼序，而或子或孫既當主祭，則世代之變已無可奈何，雖有所大悲戚者，而亦不得不隨以改遷也。

士大夫祭三代乃時王之制，固當遵守。而其祭四代亦大賢義起之禮，非有所不可行者。今世孝敬好禮之家往往謹而行之，國家之所不禁也。豈不美哉！但其疏數不同之説，古者廟各爲一，故可如此。今同奉一堂之内而獨疏舉於高一位，事多礙禮，如何？如何？

祭之儀節、饌品從禮文爲當，而古今異宜，亦有不得一一從禮文處。循祖先所行，恐無不可也。婦女參祭如示，甚善。

神主旁題之左右，古亦有兩説。然滉謂《家禮》，朱子之制；《大明會典》《五禮儀》，時王之制。皆題在人左，今當依此而書之。近又見《濂洛風雅》張南軒《武侯贊》下記朱子跋云「題其左方」。此亦必指人左而言，不亦爲明證乎？

答金亨彦問目 泰廷　己巳

今人廬墓成俗，葬不返魂，故卒哭明日而祔，率不得依禮文退。至於祥畢反魂之後，是與程子「喪須三年而祔」之説，名雖同而其實則大遠矣。其失不在於三年而祔，乃在於葬不返魂一事也。今謹喪之家若能依古禮而返魂，則事皆順矣。既不能然而行於祥後，則不卜日，當以返魂到家之日行之。來諭疑禫日而祔非也，又疑時祭日而祔亦非也。按《五禮儀》，大祥祭行於靈座，畢，即詣祠堂行祔祭。

同堂異室群主皆遷，而獨祔祖一位，朱子亦以爲無意義而猶以愛禮存羊之意處之。今當從之，但《家禮》祔在卒哭後，則遷廟尚遠，猶或可也。今在祥後，正當諸位遞遷之日而不及他位，尤爲未當。《五禮儀》曾祖考妣以下合祭，恐當如此。告遷題主，大祥前一日行之，禮也。若墓遠，非一日所可往返，又不可喪主在彼而使他人攝行，則前期數日來行告題而還及祥祭，勢出於不得已也，如何？如何？如來喻返魂之明日行之，亦無不可，但欲依禮文前期而行之故耳。

右數段説移祔於祥後，而據《家禮》本文、丘氏《家禮》及《五禮儀》士大夫祔禮參酌爲言。其節文詳於《五禮儀》，乃時王之制，考而行之可也。

若欲從朱子《與學者書》云云之説，俟祫祭而行遷廟禮，則大祥前告遷、改題等禮皆且停退。返魂日祔祭，亦只請出當祔之主。祭畢，奉新主隨入其祖室以俟喪畢後，祫祭前期一日，乃以酒果告遷，改題主，猶各仍入于其室，厥明合祭。新主同祭。畢，還主時，乃依朱子及楊氏説行之。

竊詳朱子之意，初述《家禮》惟以酒果告遷者，豈不以喪三年不祭禮也，而合祭群室乃祭之大者，非喪中可行故也歟？後來又以謂世次迭遷，昭穆繼序，其事至重，但以酒果告，遽行迭遷爲不合情禮，故引張子語及鄭氏注以爲禮當如此。此古人所謂禮雖先王未之有，可以義起者也。其用意婉轉，得禮之懿。今如右行之，則於祔既不失「孫祔于祖」之文，於遷又以見迭遷繼序之重，亦無古今異宜。難行之事，在人所擇也。

所謂三年後祫祭之，三年謂禫後也。未禫，不可謂喪畢。又不可以吉服入廟，故俟禫後行祫祭，但士大夫祫禮不可考，今以時祭當之。

祠堂三龕，欲增作四龕而患狹隘。與其取東壁添作一龕，愚意不如取西壁添一龕爲得之。蓋西壁東向，本始祖居尊之位，今以爲高祖之室，非但有居尊之義，仍不失遞遷而西之次，未有不可。若考妣居東西向，古禮無可據矣。

答李淳問目 甲子

繼祖之小宗固不敢祭曾祖。若與大宗異居，時物所得，獨祭吾祖似未安，奈何？

獨祭祖雖未安，越祖而及曾祖，恐尤未安。若是支子，則雖權宜殺禮而祭禰，亦未可及祖。

有叔父恩愛無異親父而無後，使侍養子奉之。欲於四時之祭以紙榜祔祭於祖廟，何如？

既有侍養子奉祀，則祔祭亦未穩。不若以物助奉祀，時時參祭而已。

父母墳與外祖同托一山，則祭之當何先？

先外祖。

驛館寺壁有先人遺墨或姓名，拜之何如？

但致敬慕爲可，拜之過當。

祥期已過，襄事未畢，則不當變服否？

不變。

無子而有兄弟姪婿，則喪葬祝文宜書何名？「夙興夜處」「小心畏忌」等語當何云云？

其中必有主其喪者，當書其名。祝辭則當量宜改之。

無子，妻喪。雖有姪壻，夫當自告否？

夫告。

未嫁之殤，亦可祔廟否？

何可不祔？若已嫁者，不可謂殤。

父臨子喪，亦當拜否？子若無子，則父當告否？

《禮》「同居者各主其妻子之喪」注：「妻，則當拜；子，不當拜。」

若有乳下兒，猶以兒名告否？

兒名，攝主告。

叔父祭姪，亦可拜否？

亦不當拜。

答安東府官乙丑

前者兩大喪皆所親經，老病昏忘，細微曲折全不記憶，深用慚罪。所疑數條中，麻帶、布帶，

《家禮》《五禮儀》齊衰皆用布帶，則恐當用布也。《五禮儀》只有麻帶之文，而不稱布帶者，其上注中有「内喪則齊衰」之語。既云齊衰則布帶在其中，故不別言布帶耳。疑禮曹未及詳察，仍以麻帶行移也。

駿網巾　段頭　燕居服　出入服　馬裝

右件事，禮官既不言，處之實難。然嘗見朱子《君臣服議》及答黃商伯、余正甫等書所言，則今之《五禮儀》所定國恤臣服似依朱子説參酌而定之也。其《答正甫書》有曰「燕居許用白絹巾、白涼衫、白帶」云云。以此觀之，燕居只白衣，布衣皆不妨。帶或條或布皆用白。冠則疑卒哭前布裹笠，卒哭後易白。駿網巾則雖布裹紗帽中不易，但段頭不可不易。凡華盛之物皆去故也。笠纓用白布，木之類似無妨。如何？如何？鞋履宜用白。出入服，京官皆著衰服，外官恐與京官不異也。馬裝諸具中華盛者權處之，或易故件，或雖塗裹，恐亦無妨。然此皆妄料如此，殊覺未安。須博謀知禮者處之，至當至當。出入别制生布至領似無妨。然時王之制無所據，未敢定行。君喪古云方喪，實與親喪同之，後世廢之久矣。盛宋猶未復，朱子慨嘆而有議。其後稍復，而本朝尤謹。然尚多遺制私中，難以一從古禮。

答金敬夫、肅夫宇宏、宇顒　丙寅

宇宏等考禮繆誤，題奉祀於寫者之右。今悟其非，欲改正，而未知因練祭與大祥之日，孰爲得宜？

題奉祀名，朱子《家禮》「其下左旁」本謂寫之左旁，非有可疑。而後賢又有題神主左旁者。今人多主後出之説，必欲不用朱子説，尋常所未喻也。今若欲改，固當於練祭改之。何必更俟大祥而後爲之？蓋大祥改題主時，新主尚在几筵，雖俟其日改題亦與先世改題別一節次。均是別一次，先事而爲之，恐無妨也。

小祥別製服，古也。據《家禮》雖云「陳練服」而無別製衣裳之文。又據《禮記·檀弓》「練衣黄裏」注曰：「正服不可變，以練爲中衣，承衰而已。」今擬不製服，但作練冠，去首絰以下，又以練布製承衰之中衣，庶幾從簡而不失存古。

小祥不別製服。朱子所以斟酌損益得時宜之禮，如所示爲之，甚當。

朱子云：「斬衰，草鞋；齊衰，麻鞋。」宇宏等考禮未悉，成服時用藁草鞋，今似不可中改。但按《檀弓》練有「繩屨」之文，注云「麻繩屨也」，欲據此小祥改作麻鞋。

小祥改作麻鞋，禮有初未合宜者中而覺之，據禮而改之，豈有不可者乎？滉懵於禮學，承問之及，率爾奉報，汰哉之誚，無所逃免。惶恐！惶恐！

《家禮》祭饌有醋楪。弊家三年之中只象平日，用醬代之。後日家廟常祭，當如何？又饌有鹽楪而不言設處。丘氏《儀節》則鹽醋二楪並設於前一行，而亦不設醬。醬者，食之主也。於祭不設，抑有何義？

只一依禮文，鹽醋具設。其設處且當從丘氏。然凡飲食之類古今有殊，不能必其盡同。以今所宜言之，鹽不必楪設，各就其器而用之。醬則恐不可不設也。所謂「象平日，用醬代之」者得之。

禫冠用草玄笠，是玄冠，極未安！《五禮儀》用白笠，俗用草笠，不知何據？今欲黲布裹笠，如何？

草玄笠固未安。《五禮儀》白笠之制不知自何時變而爲玄冠也。若此等事，向也皆不能據禮變俗，今不敢硬説。

告祭時果一大盤，只一器否？盞盤是盞臺否？

一大盤，盤中所設恐不止一器而已。盞盤應是盞臺。

祝文云「潔牲」「無牲」，云「庶羞」。今或買肉，則從無牲例否？如或殺牛，則曰「一元大武」，雞則曰「翰音」，可否？《家禮・祭圖》牲無設處，如用之，不知設於何所？

牲不特殺，則不可用「潔牲」等語。士大夫廟祭不聞以「一元大武」爲祝詞。假使一時因事殺牛，非平日每祭輒殺牛，則一用此辭而後不用，尤恐不可也。

《禮》云「斷杖」而無「焚衰」之文，今人焚衰不知何據？《曲禮》云：「祭服敝則焚之。」衰亦祭服也，焚之似得。或有據禮不當焚云者，其説如何？

滉所疑亦如來喻。但若當焚之，《家禮》何故不言？是未知耳。

答金敬夫、肅夫庚午

過詢禫日變服之節，所疑果似有之。然變服，禮之大節目。若果祭而後始變吉服，《家禮》當明言以曉人，豈宜泛然云皆如大祥之儀？其無陳服之文，豈不以喪服之漸變者當陳，吉服之即常者不當陳也耶？且既祭之後改服之節又當何如而可？納主而後變，則是不告神以喪畢之故。抑未納主而吉，則吉後都無所爲於告神喪畢之節，恐皆未安也。嘗觀禮經自禫即吉，其間服變之節，殆有五六周。禮文繁乃如此。後世固未可一一而從之，故《家禮》只如此。今若以尚有哭泣之文，純吉未安，只得依丘氏素服而祭。何如？何如？至如上丁國忌之避不避，無所考據，尤不敢輕説，只在僉加商度之宜。竊恐禫古卜日以祭，其無恒定之日可知，退行亥日，其或可乎？滉不學昧禮，每於誤訪，妄有陳獻，極知愚僭，不加斥外，復此咨問，跼蹐尤深。

《雜記》曰：「父母之喪將祭而昆弟死，既殯而祭。同宮，則葬而後祭。」祭謂大小祥之祭也。《喪服傳》曰：「有死於宮中，則三月不舉祭。」今妹歸夫家有年，以喪來此，死於是而殯於是，則是同宮也。先妣禫事當爲之三月不舉乎？又卒哭之前，四時吉祭似不可行。如朔望參謁、薦以時食之類，可以行之無礙否？

（右）〔古〕禮益所難處。從古禮，則葬前未可舉行審矣。但此等事人家比比有之。練、祥等祭必依古禮，葬後而行，或葬不得以時，因此而廢大祭，似甚爲難。竟不知當如何，亦在僉議，善處幸甚。

與李景昭 文奎　丁卯

似聞孝思無盡，欲於祥、禫後仍不毁廬室，以作居室，恒處其中，朝夕上食，就墓前行之。不審此禮何所據而然乎？若使先王制禮可不顧而直情行之，曾參、孝己無除喪罷上食之日矣。以閔子騫之孝除喪而鼓琴，切切而哀，曰：「先王制禮，不敢過也。」今君欲行曾、閔所不行之行，以爲驚世駭俗之事，不足以爲孝，適取譏於識理之君子，豈不可惜之甚。昔後漢趙宣以親墓隧道爲室而居其中，行喪二十年。仇香按得其服中多生子，怒而治其罪。今君廬室雖非隧道之比，以事言之，亦趙宣之類也。世或有如仇香之賢，安知不以爲罪乎？千萬深思，速改以就禮制，不勝懇望。

與尹安東復　丙寅

在前或值忌日待賓，自謂以己忌之故待賓以素饌，已爲未安。若受賓饋肉，留爲後日之食，尤非所當，故例不敢受。昨當拜受，單時不及致察，至暮乃知其中有獐、鰒等物。如以既受仍留，則非徒前者成虛，後難復辭。謹遣人奉還二物於下人。伏想俯諒微悃，不以爲怪。

答奇明彦大升　甲子

《握手説》考據精審。其剔出劉説之誤，尤有力。但其兩端有繫，皆在下邊。其先掩一端之繫，仍自下邊繞擘一匝，固順便。其後掩一端，則自下邊斜而向上鈎中指，勢不順便。如何？如何？冡婦主祭，前去鄙説有未盡處，未知何條，指出示破爲幸！

答奇明彦 乙丑

所論祧遷之禮有難行者，曲折甚悉。兼及德門先世祧遷有疑礙之故，皆推説到極處，不勝嘆尚。然所謂將有五代、六代之祭者，非獨德門爲然。滉衰門亦正有此事，而更甚焉。嘗因是思之，其大要皆由於妻尚在、母尚在、祖母尚在之説，而生出此許多違礙也。既蒙不鄙，敢先以躬所遭者言之。滉曾祖神主在小宗家，向來族姪主祀，已爲祭四代也。數三年前族姪死，而族姪之子當主祀，則爲五代矣。俄而此子又死，而族姪之孫今當主祀，則又爲六代矣。若以今制處之，當族姪主祀時，曾祖當遷于最長之房。第以門長曾有僉議，謂曾祖於吾門最有庇廕，不當循例祧遷云。此雖出於一時之議，有難遵行者。然若用《家禮》，則祭及高祖不爲過。故因仍未遷之間，族姪父子相繼死亡，猶以族姪妻尚在，疑可以未遷。今則姪妻又死，曾祖遷奉在所不疑。而主祀者尚守門議不欲遷出，而其下亦有當祧二位。方講求古禮，欲各遷奉而時未行之矣。冬春間有一二儒生來訪，偶言及祧遷等事，其所疑正與來喻同，且云今日都中士大夫家率用母在不祧遷之説。凡母在者，父喪畢，藏其主於別處，以待他日與妣同入廟，始行祧遷之禮。祖母、曾祖母皆然云。可知人情於此皆有所不安者，意亦甚厚。然詳考禮文，竊恐未爲得禮之正也。謹按文公《家禮·祔章》注，高氏但言「父在而祔妣，則不可遽遷祖妣」云云。不言母在而祔考，則不可遽遷祖考。楊復亦但言「父在祔妣，則父爲主」云云。喪畢未遷，尚祔於祖妣。待父喪畢，遞遷祖考妣，始考妣同遷而已。亦不言母在祔考，則母爲主云云。喪畢未遷，尚祔於祖考，待母喪畢，遞遷祖考妣，始考妣同遷也。又《大祥章》改題遞遷、新主入廟等事皆爲父喪而言，而其禮之首末一直如此行將去。未嘗言若母在則不可遽行改題、遞遷等事。且當置考主於別處，俟他日母喪畢，後方可行此禮也。此章注、朱子《與學者書》及楊氏説雖皆有新主且祔祖廟云云，然至纔行合祭訖，即便入廟，非待他日母喪畢而同入也。聖人非不知母在而遞代爲未安，其所以如此者，何也？父既死則子當主祭，子既主祭，子之妻爲主婦，行奠獻。母則傳重而不奠獻，故曰：「舅没則姑老，不與祭，與則在主婦之前。」《内則》注：「老謂傳家事於長婦也。」此與冢婦不主祭之説當通爲一義矣。蓋夫者婦之天，夫存則婦雖亡而不易代，夫亡則婦雖存而以易代論。斯固天地之常經、尊卑之大義。聖人之制禮以義裁之，而孝子之情不得不爲所奪焉故也。昔胡伯量問於朱子曰：「先兄既娶而死，念欲爲之立後。既立則當使之主祭，則某之高祖亦當祧去否？」曰：「既更立主祭者，即祠版亦當改題無疑。高祖祧去，雖覺人情不安，然別未有以處也。家間將來小孫奉祀，其勢亦當如此。」今詳此言，亦不論母之在否而直如此斷置，豈非所謂無可如何而然者耶？由是觀之，其以妻在、母在、祖母在而不行祧遷，其可乎？其不可乎？可則已，如以爲不可，則來喻所謂曾祖之妻尚在，埋其曾祖之主；奉祀者之祖母尚在，埋其祖之主。雖皆未安，恐不得不限於禮而奪於義。況可以二母在故，遷奉其主而可行乎？在德門其他所處，殆亦决於所稟可不可之間，不敢重複妄陳。其中有云曾祖於主祀者爲高祖，在今當遷而勢難行焉。則恐此事不須以母尚在爲説，只據《家禮》祭四代之義而祭之。雖若少違於今，而正是得合於古。來喻以謂權宜可行者，真確論也。至其上又一代則在古制當祧，雖用母在之説，猶未宜留奉，況不用乎？恐於遷奉雖有難勢，舍此更杜撰不得。朱先生所謂别未有以處者，正謂是也。如何？如何？然德門六代預料而言之耳。如敝門已見其事，而遷奉之舉尼於門議，雖考得禮意如右，而事勢緯繣尚未能斷。然行得承問之及，深用愧惕。然又不可不盡於左右以求是，正敢歷陳瞽見。切望精加參訂，復以辱曉之，幸甚！

末段三代、四代之定與主祭説一紙，皆爲一件事。故合而論之，夫爲周人而從周制，聖人所不免。況今身非五宗之主，而令於十餘派小宗，欲通行古制，豈不難乎？此固一説也。然今有人焉，主祭而篤孝，好禮自出意欲，祭四代則是亦一道，豈至於違條礙格而不可行乎？故滉常以爲若此等事，於己度義量力而行之則可矣。論人而人自樂從，亦無不可。若欲率人以强之必行，則乃王公之事，非匹士所敢爲也。今也令伯氏書咨以當作幾龕，是有欲遵古制之美意。因此而勸以成之，正得好幾會也。吾非居位，故於人或可從周。士貴稽古，故於己不害返古。恐兩行而不相悖，安有議禮拂時之嫌也。然敝門未有此幾會而僭言之，及此亦殊犯古者言不出之戒，汗蹙無地！

爲冢婦立法，令其得所。如所示乃出於義理之正，使傳受者而吉人也，固至善可行之法也。第念世降俗偷，人率多如蠻如髳者。又傳重之事不能皆在於叔姪至親之間，或在於緦、小功，甚至無服之親，如此而用此法，勢必有難相容者。如欲救此，請復爲之立一法，嚴其不容不養之罪以糾督之，其亦庶乎其可也乎。

父母生存，長子無後而死。爲長子立後而傳之長婦，此正當道理也。若不立後而謾付之長婦，則是使冢婦主祭，世或有此事。而今所辨云云者也如何，且看人家遇此故，父母之情多牽愛次子而欲與之，爲次子者亦多不知爲兄立後之爲義，而欲自得之，因卒歸於不善處者，比比有之。尤可嘆耳！

握手下角之繫如所示。繞手一匝之際反繚之，然後向上鈎之，恐其不順便，依然只在也。且疏所謂反而上繞取繫者，以先有一匝向上之繫在手表，故可依此而上繞。今方當繞手一匝之際而欲繚之，則無物可依以繚之，恐其說又難施也。如何？

答奇明彦丁卯

朝廷禮制，逋外微臣非所敢知。曾忝厥職，不免與同僚議及一二。今以來詰，兹敢略布當日之謬意。

無服之説，諸侯典禮固無考據。只見《儀禮經傳・君爲臣服圖》及《天子諸侯絶旁期服圖》而推之。諸侯雖絶，兄弟期而不服。若弟是繼體，則必服期者，據適孫、適曾孫、適玄孫皆服期而知之也。既不以弟爲子，而兄弟之名猶在，則嫂叔之名亦不可没。古禮嫂叔無服，故用古而謂疑無服耳。今謂滉以士庶人一家之禮上擬而斷定，恐非滉本意也。然若謂雖嫂叔之間以繼體義重，不可不服，則恐當用《家禮》小功之服，不必避《家禮》而創爲無據汰哉之説也。

稱謂只據程先生論濮王稱謂而定，恐不至太誤也。朱子雖嘗有稱親、稱伯，皆未安之説。然未見有改而當稱某號也。則今只當從程子説，揆諸義理，亦無舛誤。不知何爲詆斥至是耶？「皇」字，古士大夫通稱之，亦如今人用「王」字稱祖父母也。《家禮》雖改用「顯」字，自主上而用「顯」字，下同士大夫，亦恐未安。只得依古與程子，用「皇」字。

答奇明彦 己巳

奉示謹悉。皇兄、皇叔、皇親、皇子等「皇」字，雖爲皇帝之「皇」字，若《曲禮》所云，歷代人家所用「皇」字，則固是美大之義，故今宗廟亦得用之。如其皇帝之「皇」，宗廟亦豈得用耶？元朝雖有一時之令其許用「顯」字，今不得用於此稱。況禮云天子稱同姓諸侯之尊者皆爲伯父，今若去皇而只稱伯父，無乃與泛稱同而益疏之耶？前賢猶有别立殊稱之言，而今反苦争此一字於人家例用之外，如何？如何？且此非以書於神主也，只於主上次有屬稱之定，獨不得隨人家所用而加此一字耶？如必以爲不可，或以「大」字代之亦可。謹姑禀。

答李剛而 楨 庚申

既除服，而父之主永遷於影堂耶？將與母之主同在寢耶？子從時遭父母偕喪，而將先除父喪，故所問如此。影堂，自家廟之制廢，士大夫祭先之室謂之影堂。蓋奉安畫像於此而祭之，故稱影。影堂即祠堂也。祠堂之名始於文公《家禮》，前此稱影堂。古人葬後，即反魂設几筵於正寢，奉神主在此。經三年，子從偕喪，兩神主同在寢矣。今當父大祥，除父服，故問祥後禫前父之神主當先永入於影堂乎？抑姑且無入而與母主仍在正寢爲可乎云云。先生謂自當先遷云者，父既祥除，主當先入于影堂可也。然此必子從之父是衆子，非入祖禰廟，故其禮如此。若入祖禰廟，則其入廟節次又與此不同。詳見《家禮》。

答李剛而 乙丑

不意國恤，普深恫疾，如浼尤以退在未安。適因辭狀命遞同知，稍以爲幸。示問墓祭忌日雖似未安，似不可廢。故不上冢，只於齋舍設素饌，暫以白衣冠行之，似無妨。時祭則不可以素饌行之。卒哭前權宜停廢，似當卒哭後烏帽行之。令諭爲當。且祭時當立，據禮文無疑。但國俗，生時子弟無侍立之禮，祭時不能盡如古禮。如墓祭、忌祭皆循俗爲之，惟於時祭則三獻以前皆立，侑食後乃坐。此家間所行之禮也，未知令意何如？《寒暄家範》内「夷虜」二字有病，姑闕之何妨？

答李剛而問目丙寅

去紐左衽，《禮・喪大記》「小斂、大斂，祭服不倒，皆左衽，結絞不紐」，疏：「衽，衣襟也。生向右，句。左手解抽帶便也。死則襟向左，示不復解也。結絞不紐者，生時帶並爲屈紐，使易抽解。死時無復解義，故絞束畢，結之不爲紐也。」今按《禮》但云「不紐」，無「去紐」之文，世俗承誤，以「不」爲「去」，非也。又紐，世謂衣襟之系，亦非也。其文曰：「結絞不紐。」絞音爻，斂時之布謂之絞。絞字音巧者，緊結之義，與此字同義矣。紐雖訓結也，此紐字非止結也，謂斂尸布兩端相結處畢結之，令緊固。不作耳樣結，令易解也。故疏説云云。今人以絞爲襟系已誤矣。又錯認紐字之義，斂衣襟系皆去之，失之矣。左衽之義，疏説如此，未詳是否。襲不用絞，故無此一節。韵書別有袒字，衣結也。疑此乃襟系之名。

握手，《家禮》劉氏説不分曉。細詳《儀禮》本文，明是用兩個，兩手各用一也。今都下人力主用一之説，問之，則其言正如來喻，所謂束兩手加腹以象平時拱手之狀。然以其説求用之之法，一則兩手並結。擬諸平時而思之，至爲未安。一則兩肱臂節。所置各當其左右，脅下髀上之間橫斜反戾，勢不順適。又象平時拱手之説，古無所據，而況斂襲尸體，不取順適而欲强加以端拱之象，尤不近情。故奇明彦曾考訂《儀禮》，解釋爲一説以破其惑。而世之人强不可令者尚多不從。甚矣，人之難曉也。但明彦説於所以結束處，亦未明白。惟丘瓊山《家禮握手圖》用二片四角皆有繫，以之結束便易，今恐只依此製用爲當也。

行第稱呼，此事人多疑之。按《家禮》云彼一等之親有幾人稱幾丈云云。以此觀之，通同姓有服之兄弟而分其先後生次第而爲稱呼，明矣。其或堂兄弟、或再從兄弟、或三從兄弟，則各從其一時見在之親而爲定，似不拘恒規也。若以爲同生兄弟，其數不應如許之多也。題主所謂第幾者，亦指此而言。或以爲上自始祖者，以世代次第言之，此説非。

前日所詢第幾之稱，奉報有未盡，今更及之。其生時所稱則以再從、三從等兄弟之次爲定，無疑矣。至神主所題，今人多以爲世代之次。嘗見《治平要覽》「光武上繼元帝後」處注云云，其意亦以世代之次爲第幾。此注乃本朝鄭麟趾等所爲，則吾東人自前輩已有此説。然滉意終以爲未然者，一般第幾字生死異用，恐無是理。又朱子《答郭子從》論「主式」處云：「士大夫家而云幾郎、幾公，或是上世無官者也。」若爲世代之稱，豈宜曰幾郎、幾公耶？惟兄弟之次乃生以爲號，故死亦仍稱之耳。故滉謂今人生時既無第幾之稱，神主不用此稱，恐無不可者也。

父在爲母期，古禮也。今雖廬墓，既依古禮期而除服，則何可不返魂而仍爲廬墓乎？只當反魂而以禫服行之，至當。既曰爲父除衰，而又曰禫服行之，未安。此不知禮而徒徇情之言也。

今國恤，官人卒哭後變服，有事於陵所則反喪服者，與父在爲母期之禮，全不相似，不可援此而反用既除之服以祭也。惟反魂一事則禮意雖如上所云，若未免俗習，則且或從俗，亦恐無妨耳。

用油灰，或槨内、或槨外所宜，不曾親歷其利害，故不敢臆料以妄報也。且此間士人曾有欲純用油灰者，滉意朱子既有瀝青無益之說，而只用沙灰，云：「今若用純油灰，漸以成俗，則貧者力不辦，恐有緣此而葬不以時，是自我開弊也。如何？」其人遂不用此，乃二十年前事。今而思之，開弊雖未安，滉勸止之，亦無乃傷孝子之心，反爲未安。以此今日尤難於答辱問也。

明器，古人亦有不用之說。其不用者，恐致壙中空闊且無益故也。然制禮之意，云不欲致死之，故用平時之物，不當致生之，故具而不可用。其義亦甚切至而精微。略用而別作便房以掩之，恐無不可也。

兩親墓東西定位，想中國俗葬皆男左女右。故朱先生葬劉夫人時只循俗爲之。其後丘文莊亦不欲異俗而云云也。然朱子答陳安卿之問分明謂祭而以西爲上，葬時亦當如此方是。則此乃爲晚年定論，而後世之所當法也。今者尊先祖考妣墓雖與今所定左右不同。滉意朱子定論既如彼，又西邊狹側不可用，則用於東邊，恐無可疑也。今之所恨在於先祖考妣位次難改，無如之何耳。不當緣此而有疑於今所定也。如何？如何？大抵丘文莊好惡頗有不中理處，恐不必盡從其論也。

笴制未詳，恐未必別有其制也。

明器、便房依《家禮》實土及半，或過半。穿壙一旁作小竅藏之，而密塞其口，因而下土。見人葬皆用此禮，未見用於棺槨間者。

陷中誤書云者，謂第幾爲世數之誤耶？此本稱行輩而今爲代數，其誤明甚。然改之亦重難，姑仍之，何如？朱門人有神主違尺度者，有製喪服失古制者。問欲追改，答以不當改，故云恐難改。

頃見惠書答附觀象之行，今復得玉堂人捧來書，審知患證非偶然，深爲懸情。素知令體未甚充完，加以草土三年餘，羸毁可想，而又仍蔬素至今，何怪乎積傷如不支耶。先王制喪禮，雖極致謹於饘粥蔬素之間，又反復開示以權宜救生之道。此豈薄於君親而然耶？必有甚不得已處。故如是立教，若以極憊極傷如令體而猶執致謹之説，終却用權。愚恐非達識君子所忍爲也。如何？如何？滉寒疾在告已數月，惶恐愧負，不知所云，惟冀珍愛不宣。

答趙士敬穆　癸亥

示喻悼憫之深，果無可比。但《家禮》不成殤者只云哭之以日易月而别無論，適子當爲後，不成殤者之如何？以意推之，只得如公所示爲當。但如今爲長子斬衰三年之服，行之者亦未有聞。獨於此如是處之，恐又有問無齒决之譏。不知於公意如何？吾意於中，亦當斟酌以處爲當。所謂素帶亦不當用布，絰帶亦可耳。

答李晦叔第六條

言諸生遭期功之服，冒哀在學中如常者，不禁也。

答鄭子中惟一　辛酉

卜以環珓，古所未聞而後世用之。其問於神明之意則與古奚異？然其爲物不能如蓍龜之靈，則安能保其必得神明之告而不差乎？只緣龜卜不傳，蓍草又不可得，則不得已而用其次。故其於筮占亦用竹算，意亦如此耳。

飯含云云，不獨飯含如斂絞。舉屍、撫屍之類皆喪者所當自爲。古人於此非不知有所不忍，所以必如是者，以愛親之至痛迫之情，當此終天之事，不自爲而付之人，尤所不忍。故古禮如此。今人不忍於小不忍而反忍於大不忍，切恐不可之大者也。

「班祔」注：妻祔于祖妣。所喻者是。而有子之妻則既祔而主還几筵。及喪畢，別置他室，或子室可也。

卑幼於尊長四拜、六拜，未有所考。但嘗見《程氏遺書》一卷有云：「家祭皆當以兩拜爲禮。今人事生以四拜爲再拜之禮者，蓋中間有問安之事故也。事死如事生，誠意則當如此。至如死而問安却是瀆神。若祭祀有祝、有告、謝神等事，則自當有四拜、六拜之禮。」據此而推之，則有四拜、六拜之義可知矣。但今《家禮》不論祭之有祝、有告等，而皆爲再拜。至丘瓊山則又皆爲四拜，此又未知其何意耳。

爲庶之服，人多疑問，非徒《家禮》《大明律》等書無之。如《儀禮經傳》乃集合古禮，無不該載，而亦無其文。尋常不曉其意，竊恐古人適庶之分雖嚴，而骨肉之恩無異，非如今人待之如奴隸，故其制服無所差別歟？未可知也。

父不與祭而使子弟攝行，則當依宗子越在他國而命介子代祭之例，曰：「孝子某使子某。」忌日與喪三年並祭考妣，非禮無疑。其遵俗行之無害之説或可用於忌祭矣。若於喪三年則吉凶並行。祝辭、哀哭既不可專主於一位，又不可兼行於兩位，於此最所難處。静存之説亦去泰、去甚之謂耳。父喪、母喪其爲非禮，一也。

七七齋，聞出於竺教，而不知其何謂。然古人論此等事非一，皆以開諭得許爲第一義。若不幸而終不得許，則亦不可咈親意，此亦古人已言之。今當信古而以至誠行之，如父母無命，而只出於兄弟之意，則亦當倣右意處之。而其從違之間、難易輕重之差比於父母之命則不無斟酌。要在不失友悌之情，而惻怛委曲以行之耳。

答鄭子中甲子

滉自十三至望日連有忌，故數處上冢，皆以十一二日行之，其設祭自滉家。今示行期在九日十日云，正與家中祭事相值，似難赴會。伏想回鞭必在望後，則滉亦無故，可相期會於彼。惟照量更示爲佳。書中有風水等災，又有「日有佳趣」等語，振意疑是秋夕也。

承許念五六欲過陶山，幸企！幸企！但緣滉念八九日爲忌日，故六七日有展墓事，勢必相違。不如開正回路爲約，則無相違之弊。惟照諒。夜燈作此書，眼昏不一。書中有「開正回路」等語，振意疑是正朝也。

答鄭子中別紙丁卯

叔嫂無服，當時只據《儀禮經傳》「君爲臣服」等數圖而類推之，疑當如此。今番歸舟，借載《通考》《通典》等書以來，閒中批閱，始見歷代所云繼統之服如彼。乃知前日輕信一書，不遍考閲而妄出大關之語，不勝愧慄！此事明彦書中極其辨論，心服不已。但其稱號之辨，於鄙意不能無疑，後日當面論之，今不暇耳。

答鄭子中己巳

題奉祀左方，以神主左方爲是者，不勝其多，不獨今人爲然。何氏《小學圖》等古書亦或有之，故金慕齋亦從之。許魏兩使所云如此，無足怪也。然滉所以不敢遽信彼而直欲從《家禮》者，亦有説。試言今人展紙寫字，一行既寫了，次寫第二行者，其先寫第一行必在人之右，次寫第二行必在人之左，以次分上下。故例稱在右者爲上，在左者爲下矣。朱子於題幾主後，既明言其下左方題云云，此必以先所寫一行爲上，故以次行爲其下。以在上者爲右，故以在下者爲左耳。然則其分左右正與《大學》「序次如左」之説同，皆以人對書而稱其方位，恒言莫不爲然。豈於此獨舍恒言而遽易其方位向背，以先寫在人右爲上者變爲在神右爲上，又以當在人左爲下者還就在神左而爲下耶？此必無之理也。况於書標石處謂刻自左方轉及後右而周焉，豈可謂自標石左始而乃及後右耶？此亦爲證，無可疑也。《家禮圖》雖或有誤，豈容皆誤。《大明會典》既從《家禮圖》，我國《禮圖》又從《會典》。今必欲舍先賢時王之制而從何氏，易恒言方位而强立無據之方位，豈爲當乎？然今人主彼説者皆以神道尚右爲説，滉又以謂今入啓單子書狀之類，初面先具銜書姓名，神座自西而東題奉祀於神主右邊，安知其不與此同意耶？然今既已從何氏説書之，改書恐亦未安。但金宇宏兄弟初從何氏説，後自覺其非，以書來問，欲改書當於何時改乎？滉答以「必改書，得失未可知，欲改則不可以非時，或於小祥爲之，何如」云。未知彼如何耳。

卒哭後有吊者，亦如其前。非但卒哭後以古禮言之，似三年内皆然。

朔望奠在禮亦無三獻等依祭之文，恐當從禮。而滉兄弟喪中依祭行之，今思之，恐未爲得也。

答鄭子中別紙 庚午

題主左右之得失，滉亦未敢質言之，但朱子《家禮》所謂左方定指人左，非神主左也。近又見《濂洛風雅》南軒《諸葛忠武侯贊》末注「南軒作此贊，文公跋其左方」云云，亦謂人左爲左方。是亦明證，不獨前書所引標石刻左之左字爲證也。改題之説，如欲爲之，當如來喻。

時祭極事神之道，故齋三日。忌日、墓祭則後世隨俗之祭，故齋一日。祭義有不同齋，安得不異？大祥日只云杖斷棄，不言衰與絰，處之如何？按禮云祭服敝則焚之，衰絰似亦如此，然禮無明文，不敢臆説。

虞祭、朔望奠則降神之禮，焚香酹酒各行再拜。時祭則二者並行一再拜，何以不同？

按非獨虞祭，其於祔及祥、禫皆各再拜，夫虞、朔之類，禮宜簡節而反備。時祭，禮宜繁縟而反略。皆不可曉，餘皆更詳之。

銘旌初立於右，終立於左何？

按尸南首而靈座在其東，則疑其初所謂立於靈座之右，與其後立於柩東者同是爲右。蓋自尸南首而言，則東爲右，非左也。如何？

挽章納于壙中，禮雖無據，從俗恐無害。蓋不納則置之，無所宜故也。

庶人只祭考妣？

來喻論辯恐皆得之。蓋禮既有妾子爲祖後之文，又《喪服小記》云「妾祔於妾祖姑」。萬正淳嘗舉此以問朱子，所答亦以疏義。妾母不世祭之説爲未可從。說見《節要書》第十卷。然則庶人只祭考妣，只謂閒雜常人耳。若士大夫無後者之妾子承重者，不應只祭考妣。故《大典》只云「妾子祭其母」，止其身而已，如今韓明澮奉祀之類。未聞朝廷以只祭考妣之法禁之也。

妾子之於嫡母，稱於人則曰嫡母可也。但以方言稱於母前及家内則别無可當之稱。恐只得如今人家婢御稱主母之辭而已。蓋於父既不得稱曰父主，於母安得而直稱曰母主耶？

庶母於己妻貴賤雖不同，猶是姑婦之行。其行坐位次、飲食先後，當如何處之？嫡女同。

此亦未有明據。然父在而母死，父不得已使一妾代幹内事。一家之人豈可不稍以攝母之義事之乎？故古有攝女君之稱。《雜記》：「攝女君則不爲先女君之黨服。」注：「妾攝女君則稍尊也。」又曰「主妾之喪」云云，殯祭不於正室。注：「攝女君之妾死則君主其喪，猶降於正嫡。故殯祭不得在正室也。」以此觀之，攝女君稍尊於衆妾可知，如是則子妻與諸女諸孫女直以貴賤之分，每事輒先於彼，則非但於庶母不知有攝母稍尊之義。其於事父之禮，亦有所未盡。故謂宜坐位則當避，食則當讓。讓食之節在家内當然也。若成衆燕會或他有壓尊處，或不得讓矣。惟同出於一路，乘馬者先於乘轎者。事體殊異，故不得不轎先而馬後矣。若可相避則避之，未可避則如上云。

古人謂正寢爲前堂。蓋古之正寢皆在人家正南，故祠廟皆在其東而無所礙。今人正寢或東或西，其在西者，祠堂難立於其東矣。弊門繼曾小宗家在安東，西寢而東祠，勢甚不便。近年方移置西軒之後，蓋隨地勢不得不爾耳。遺衣服、祭器依古制藏於廟固善，而密爲防盜之策亦可。若患此而藏於他，各在其人善處，他人似難爲説也。

國俗既有奴婢相傳，與田宅無異，則置承重奴婢，豈有不可。況兄弟衆多之家不置承重奴婢，泛同於衆兄弟，亦非尊祖重宗、崇奉祭祀之義，甚不可也。

滉嘗推得伊川引「哭則不歌」之説，正與來諭同矣。朱先生乃以伊川爲不是，竊有疑焉。蓋是時一慶一吊皆同朝共舉，一日之間吉凶相襲，旋罷旋集，禮瀆情散，恐不如翌日早吊之爲得，不宜以恒人聞親戚之喪即趍奔赴者例論之也。伊川豈不思而失言於其間哉！

與琴夾之、壎之 應夾、應壎　癸亥

阻懷不可言。就中昨見僑姪書，知以置婦開素事。今日寡嫂遣婢子，此事當如此處之久矣。今始決行，又恐其或尚堅執不聽，此則在兩君開諭切至，期於必聽而後已耳。以情言之，既發此願，似當從其志也；以義言之，兩邊皆有老親，豈可使慘目傷心之事常在眼前？此莫大不孝之事。又皆有同生諸位，緣此一事，大有妨於養志之奉，其他妨礙之事不勝枚舉，不得不以大義裁之。不可以矜憫未遂本願之故，而每因循也。况凡未亡人爲所天之亡靈所當盡心者，唯祭祀一事。今終身齋素，祭物付之他手，不親嘗調，不餕神惠，是終身不親祭事也。亦豈亡靈之意耶？以此等意曲盡開勸，在僉君已悉，不待滉言。若少有涉於非義，何敢如此耶？

答金惇叙 富倫　己酉

喪祭從先祖，此意甚好，且有父兄在，如之何其聞斯行之。故祭儀差失，卒然改之爲難。然吾之躬行出於誠篤，父兄宗族漸以孚信，則其不合禮者，猶可以方便請改而從善矣。恐不可終付之無可奈何而已也。紙錢之祭祭於門，此禮滉所未聞也。古人祭必祭於祊，以爲不知神之在此乎？在彼乎？故祭祊而求之。祊祭，祭門也。今此祭門似近於祊，然朱子《家禮》於時祭備舉古禮之宜於今者，而祊祭不舉，豈無意耶？今紙錢祭門，雖未知本出於倣祊與否，然紙錢非備禮之盛祭，而於祊則獨舉《家禮》之所未舉，恐失禮典之本意也。禮於三年喪祭，亦皆用肉，况忌祭何！疑今之喪與忌皆不用肉，乃取便於生者之行素而失其義。流傳成習，則反以用肉者爲怪。

可嘆！然則有能不拘流俗而用之以禮者，何不可之有？祖先忌日有涉所祭子孫之神而用肉祭之，以事亡如事存之義推之，似爲未安。而古未有所據，不敢妄爲之說。然滉意神道有異於生人，用肉似無妨也。若害理，則古人已言之矣。如何？如何？廟祭主人不在，則爲衆子者以主人之命行祭，固當矣。但於此亦有不可一概斷之者，若主人暫出或病，而命子弟行於其家廟，則爲子弟亦或以物助辦而行於廟可矣。或主人遠在而未及有命，或勢不能行祭。爲衆子者率意自辦而行於宗子之家廟，似有越分之嫌，恐不可爲也。然古有「望墓爲壇以祭」之文，朱子亦有以木牌殺禮以祭之説，此出於甚不得已之權，誠有其理而不可以易言也。若宦遊禄食之人遠離家廟不得參祭者，則固當依朱子之説，權以行之亦可。忌日既已行之於當朔當日矣，其於閏朔遇是日，何有再行之義乎？此意厚而不達於禮，不可爲訓典也。且忌日雖非己當行素之親，若當行其祭，則行齋素善矣。何非耶？妻親之祭，古亦無據，今循俗既已當行，則於妻父當曰外舅，妻母當曰外姑，若妻祖父母以上則禮無名稱，今不可苟加非禮之稱，從權不書稱號或可耳。若只至於尊者與祭，卑者爲主人，此祭祖考之稱以宗法之主人論之，則據主人而稱之無疑矣。若如今人輪行辦祭之主而謂之主人，則尊者雖非辦祭，而既在其位矣，子弟卑行，安可以一時辦祭之故，越尊長而以己之昭穆稱祖考乎？以同姓而出繼則所繼之義甚重，故本生父母反爲所壓而降服一等，豈可以本親生存之故不稱孤哀於所繼之重乎？今人不識禮義，而惟情是徇。既不降其本親，又以稱孤哀於所繼爲難，豈不謬哉！若但有撫育之恩而非繼姓之重，則爲不可耳。雖然，凡所問難多出於俗禮之所礙，無以稽之古典，而輒以妄意條列以復之，非敢斷其可否，聊發其愚而聽足下之裁。汰哉之誚，其不能免矣。

答金伯榮富仁、可行富信、惇敘問目喪禮　乙卯

並有喪，所以先輕而後重者，蓋葬是奪情之事，人子之所不忍也。特不得已而爲之，故先輕者，此也。若改葬，則所謂奪情之義比於新葬者則似有間矣。前日問及時，所以謂與並有喪之禮少異爾。蓋今日之事既與《曾子問》之意不同，則疑可以不拘先輕之例也。然此出於臆見，正犯汰哉之誚，爲未安。其後歷考諸禮，當喪而改墓合葬之禮並無據證。而改墓一事，古人皆以喪禮處之，考於瓊山《儀節》可見。今與其無據而創行臆見，寧比類於並有喪之例而行之，庶不乖禮意。故繼而有先輕後重之云，正所以救前言之失也。第其日適會病冗，未盡其曲折耳。惟在僉量。

改葬之服，既云親見尸柩不忍無服，則於改葬母也獨無服而可忍乎？此甚可疑。雖然，竊意人子於父母情非有間，而聖人制禮則多爲父壓降於母者，家無二尊之義最重，故謹之也。其

意豈不以五服最輕者緦，降緦無服。今既以斬衰當緦，則齊衰以下無服可當，故只以素服行之耶？觀瓊山《儀節》改葬服注，惟云子爲父，妻爲夫，餘皆素服布巾，而無爲母之文。然則以意加服亦爲難矣。但今當喪改葬，當處以偕喪之禮。則改葬時仍服斬衰，正得不敢變服之義。非如只改葬母，素服未安之意。如是行之，如何？若曾擇之所問乃指諸父昆弟之喪哭奠所服之節，與偕喪葬禮自不同。故朱子答云云，不當與此合而爲説也。曾擇之所問見瓊山《家禮》。

或曰：「《大明會典》《孝慈録》服制，父與母同，服斬衰。既服斬衰，則改葬緦服，豈不可同耶？」曰：「《孝慈録》服制即瓊山《禮》所謂今制者，多變先王之制，殊不可曉。未知中國人一遵此制與否？若用斬衰，則緦服固當同之。恐終有未合古制之譏耳。」

禮反葬云云，遂修葬事。又云「先葬者不虞祔，待後事」。據此則先改葬畢，但未實土以築。《曾子問》「並有喪章」小注：「張子曰：『先葬者必不復土，以待後葬者之入，相去日近故也。』復土謂實土也。」其明日治後葬，今若如此，則所喻奉新喪至墓所，又詣遷墓所一節，不爲患矣。但改墓卜日未必恰在後葬前一二日，或相去日遠，則未實土多經日，亦爲難矣。若緣此不得已在一日内，則新喪未窆，露處不可守，留昆季一人奉守爲當。蓋守喪次爲重，此一人雖未往遷墓所，恐無不可也。葬畢告廟時，則與未窆時不同，皆來告，何如？前云告廟時素服，亦出臆見，葬時既不敢變服，至此而變服，似爲未安。但既不可不告，又不可以凶服，不得已代墨衰之例，素服行之，庶得權宜。

但喪冠、絞帶不可入廟，令子弟出主而以右服奠告，又子弟返主。如何？

奉祀題左之説，從前只見《家禮圖》所題。意謂與《大學傳》「次序如左」者同例。蓋據自己向彼而分左右耳，更不置疑於其間。頃在都下見一士人，嘗游慕齋門下者云，慕齋謂左者指神主左旁而言。以慕齋公之該博，其言必有所據，心始疑之。及今示及《小學圖》，何氏注。見其所題正在神主左旁，然後乃知慕齋公亦必據此而言也。又得所諭「神道尊右」一櫝，內考右妣左而題奉祀於右爲未當之説。神主之右即人之左也。推究得亦精到，恐當依《小學圖》爲善。後日又考《大明會典》奉祀書神主之右與《家禮》同，乃更與書烏川曰：「此是上國當日見行之禮。孔子亦曰：『吾從周。』請並此參考處之。」烏川卒，從《家禮》書左。葬後合祭於古禮無考，則所行節目皆難義起。今既不能免俗而行之，則當取其稍穩便者爲之。位板，今難厝而後難處，不若紙榜，今附櫝內而後日焚之爲便。或者之説，宜可從也。

《儀禮》，將啓殯，設奠具於廟門外，及朝祖，又云「重先，奠從，燭從，柩從，及正柩于兩楹間，奠設如初。」此疑夕奠從柩來，仍奠於此，故云「奠設如初」。質明徹，徹前奠。乃奠。上既徹而此云「乃奠」，此指廟門外奠具，至是乃奠也。古禮如此，故文公《家禮》有設奠之禮。文公意亦似指前奠隨柩來奠，非別奠也。而瓊山則務簡，既以魂帛代柩，並此禮去之。凡朝祖所以象平時出告之禮，前奠之隨柩來奠者，奠所以依神，無時可去故耳。非爲朝祖設也，故文公存之。其別爲設奠，則平時出告未必皆有酒食之事，故文公去之。若瓊山並去二奠，則無乃太簡乎？《儀禮》雖别設奠，猶不奠於祖禰者，死而辭去，無取於奠獻之義也。亦無焚香再拜之文，蓋靈柩辭廟，喪者不可代行也。《儀禮》，朝祖正柩于兩楹間，主人陞自西階，柩東西面。衆人東即位，衆人必衆子也。此非變服而入也。蓋凶服不可入廟，指他祭及他禮而言也。若朝祖之時柩尚入廟，何凶服之不可入耶？

虞祭偶同則異日而祭，若同日合葬則虞不必異日，所疑正然。且夫婦一體，虞祭偶同，同日而祭似不害義。但所謂先重後輕，未必皆非合葬也。然猶必云異祭，此必有深意，不敢强爲之説。然與其徑直而行，恐不若從禮文之言，如何？

稱某朔似當以月建，然嘗考之，古文實皆指朔日之支干。蓋古人重朔，朔差則日皆差，故必表出而言之耳。

孤哀之稱出於後世，故古禮只稱孤子。然文公嘗云循俗稱不妨，則並「哀」字稱之無所害矣。「等」字不當書之，獨稱主人，此乃尊祖敬宗之義，衆子所不敢參稱也。

虞祭漸用吉禮，文稍備。著網巾似當，而禮文無據，故今人不用。蓋網巾亦出於後世，故禮文不載耶？未可知也。但又有一事，《喪服小記》云「緦、小功、虞、卒哭則免」，又云「既葬而不報虞，則雖主人皆冠，及虞則皆免」云云。此言既葬而有事，故未得虞即不報虞也。者，且冠以飾首，及虞則主人至緦、小功者皆免也。免者，去冠而以布繞髻者也。比於冠，則免乃哀飾也。

虞、卒哭乃去冠而用免者，喪事主哀，故雖漸吉而反用哀飾也。以此言之，虞不用緦巾，似無妨也。

若皮革之物不可入，則《家禮》必言之。今只云靴笏安於棺上，而無不用革靴之説，恐無不可入之理。但不獨今俗有此説，瓊山亦有布履，今亦更無援證以破其謬誤。然則姑從俗，何如？張説之説亦不知何所謂也。

今遷墓若非專爲宅兆之故，告詞固不可全用《儀節》之文。合葬是古禮，而又有遺命，則以此爲文爲當。如無遺命，只以新卜吉地用古祔葬之禮爲文，似亦當矣。

「曾子問曰：『並有喪，如之何？何先何後？』孔子曰：『葬，先輕後重，如並有父母喪則先葬母。其奠也，先重而後輕，禮也。奠則先父。自啓及葬不奠，其先葬母也，惟設母啓殯朝廟之奠，不爲設奠也。行葬不哀次，行葬之時不得爲母伸哀於所次之處。反葬，葬母而反。奠而後辭於賓，遂修葬事。既反即於父殯告辭於賓，以啓父殯之期，遂修營葬父之事也。其虞也，先重而後輕，禮也。如虞祭偶同則異日而祭，先父後母。』」

曾擇之問於朱子曰：「三年喪復有期喪者，當服期喪之服以奠其喪，卒事則反初服。或者以爲方服重，不當改衣輕服。」曰：「或者之説非是。」

凡喪禮曲折，曾在禍罰之中。因窮病無狀，多所蹉過，終天愧痛，欲追無路。今此屢承辱問，尤深汗恧，但講古勉今，不以往闕而遂廢，輒以妄意條復，惟僉量裁。

答金惇叙丁巳

嘗見古記有云「南斗司生，北斗司死」，故救死請命皆於北斗。此乃術家之邪説耳。黔婁之禱特出於迫切之至情，徇俗爲之，邪正不暇論也。其得愈病，只是孝感所致。大抵孝子至誠，動天地，致祥異，古今此類不可枚數，不必致疑於此也。朱子所云「正禮」，恐記者之誤。子路請禱之事，《集注》盡之，不可以多求也。此事雖於君父已有迫不得已不請於病者之説，今又有爲妻子兄弟之云，則是相率而爲巫風。不務民義，諂瀆鬼神，而正道湮矣。正不可容易爲説，故引朱先生《答滕德粹書》以告之。不審惇叙以爲如何？《答滕書》見《朱子大全》四十九卷。

答金惇叙庚午

既葬則先之墓，《家禮》固指親喪而言。《雜記》又云不及送葬者「遇主人於道，則遂之於墓」，亦指兄弟喪而言。皆至親之喪，哀痛迫切無所不用其極之禮也。徐孺子雞酒奠墓，不見喪主，必是知死而不知生，故如此耳。若朋友之喪非至親之比，則恐不必先之墓。死生皆知，則又豈可奠墓而不見喪主耶？况既葬返魂之後，几筵爲重，奠於几筵而兼行吊爲當。若曾子所云朋友之墓有宿草不哭，只謂或几筵在他而行奠於墓者可如此耳，非謂必先之墓如親喪也。且觀古禮文，凡吊者賓無不哭，主人無不哭答。雖過虞、練皆然，與曾子之云似若不同，亦與今人主哭而賓不哭殊異。今公於郭侯契分甚厚，千里吊奠，恐不可拘於曾子之言也。洞中知舊之酹不酹，當自度可否而處之。亦豈有過厚之害理耶？若酹則三年已過，當就墓，不可就人家廟而行之也。

答金而精 就礪　辛酉

所問皆禮之變而人所難處者，非寡陋所及。然平時不相講明，則臨事尤末如之何。敢以謬見參以古今之宜，以聽於裁擇。其有悖理者更望評喻。

人死襲斂時，幅巾、深衣、大帶、韈履之屬靡不詳盡，而不言網巾、行縢，何也？不知而今可得用否？

網巾之制出於大明，初則固《家禮》所不言。今既生時所常用，又《儀注》許代以皂紵制用。今依《儀注》用之可也。行縢，不言固可疑。或云《家禮》所謂勒帛即行縢，未知是否，更問於知禮者。

男用幅巾，女襲則用何巾？

婦人襲，《冠禮》所不言，難以義起。然《儀注》「襲有幅巾」注云：「皂紬制如匳頭。」其於婦人亦依此象平時所服而制用，無乃宜乎？

質殺，今可用否？

質殺之用不用，當依丘氏説處之。

不紐，世以爲去紐，何如？

去紐，按《喪大記》「左衽結絞不紐」注：「衽，衣襟也。生向右，左手解抽帶便也。死則襟向左，示不復解也。結絞不紐者，生時帶並爲屈紐，使易抽解，死時無復解義，故絞束畢結之，不爲紐也。」詳此注意，此所謂紐非指衣襟之系，亦非指帶，當指絞布之結而言也。若《家禮》及《儀注》所謂不紐者與《喪大記》不同。襲帶已結於前而小斂不用帶，則非指帶也。其下方有「未結以絞」之文，則又非指絞布也，正指襟系而言也。然凡結無耳則難解，有耳則易解。紐者，結之有耳者也。篇首《深衣帶圖》下注釋紐爲兩耳是也。故《家禮》《儀注》皆曰「不紐」，未嘗言「去紐」，可知是存其系而結之不爲紐耳。世俗截去衣系，則誠誤矣。

小斂有縱橫布，大斂無此制，何耶？中朝布廣，故橫布三幅足以周身。本國布狹，三幅未得周身，可以增用否？

大斂無橫縱布，此《家禮》依《書儀》從簡也。後來先生以《高氏喪禮》爲最善，則蓋以《書儀》爲未盡也。楊氏已詳言之，故《家禮》「大斂」注引高氏之説，丘氏《禮》及今《儀注》並從之。則大斂用絞，何疑？布廣雖有彼此之殊，只依丘《禮》中吴草廬説用之，未見其有礙，何可增用耶？蓋絞束相去之間雖未連接，無害也。

或於牀上大斂而納于棺中，可謂得正乎？

《家禮》大斂無絞，故就棺而斂。今依高氏、楊氏、丘氏説，大斂用絞，則牀上大斂而納于棺，當矣。但恐或與棺中不相稱穩，須十分商度，令無此患可也。或曰雖用絞，就棺而斂，亦無大害於理也。

成服前無上食之禮，非闕典乎？

上食所以象平時也。死喪大變之初，死者魂氣飄越不定，生者被括哭擗無數，此時只設奠以依神則可矣。上食以象平時，非所以處大變也。當是時生者三日不食，亦爲是也。而今之《儀注》於小斂前，已有上食之文，恐失禮意也。

吊奠有用茶燭之説，而朝夕奠上食時無之，何也？

既有奠與上食，不可無茶燭。而《家禮》、丘氏《禮》皆無之，恐或有義，未敢臆説。《儀注》

則有燭而無茶。東人固不用茶，其進湯乃所以代茶，而並無之，亦恐未安。

男喪以奴爲行者而祭之，猶云不可。况女喪以避嫌女僕之故，而使奴執奠，是可乎？

執奠，子弟之職。內喪使奴僕執奠之失不待言也，須子弟行之。或子弟有故，寧親執可也。

奉柩朝于祖之禮不得舉行，而或以銘旌，或以魂帛朝之，殊甚不經，何以得正乎？

朝祖，丘氏謂人家狹隘者奉魂帛以代柩，屋宇寬大者宜如禮。此論得之。

首絰單股之非。

首絰，《家禮》無兩股之文，故《儀節》及《補注》皆云當單股。但《周禮·弁師》「王之弁絰，弁而加環絰」，鄭康成曰：「環絰大如緦之麻絰，纏而不糾。」賈氏曰：「緦之絰兩股，環絰則以一股。」《禮·檀弓》，子柳妻「衣衰而繆絰」云云，「請緦衰而環絰」，注：「繆，絞也，謂兩股相絞。五服之絰皆然，惟吊服之環絰一股。」此等處非一，則當從《禮》注説爲正。

領之袷、帶下尺、絞帶之類，可依禮經制之否？

領袷、帶下尺、絞帶如禮爲善，但既有絰帶、絞帶之文，恐當有斟酌也。

本國麤布狹，故負版衽制不得用古禮尺度。連幅爲之，何如？

負版與衽連幅用之，恐不可。

衰麻只用四幅，而體豐者冬月厚衣則衰服制狹，或至破裂。今可加用別幅以周其體乎？

體豐者衰服加用別幅，亦恐不可。若豫有廣幅布別樣者，以備急用則可。蓋豫凶備，人家所不免也。

衰麻或捨極麤而用稍細布者，云中朝之布如此。是可從而行之否？

五服布麤細之等，尤是禮經所謹。今人父母喪亦用細布，其失非輕。而謬云中朝之布如是，其可乎？

斬衰削幅之制，今可行否？

斬衰削幅。

成服前著腰絰散垂三尺，而至成服乃絞之禮，今可行否？

腰絰散垂四日而乃絞。

小祥練服之制，今不可行乎？

小祥練服以上三條，豈有不可行？人自不行耳。但腰絰散絞之節，《家禮》無其文。豈不以繁文略之歟？而於《絞帶圖》上云云，徒使人眩行。今欲行之，當於小斂後首加環絰，腰著散垂之絰。至四日成服，乃以苴絰代環絰而絞其散麻，始爲得禮。蓋首絰、腰絰一體，不可一遺而一舉也。詳見丘氏《禮》《喪禮考證》。

婦人冠絰之制，不得復行否？

婦人冠絰之制遵古禮則好。然亦當自視其家行喪禮如何。若他事不能盡如禮，獨行此一節，無益也，又駭俗也。

喪畢後，絰杖棄之潔處，禮有其文。而衰衣何以處之？衰衣、冠絰、杖世多付火，此其得禮之正乎？若以此得禮之正，則婦人蓋頭、背子亦付火否？

喪畢喪服置處，古禮無文，未知何所處而可也。但《曲禮》「祭服敝則焚之」，今人喪冠服並杖付火，恐或得宜也。婦人喪服不須別有議也。《家禮》但言「斷杖棄之潔處」，不言絰也。禮文亦未見有舉絰處，來喻並絰言之，何所據耶？

父在爲母降服者，及爲人後爲私親降服者，當心喪時朝夕祭所服，圭庵以玉色團領爲未安，宜著白布衣云。是有合於聖賢禮經乎？

父在爲母降服者，爲人後爲本親降服者，朝夕祭時用玉色團領，或以爲未安，欲著白布衣。圭庵說。然既曰禫服行心喪，則玉色衣無乃可乎？

服中當忌祭，必不得已。參行則當用何服？

服中不得已參忌，祭當用白衣。但冠用麻布未安，用白巾尤異。不若使子弟行之爲宜。

居廬者朔望及節日祭時，神主、墳墓兩行之，此何如？

居廬者朔望節日當行於几筵，其有並行於墓所者，非也。

人有少時喪親及長追服其喪者，此可通行之禮否？

追服，朱先生以爲意亦近厚。觀「亦近」二字，其非得禮之正明矣。既非正禮，則又豈可立法而使之通行耶？蓋既失其時而從事吉常久矣。一朝哭擗行喪，已不近人情。其於節文，亦多有窒礙難行處故也。禮有稅服，此乃聞喪後時而追服。於此又不同也。

今俗期功以下，喪不成服，只用布帶，其失禮經甚矣。雖未復古制，當其喪素衣布帶，不處內，不飲酒，不食肉以終其日，可得禮經之仿佛乎？

期功以下喪，今人皆不成服。親親之義衰薄，甚可嘆也。能如所喻，豈不爲彼善於此，固君子所當盡心處。但於緦、小功亦然，則又無輕重之殺。昔葉味道曾問：「緦、小功不御於內，無明文，當如何？」朱子曰：「禮既無文，即當自如，服輕故也。」今人雖輕服，當其布帶在身則並不食肉，此意則好，所當依行。其餘不飲酒等事，不必盡如所喻也。即所謂先王制禮不敢過也。

父未畢喪而死，則子可並服其父未畢之服否？其祖父母返魂時用何服？而祥禫之祭，何以爲之？

父死服中，子代其未畢之喪，此事古今多有而古無言及處。未知何故，而爲說亦難矣。但若以追代其服爲不可，則其未畢之喪或葬或虞、祔、祥、禫，爲孫者豈可付之無主而坐視不行耶？如既代其服，則返魂及祥禫之祭，恐不得不服其服而行其禮也。蓋《家禮》重喪未除而遭輕喪，月朔服其服而哭之，既畢返重服，況此所代之服不可謂輕服乎？然此尤大節，自當廣詢博考而審處之，不可只因瞽説以斷也。

返魂時奠酌用何禮？而何人奠酌？

返魂時奠禮未知所指，似指今都中人返魂日親舊出城迎奠之事。此禮古無所據，亦不知今俗所爲如何。竊意迎奠乃親舊所爲，則非主人所當行也。若主家自辦奠具，則主人行之。然主人侍廬三年，因而侍來至門外而行奠，似無意謂也。如何？如何？

孫之於曾高祖代喪者，其妻例服也。其間孫妻、曾孫妻皆以冢婦並服其喪乎？

喪者之妻既服，其母與祖母似不當服。來喻則《家禮》「小功」條「爲嫡孫若曾玄孫之當爲後者之妻，其姑在則否」之説。謂此必其姑當服，故不爲其婦服云云。來喻近是。疑其夫雖服重服，姑或祖姑以冢婦服之，則婦可以不服，故禮意如此也。且孫妻、曾孫妻並服之疑，又恐未然。竊意孫妻、曾孫妻俱在，則似孫妻服。二妻一在，則在者服矣。然此等事亦甚重大，難以率意而輕言之。

神主火災者，題神主於墓所，此何如？而題主慰安祭祀依虞卒哭之禮乎？服則何服而可稱其情禮？

神主火災者，只祠廟火而室屋猶存則當題主於家，不當之墓所。若並室屋蕩盡，則寧從權而題主於墓所，似或可矣。慰安則可倣虞禮，而用素服行之似當。

振視此題主於墓所一節，不能無疑。戊辰七月先生承召命來京，頤庵即礪城君宋寅。招振問曰：「進士成惕奉先世三代神主安於家樓上，不意失火盡爲延燒。來問於余曰：『改題新主當於何所耶？』余答曰：『似當題於墓所。』其後更思之，題於墓所似無其理。須問於先生何如。」振以此意往質於先生，先生答曰：「人死則葬於山野，題主畢即速返魂者，使其神安在於生存之處也。一朝神主火燒，則神魂飄散無依泊矣。即於前日安神之所設虛位改題新主，焚香設祭使飄散之神更依於新主可也。前日已返之魂豈可往依於體魄所在之處乎？」今觀金而精處所答與振問所答不同。而精所問在於辛酉，振之所問在於戊辰，則先生晚年所見可知矣。

十一二歲童子遭喪，則當服其服否？

《禮》：「童子不免，不杖，不緦，當室則免矣，杖矣，緦矣。」但言童子而不言年齒。然古有子幼則人以衰抱而拜賓之禮，況過十歲童子寧不服耶？但其服或未必盡如成人，而緦則不服耳。

非父母及繼後喪，而爲收養父母服者，稱孤哀可耶？

非繼後而爲收養父母服者，所重在己之親。不可稱孤哀也。

葬時棺槨之間或用油灰，或用松脂，此何如？

棺槨之間用石灰，見《家禮》注。然安意少用則無益，多用則又須槨大，槨大又須壙大，皆《家禮》所忌。恐不用爲宜也。如何？

成墳祭無禮文，而後世皆行之，何如？

成墳三日祭是不安神於神主，而仍安於墓所，甚無謂也。但今世俗崇重墓祭。成墳之祭，他日墓祭之始也。恐不免循俗而行之。

忌日祭用肉，聞命矣。喪内朝夕祭用肉，至有設別厨者，何如？隨時所得薦之可也，而至於別設厨，則似未安。何如？

喪三年朝夕奠，上食用肉則不得無別厨也。然此乃禮物具備者所可行。若未及此，則不如隨所得而薦之尤可。

題神主時，陷中第幾之説，何指耶？

陷中第幾之説即慰人祖父母亡。疏中所謂彼一等之親有數人，即加行第云幾某位、幾府君、幾丈、幾兄之類也。蓋行第稱呼，人各有定，如温公爲司馬十二，坡公爲蘇二，山谷爲黄九之類。生以是爲稱，故死亦因以爲稱而書之耳。俗云世代次第，非也。

《祭圖》陳饌尚左，而扱匙則西，柄似有尚右，用右手之義。何有？

祭饌尚左之説恐未然。蓋食以飯爲主，故飯之所在即爲所尚。如平時陳食，左飯右羹，是爲尚左，而祭則右飯左羹，是乃尚右，所謂神道尚右者然也。而今云尚左，非也。扱匙西柄果如所疑，人之尚左食，用右手，則神之尚右似當用左手矣。然嘗思得之，所謂尚左、尚右但以是方爲上耳。非謂尚左方則手必用右，尚右方則手必用左也。故雖陳饌以右爲上，而手之用匙依舊只用右手。何害焉？

虞祭後朝夕上食，《家禮》别無可行、可罷之文。何如？

嘗見朱子《答陸子壽兄弟書》，反覆言其不可罷，子静不以爲然。惟子壽悟前説之非，有肉祖負荆之語。蓋三年内若撤几筵，則孝子哭泣之禮無所於行。故祔後主返于寢，主既在寢，朝夕上食，自不當撤。此《家禮》所以無罷上食之文也。

大祥後祔廟而罷上食，此何如？

凡喪禮自始至終以漸而殺。葬前朝夕奠與上食皆行，葬後罷朝夕奠，而只上食。非怠於奠也，事生與事神不得無漸殺之節也。然則大祥後罷上食，只行朔望奠，其亦漸殺之序所當然也。

祥後禫前朔望奠，其於家廟素行朔望者則可行於廟，其不然者行於何所？

依《家禮》本文，祥畢主入于廟。則素行朔望者合行於廟，素不行者則請出當奠之主於正寢而行之可也。其或既祥且祔祖廟者，亦只得依右禮行之。

上食時奠酌如三獻禮否？

只奠一酌可也。但朔望則依《五禮儀》注連奠三酌，恐或爲宜。

如有夫存妻亡、或妻存夫亡而無子者，使行者廬墓三年，何如？

廬墓，子孫守之，猶爲未安，况無子孫！委神主於空山，使奴行祭，甚無謂也！不如返魂而祭於家，生存者檢婢僕行之，猶爲少近情也。

或返魂于家，使婢僕朝夕上食，不謹殊多。恐不如不行也。

此甚未安，但亡者或患其若是而有廢上食之遺言，則只朔望可矣。無是而却廢几筵之奉，恐亦未可輕議也。

廬墓朝夕上食，世多有合祭兩親，曾已在廟之主還奉于廬所，或有假爲桑木主者，何如？

合祭非但無文可據，吉凶並行，非禮無疑。況忌日尚只祭當忌之主，當喪而豈可合祭乎？廟主還廬所，固爲無理，桑木假主三年後處之亦難。孝子知禮者不爲並行則善矣。若未免俗而並祭者，以紙榜行之，三年後焚之，差可。然終始非禮也。

忌日府君、夫人合祭。

古無此禮。但喪祭從先祖，吾家自前合祭之，今不敢輕議。

出嫁女爲私親降服，禮也。世多廢之，而或有行之者，其從俗而廢之乎？

此禮之大者，而末俗循情廢禮不可勝數。可嘆！

神主左旁題孝子，左旁指何方？

《家禮圖》及《儀節》指人左旁而題也，世多從之。而慕齋則以爲神主左旁，未知其何所見而然也。及見《小學圖》，乃知慕齋之說本於此。頃年吾鄉士人有遭喪而請問，以此告之，而未及題。復見《大明會典》則書人左旁，此《會典》乃時王之制，以此更諭之，則其人終書人左旁也。

母在而父歿，則三年後親盡神主祧出，而別立一室以祭。待他日母喪畢，然後埋安乎？其勿祧出乎？

父在而母歿，則祔于祖妣，不祧親盡之主，禮也。父歿母在而不祧親盡之主，已爲不可。祧出而別立一廟，尤不可爲也。

進茶後亦闔門，何如？

古無此禮，不再闔門可也。

郡望何謂？

恐只是指鄉貫之稱，如曰某郡某人之類也。

合葬之墓碣面兩書墓字，何如？

府君書墓，而夫人只書祔字，似得宜也。

祭時上筯于羹，何如？

古人羹有菜者，用筯以食。上筯于羹，不妨。

今人服制自期以下多斷以「假寧格」。故及葬鮮不除服，而其已除布帶還著以送葬，何如？

按《喪服小記》「久而不葬者，唯主喪者不除，其餘以麻終月數者，除喪則已」注：「期以下至緦之親服麻以至月數足而除，不待主人葬後之除也。然其服猶必收藏以俟送葬也。」據此則今之還服以送葬，未爲非也。

金而精 乙丑

今居山廬，朋友及鄰里相知賻贈之外，或有曾不相見者以財遺之，或有臨訪致賻者，鄉鄰無貴賤以菜束物饌或以財見遺者，此間辭受實有難處。賤者之遺以價償之，財則還給。尊且丈之遺，菜束物饌則用之，財則姑受之而分諸窮族。是否？

恐當如是。

就礪曾祖始立家法，忌墓祭並不得輪行支子孫，而宗嫡奉祀者專主，設行至父身。自曾祖及亡母並旁親十二位神主，一家奉祀而且皆同原。當墓祭，則各就其墓位而祭之。一日之内自朝至晡，參祭之人往復，彼此氣力困怠，專精未至。祭饌、奠器因怠而或不潔，雖曰設祭而猶不祭也。除夕前二三日則祔位行祭，元朝則正位行祭，而一年四名日以此推行，何如？前侍門下適值元朝，先生行之如此。而考之朱子之説，在官者當如此云。今考定之，只未知四名日皆以此行之乎？且家廟窄狹，就礪之妻及旁親二位不得入廟而别藏，故時祭不得並設。而祭畢後乃祭，亦未專精，更擇日行之，何如？一家一月内再度時祭，未知可否？

專主設行，近於古禮，甚善。然朱子亦有支子所得自主之祭之言。疑支子所得祭之祭即今忌日墓祭之類，然則此等祭輪行，亦恐無大害義也。如何？如何？同原許多墓各行祭之弊，世多有此。愚意不如掃視墓域，後以紙榜合祭於齋舍。無舍即設壇以行之，可免瀆弊而神庶享也。名日祭前期而行，雖非在官者，當日不免有禮俗往來之煩，恐未專精祭祀，徇俗行之耳。上云除夕前祔位先行，及此云更擇日行之，恐皆未安。《家禮》「時祭」條：「妻以下於階下設位。」

别紙

父在爲母期而除，除後冠服所宜。前者韓永叔爲申啓叔問此事，略以鄙意答之，公所見知也。然此只據《家禮》及今士大夫見行之制而言耳。今來示乃引《五禮儀》「士大夫喪制」條「大祥後白衣、白笠、白帶」之説，因以推之於爲母期除後心喪之服，亦欲以白衣冠帶行之。此實近於古禮而可行者，然於鄙意恐不當然也。按禮「縞冠素紕，既祥之冠」，詩人亦嘆素冠、素衣、素韠之難見。可知是古之禫服，冠、衣、帶皆用白。此《五禮儀》用白之所從出也。文公《家禮》禫服皆用黲，雖未知何所祖述，然今人禫服依此行之已成習俗。黑笠雖非黲，亦其類也。其他喪制亦率遵文公禮，何獨於此必舍舉世遵用之《家禮》，而從試古中廢之時制乎？然此則以三年之禫言之矣。若以是移用於爲母期喪之禫，恐尤有所未安者。《雜記》曰：「期之喪十一月而練，十三月而祥，十五月而禫。」鄭玄曰：「此爲父在爲母。」又據《檀弓》「祥而縞，是月禫」注馬氏之説云云。是古人之於此喪止十五月而除畢矣。至《家禮·大祥章》注，朱子《答或人》則曰：「今禮几筵必三年而除，則小祥、大祥之祭皆夫主之。由亡者言之，故曰夫。但小祥夫已除服，大祥之祭夫恐須素服可也。」是子之期除後，猶以心喪終三年矣。由古禮則祥禫盡於期餘，由《家禮》則祥禫在於再期矣。且禮但有爲師心喪無服之説，別無爲母心喪某服之制。又《禮》曰：「父在爲母，何以期也？至尊在，不敢伸其私尊也。」由是言之，爲母申心喪三年，恐後王之制，《家禮》著之而垂世教耳。《儀禮》：「父必三年而娶，達子之志也。」唐賈公彦疏有「心喪三年」之説，則恐周時已有其禮，但禮經無文，故又疑其出於後王之制耳。今人既遵《家禮》之教耳，爲心喪當用《家禮》之禫服以循世俗之成例。就義裁之，中而申仁愛之情，用意宛轉，無有不盡之憾矣。必若以是爲未足，期除之後衣冠反用純白服。《家禮》所損之禫服損白而用黲。跨古禮無服之一期，其於「至尊在，不敢伸私尊」之義，何如哉！且吾聞之孔子謂子路曰：「有父兄在，如之何其聞斯行之？」今也人家父兄習熟見聞皆以爲禫用黲黑，一朝乃用純白之服，以此趨庭進退以了此一個期年，未知其嚴親之意以爲可乎？安乎？未也。若親意不可不安而子强而行之，亦恐未爲得禮也。愚故於前所答韓永叔書外，不能別有他説也。

三年朝夕上食，無燃燭之文，未知如何？然廢之未安，而貧家蠟燭實難常繼。或曰油燈代用，無妨也。

國恤卒哭前，士大夫於其私家時祭不可行，忌祭、墓祭等可行。所喻皆合於鄙意。來喻又云「服齊衰者忌祭等，使輕服者攝行此意」，亦當。但嘗考古禮，國之内喪與國君喪亦有間矣。故今兹服内遇右等祭，倣《家禮》墨縗行奠之例，暫借白衣冠躬自行之，才訖，返初服。第未知知禮者以爲如何耳？墓祭不上墓所，只於齋舍内行之。

居喪始食鹽醬，《家禮》不食。《雜記》曰：「功衰，食菜果，飲水漿，無鹽酪，不能食食，鹽酪可也。」注：「功衰，斬衰、齊衰之末服也。」小注：「藍田吕氏曰：『功衰亦卒哭之喪服。《間傳》曰：「既虞卒哭，疏食水飲，不食菜果。」正與此文合。「不能食食，鹽酪可也」者，《喪大記》「不能食粥，羹之以菜可也」。蓋人有所不能，亦不能勉也。』」滉竊意古人謹喪禮無所不至，故其制如此。然亦不以死傷生故，未嘗不示以可生之道。如此章所云與注中所引是也。孔子亦曰：「病則飲酒食肉。毁瘠爲病，君子弗爲也。毁而死，君子謂之無子。」聖人之爲戒，可謂切至矣。然而爲人子者當創鉅至痛之際，率不能自抑，或至於病生殆極，猶不知從權，卒致不可救之域者，比比有之。臣滉每竊伏念當乙巳諒闇時事，未嘗不掩抑而抆淚。又如故友洪君應吉執喪過毁，終至滅性。曾閔之孝，豈謂是哉？蓋人之虚實什佰難齊，他物姑不論，至如鹽醬，若一概立限而令不食，人之得全性命者少矣。今聞虞卒哭過已久矣，尚朝夕啜些少粥飲而已。《禮》許疏：「食亦不肯近之，其於鹽醬，推此可知。」滉恐至孝四昆季，豈皆一一能完實堅强可保其支勝乎？萬或一有緣此而貽嚴親之憂，不知何以能善其後，以合於聖人之至戒乎？切願千萬加意俯就禮制，不勝幸甚！

別紙

前年公來此，日問《家禮》所疑及今所宜行，此非淺陋所及而輒答云云，實有未安。今復蒙寄《疑問》一册，則又非前問之比。將《家禮》喪祭兩門本朱子之儀參諸儒之説，準時制，明俗失，附以己意，考訂辯論，欲得從違可否之宜，以至矯弊處變之道靡不致詳，欲令滉一一商酌裁定以成一部禮書，意若以是率一世而傳後來。嗚呼！此何等重事而吾二人敢爲之哉？滉固知公之孝謹誠篤，盡心於慎終追遠之事，乃以饋奠餘力讀禮，功深有所感發而出此計也。其爲計非不善也，而在吾二人分上，真莊子所謂太早計者耳。何者？自公而言，則學未成而名未顯；自滉而言，則德愈下而識愈懵。古所謂大禮與天地同其序，既未窺其本原，所謂「禮儀三百，威儀三千」，又未知其節文，而乃相與出位犯分，率意妄作，增損乎大賢之成書，其能得制作之意而無乖謬乎？駁正乎末世之敝典，其能無專僭之謗而免罪戾乎？昔司士賁請襲於牀，子游曰：「諾。」縣子聞之，曰：「汰哉，叔氏專以禮許人。」夫襲於牀，禮也。而子游許之，子游未爲過也。君子猶以不稱禮而直諾爲汰而譏之。矧今援古證今，有所去取改更，可易而爲之哉？孔子曰：「愚而好自用，賤而好自專，生乎今之世，反古之道。如此者，裁及其身者也。」使吾輩遂成此事，正犯孔子之至戒，不亦可懼之甚乎？大抵公之病不患其不慕善，而患其慕之過也；不患其不嗜學，而患其嗜之急；不患其不好禮，而患其好之僻。慕善太過，故誤以愚人爲真善；嗜學太急，故徑以未學爲已學；好禮太僻，故必以矯俗爲得禮。此三病者實公平生之大患，而今日太早計之所由作也。故吾未嘗不嘉公之志願，愛公之爲人，而亦未嘗不憂公之難行於世也。不惟公之行世是憂，凡公之所以過相推重者適所以重吾之不德，招世之怒罵，則其終未必不歸於載禍以相餉也。是故今玆之事不免苦口以奉曉於左右，願公三思之。勿訝，勿慍，勿誚我老耄而過慮，當好事而不肯爲也。所囑既難承，來冊當付來使之還。兒子有所閱，姑留以俟後便奉還。

正俗失，反古道，固君子之事。然亦有未可率意輕作者，非但避禍，道理有所當然者。子曰：「愚而好自用，賤而好自專，生乎今之世，反古之道。如此者，裁及其身者也。」「非天子不議禮，不制度，不考文。」夫聖賢在下者而議禮，制度，考文，亦多矣。而聖人之言若此，何也？雖議制且考，其間有不可一一專輒底道理，故云云。又有「吾從周」之語。邵康節曰：「我爲今人，當服今人之服。」程子深嘆其言之有理。聖賢尚如彼，愚而賤者當如何耶？且吾聞之大程子曰：「事之無害於義者，從俗可也。害於義，則不可從也。」此則又爲兩當切至之論也。今公等事事必欲求其反古之道，故凡今俗所爲雖無害於義者，必欲異衆而效古。如棐彦忌日行素，欲只行當日，石灰不用榆水之類是也。在公此病前後亦多有之，細思當自知之。今不一一。如是所爲無非忤俗軋人之事，朋怨衆謗，禍機潛伏，何足怪乎？

答金而精 丙寅

父在爲母期諸説，曾於答去年六月書，似頗詳悉。今復有此問，何耶？以愚所聞周公有此典，後王益以申心喪之制，而朱子從之。未聞某代有不降者，惟有唐武曌嘗請於高宗，欲令天下母喪同父喪。至《大明禮》遂有同父喪斬衰三年之制，寧可以亂聖典爲世教耶？國朝不用明制，最得無二尊、不貳斬之義，不知今世何等人乃違聖典與時王之制，出禫服而廬衰絰耶？此必鄉里自好者徑情直行之爲耳。公號爲知讀書，好古禮，反不能無疑於此。常若有不足於聖典，而欲從彼人所爲之意，不亦異乎？所謂過時不祭者，應指時祭而言耳。

別紙

父在爲母降服，周公之制得矣。而後來又有心喪之制以申孝子之情，可謂義之盡、仁之至也。朱子豈不足於周公之制，而欲益之不得益乎？今公讀聖賢書，粗窺義理之端矣。每不足於周公之制，似若欲效無知之人出入異服以徑情直行者之爲者，何耶？此理前答已略及之，其未之思耶？

「爲父降母服」條，謹依誨喻行之。但團領玉色非徒於心未安。今當國恤法用純白，依此服白乎？重服在身，當服淡乎？

聞之古者君服在身，不敢服私服。此禮今雖難行，既當改私服，而值國恤服白之時，雖不用《家禮》之黲而從古禫用白之禮，恐不至異常也。如何？如何？

降服者網巾或以淡黑布製之。今從否？

恐駭俗。

過四時祭日，几筵設享，朱子已行。今遵否？

恐無妨。

小祥止朝夕哭，則廬墓者或於祥後晨昏上冢哭臨，此亦止乎？或云廬墓非禮，哭亦無據。然若上冢則情不得已，哭臨何害？

晨昏哭冢，本爲非禮，况輟乎此而猶爲彼乎？此等事，君子不貴也。

凡題神主職銜，字數多則所餘字行書于神主左邊。未知獨於孝子旁題書其右旁，何如？

職銜餘字書神主左旁，懵未前聞。此必以神道尚右，以西爲上，以東爲下而然也。其爲是者得失亦未可知也。大抵此事從前鄙意欲以人左爲是者，亦無的確證據可指爲朱子所定。但目見《家禮》及《大明會典》等諸圖皆書人左，故恐人左爲是耳。且假令以右爲尊，以西爲上，其初面下端先書孝子名者，恐或與今人上御前單字、政院書狀及諸尊處單狀皆於初面下端先書職銜姓名之意同。然未知其必然，於公意若苦未信，亦當各從所見爲定，難以强相同也。

外繼祖母、繼外姑之服或以國典不載，不服。苟如是，則曾祖伯叔父以下諸旁親妻皆只服其初而不服其繼乎？

此説甚善。能説出禮意，有補世教。

大祥返魂，俗側門外迎奠。今以極寒遠程，事多有礙，欲勿設郊祭，直到于家。且祥祭姊妹妻皆當參，故欲前期一二日奉還，何如？此於就礪服除者或無妨，故敢禀。

古不廬墓，葬日反哭，故無迎奠之事。今人率不能免俗，留魂山野，過三年乃返。雖甚無謂，然久於外而今返，親舊之出郊迎奠，亦人情所宜有也。且父在爲母服期者十三月而祥，則宜此日返魂。返後居處飲食一依喪禮以終，再期而除几筵。所謂心喪者此也。今人又復仍留必至二十五月而後返，則失禮之中又失禮焉。公雖好古禮，此等節目皆爲免俗而依行，獨於郊迎之事不循俗禮。如何？如何？但再期之祭以俗例則行於山，依古禮則行於堂，與其因循而遂遵俗失，寧從權宜而反用古禮。則前期一二日奉還以行，恐爲得之。大概如此，其間曲折可否之決在公裁處，難以遥度也。郊迎、堂祭兩項節目或貧家有難兩全者，故云難遥度也。

題主祝文讀畢懷之之意，當哭泣哀遽，不即焚之，故姑以懷藏，俟奠畢櫝主後焚之耳。

愚恐此處禮意精微，不可如此淺看了。蓋當此時死者神魂飄忽無依泊，祝一人身任招來懷附於木主之責，神依木主則便有與人相際接之理，故讀畢而懷之以見招來懷附與人相際接之意。聖人制禮求神之道、孝子愛親思成之義，其盡於是矣。

外繼祖母、繼外姑不可不服，來説甚當。昔有人爲人後者欲不服本生繼母之服。吕子約移書責之曰：「子思曰：『爲伋也妻者，爲白也母；不爲伋也妻者，不爲白也母。』今某氏不爲公所生父之妻乎？」本文不能詳記，大意如此。其人愧服而服之。公之説似得子約之意。白，子思之子，其母被出而死。子思此言明白之不當服出母，子約引之明非被出，雖繼，無不服之理。以此推之，凡繼者恐皆然，如來説也。

朝議非所敢指點也，其考證禮文亦爲詳悉。但其解禮之意與去取之決不無可疑。其實丘瓊山別有冠、别有衰之説爲合古禮，蓋古人自初喪以至虞、卒哭、練、祥、禫皆有受服，遞加升數漸殺以至于闋。小祥一期之周爲一大變殺之節，故於首去絰而别以加一升練布爲冠，於身去負版、辟領、衰而别以加一升布爲衰，又别以加一升練布爲中衣以承衰。以其練冠、練中衣故謂之練耳，非謂並練衰也。惟其衰不練，故《檀弓》注云：「正服不可變耳。」非謂仍舊衰，不别製也。此周極文時喪制如此。古今文質因時損益，有難以盡從古制者，故温公《書儀》無受服與練服，但以去首絰等爲之節，斯爲太儉。朱子《家禮》因《書儀》，雖亦無别製衰服，其益之「以練服爲冠」之文，正是顧名反古、因時酌中之制。今《五禮儀》謂布爲冠，所以從文公之制也。而成廟之喪以澣衰爲非禮，只改練冠，亦得文公之意。竊恐後之處此禮，一以文公爲法，則庶乎其得宜耳。其他未敢悉云。來喻仍用舊冠，亦恐非也。

示事是於君極難處之事，恨於京外報聞時不及止之也。今欲陳疏自劾，若當報聞之初爲之則稍可。既不爲矣，則或因有除官事而爲之，亦似爲可。今若無端當國恤而陳疏云云，尤似不穩當。如何？如何？且今定《儀注》雖不可曉，豈謂士庶？今按朱子《答余正甫書》論國喪云：「朝廷州縣皆三年燕居，許服白絹巾、白凉衫、白帶。選人、小使臣既祔除衰，而皂巾、白凉衫、青帶以終喪。庶人、吏卒不服紅紫三年。」以此觀之，今之《儀注》似爲過當，無降等皆行三年乎？

又不可因此《儀注》之未穩而陳疏自明也。量處之。

稱號當時據程子論濮王稱號而定，不知明彦舍此當何取而定號耶？他有所據則善矣。不然，恐不可改也。致祭稱號等事非遠外所敢與聞，但以皇字爲皇帝之皇，未敢必其爲是也。自他人稱之則可與皇子皇孫之類同議，此則皇帝自稱其本生父母，何敢自舉其尊號而加於親上耶？故疑只是美大之義。古人尚質，此等字通上下稱之。無服之説固無的確可據處，只因《儀禮經傳·君爲臣服圖》及《天子諸侯絶旁期不服圖》内推類，依古嫂叔無服之禮而云也。然此則混亦酌度之言，何敢必乎？略在《答明彦書》中，惟在明彦博考而定之耳。然豈有不止期年之理！

答禹景善性傳　丙寅

握手所以斂手也。既謂之斂手，不可以二幅斂也明矣。或謂死生異禮，死者之手不必如生者之拱也。是不然，人之生也收其四肢，不容放惰。故其始死也，人子不忍死其親，襲用衣冠與平日不少變襲之。斂手恐或不無其義也。《家禮》劉氏注云：「中掩之手纔相對也。」用二幅裹手，各置于左右傍，則安有纔相對之名乎？又有「兩端各有繫，繞掔一匝，還從上自貫，向上鈎中指，反與繞掔者結於掌後節」等語。《儀禮》云：「牢中旁寸。」疏曰：「牢讀爲摟，義謂削約。握之中央以安手也。」若如瓊山之圖，既失所謂牢中之制，而上下左右之繫各相對結而已，何必繞擊一匝，從上自貫，向上鈎中指，反與繞擊者結乎？又何必削約之，然後安其手乎？今以瓊山之圖欲倣《儀禮》之制，非特不必爲，亦不得爲也。所謂兩端各有繫者，指左右之兩端有繫云耳。若如瓊山之圖正與瞑目同制，只曰四角有繫可也。何必兩端有繫云乎哉？

握手之制在《儀禮》《家禮》有不可曉處。奇明彦考訂論辨頗得詳細，所以從來欲從其說以爲當用二幅，但其施用曲折有未明了爾。今奉示諭當用一幅非二幅之意甚力，正與明彦說相反。滉以本末明了之見安能定是非於其間耶？但私心終不能無疑於一幅之說者，《儀禮》用尺必是周尺，則尺二寸之帛僅當今尺四寸二分强。只用此一幅而裹兩手，則兩掌裹面猶有不足，何能包及手表而可名爲裹乎？來論謂之斂手，禮中但云裹手，無斂手之說。況《儀禮》「設決麗于擊」疏云：「握手長尺二寸，裹手二端，繞於手表必重。」「二端」之「二」，今本作「一」，必缺一畫也。若用一幅短帛如彼，且不能出於手表，安有相重於手表乎？此恐爲用二幅之證也。且疏以經之設決一段爲右手，以記之設握一段爲左手，此亦似爲別用二幅之證也。瓊山圖不用《儀禮》之制而自出意造，固不當引此而論《儀禮》之制也。劉氏所引《禮》疏云「中掩之手纔相對」者，似謂尺二寸帛中折而掩手，恰然周裹，故云云，似非謂兩手之相對也。來喻以兩手並置爲象平時拱手，亦恐未然。蓋人於平時或坐或立而拱手，則其勢順便。今試於夜卧，伸兩手相並而置於一處如設握者，然則兩掌所置正當兩股之間，而臂肘所在斜搭[illegible][illegible]之上，勢甚妨戾不便，此豈如事生之意哉？故妄意以爲不若分手各置兩股近旁之爲順且便安也。不審於盛意何如？

斬衰之用環絰，固爲不是。但朱先生何以兩股相交之語只係於腰絰之下，而不言於首絰乎？是非偶然而然，必有其由也。且先生之爲《家禮》書也，不從古禮處多矣，試以一事言。古經則哭踊有等，《家禮》則哭擗無數；古經則小殮絰帶，《家禮》則成服乃絰帶。斬衰用環絰，或者其類是乎？有人云吉服華飾在首，凶服麤飾在首。環絰比繆絰未成而麤，故在首。腰比首差輕，故用兩股交；帶比絰尤輕，故用四股。自上至下漸有等殺，此言似有理。又云古則小殮環絰，成服繆絰，卒哭還加環絰。而朱子從簡爲禮，只用環絰，都無數更之節。此言又與《家禮》「卒哭」條下楊氏説相類，未知何者爲正耶？

環絰，亦謂之弁絰，單股不絞，蓋絰之最輕者也。故用之於吊喪，用之於未成服，用之於卒哭後從權服王事之人。所謂金革之事，無避者也。雖如功、緦輕服猶不用此，况擬於斬、齊衰乎？《檀弓》注曰：「五服之絰皆繆，惟吊服之絰一股。」今公何乃致疑於此？若凡學者皆如此末梢，恐不免多歧亡羊之惑也。

虞祭之前朝夕、朔望奠而不獻。虞、卒哭之後漸用吉禮，則必用三獻固也。但朝夕上食亦必用三獻則近於繁，只用一酌則非祭之吉，未知如何而可耶？世或有上食不斟酒者，此則務爲苟簡，決不可從也。草堂以謂古人既葬之後，恐無朝夕上食之禮。事有明證。朱先生丁外憂居寒泉精舍，只以朔望來拜几筵。

若朝夕上食則先生豈可遠去几筵而獨寓寒泉乎云云。愚意以爲既罷朝夕之奠，又廢上食之禮，則几筵之設爲何事耶？無乃先生守墓於寒泉而主婦進饌於几筵耶？

虞後吉禮三獻，謂如卒哭、祔、練、祥、禫等祭用此禮耳。上食非祭之比，安有三獻？但或人欲不奠一酌，此則又非也。至於葬後上食與否，許祭酒所疑似然而實有未然者。昔陸子壽兄弟亦有此說，又謂几筵不終喪而徹，朱子力辯其不然。其《答子壽書》可考也。夫几筵既云當仍設而終三年，則上食決不可廢，當如公說是矣。朱子於寒泉往來之禮顧如彼，滉亦每疑於此而不得其說。今亦不敢妄爲之說，恐只當從俗。終三年上食，每上一酌爲是耳。

喪三年不祭，禮也。朱子獨廢此一事，恐有未安之論，尤有以合今之宜、得禮之正。卒哭之後當依朱子之説行之可也。但我國俗本不制墨衰，出入只有喪服。俗所謂深衣也。著衰入家廟既云不可，况服所謂喪服而行祭於廟乎？坐此廢祭尤未安，其有不悖於禮而可以行之者乎？爲此欲追制墨衰以爲廟祭之服，則既有喪服，又有墨衰。事涉繁亂，當如何而可耶？不以繁亂爲嫌，而制墨衰以行之乎？廟祭與墓祭同。

今制未有墨衰，恐未易論至此也。或只用白衣無妨，但冠帶用純白以祭亦極未安。權用五色，未知何如？或令子弟代行亦可。

答禹景善丁卯

服中死者斂襲所用吉凶之服，此亦所當議定而未有所考，不敢輒爲之説。公須廣問知禮者後日示及。望！望！若古禮未有考據而以意推之，如公言用孝服似當。然一用此服，地下千萬年長爲凶服之人，此亦情理極礙難執處，如何？愚意襲用素服、黑巾帶，斂時著身正服亦用素，其餘顛倒用服，雜用吉服。當大斂入棺之時，其孝服一具與吉服一具對置，孝服右而吉服左，似有服盡用吉可以兩得之意，不至長爲凶服之人。或非大乖否耶？

前日金謹恭云：「『有祖父母喪而遭父喪者不爲祖父母追制服』之文見於《儀禮》。」不知見《儀禮》何卷第幾板某條中乎？問金生示及，何如？

答禹景善戊辰

《家禮》大祥祝文「子某」下當添入「謹遣子某」等字，「不寧」下當添入「適嬰疾病，遠離几筵，未獲躬奠，采增號慟」等字。祝辭添此數語，似可而「采增號慟」與「敢用」語意，不無不相屬之意耶？伏望下教。

當依此行之。但「號慟」之「慟」改作「痛」尤切。以此接得未有不可。

鄭君重遭大禍，天之於此一何如是之酷耶？不忍道，不忍聞。奔喪曲折，古無可據。雖有，吾未知之，何敢妄云，須更問知禮處。然以臆料言之，重喪既成服在途，恐只以重喪服行，而至彼行變成之禮似可。蓋重喪遭輕喪，當其事則服其服，既事反重服云。則重服爲常故也。何如？何如？

今既成服，當告南中訃音，發喪則當別設哭位。就哭位時仍著衰服乎？所後斬衰。出哭後當還本喪次，以待成服乎？出在别設哭位，以待成服乎？若仍在别設哭位以待成服，則其間亦常著衰服乎？

此事亦未有考據。但以意言之，就哭位時不得已脱去衰服而就位。自此至成服，中間恐不可間。間還著衰服，入前喪次之理，須待成服還脱而入前次矣。然此亦斟酌而言，須博問而處之。

《家禮》「奔喪」條云「若不得行，則爲位不奠」，此則爲常時遭父母之喪言也。今此之事雖曰非如此例，若只設哭位而不爲神位，則哭哀成服俱無依向處。不審何以爲之？

爲位不奠之「位」，非獨指哭位也，固兼謂設神位。故曰「設椅子一枚，以代尸柩」云云。今亦恐當依此爲之。

答禹景善庚午

性傳反哭于家而往來展墓，謬意始以爲朔望之奠既行於几筵而又欲設於墓側，旋被諸公明諭，悟其非而止之矣。但吾東人四時節祠皆得墓祭，故節祠則性傳依此往奠墓側。而李養中以爲寒食、端陽則可矣，正朝、秋夕乃朔望也。朔望，殷奠也。虚几筵而往奠墓側不可云。此説，如何？大抵節祠家廟亦當有事，而以上墓之故不得躬莅，每令代行，此亦未安。曾見南中人前期三四日行事於墓側，此與朱子所云鄉里所爲者相似，未知其果不違於義理也。如何？

葬後反魂已得古禮之意。若朔望奠，奠於几筵，朱子所行已見於《家禮》《言行録》《大全》等書。今悟初計之非，善矣。至如節祠亦當於几筵行之，但節祠古所無而起於後，今人平日皆行於墓所。如使三年内並節祠皆歸几筵，則體魄所在一無所事，是謂神不在於彼也。直待喪畢然後始行於彼，則無乃有求神於所無之嫌乎？李君養中所謂正朝、秋夕，朔望之礙，亦思得良是。或此二節依南中所爲，而寒、端二節用當日行於墓。或正秋仍只行於几筵，而餘二節行於墓。恐皆無不可也。如何？

喪三年家廟行事，固不可全然廢之，而吾東人無墨衰，難其服。昔者先人之居憂也，仰稟門下，先生答曰云云。見上。第以玉色乃既祥就吉之服，決非墨衰之比，似難輕著，而且於彼時有性傳在，故只遵代行之教矣。今則曾祖以下唯性傳一身，便無可代之人。痛哭！痛哭！廢而不祭則已，祭則惟性傳當主。不能臆斷，議于諸丈，論説紛紜，未之適從。伏望下教，何如？金而精以爲廢而不祭亦可，云此則然矣。但居喪萬不及朱子一節而廢朱子之所嘗行者，無乃過乎？如何？如何？此中有令婢僕代行者，此則如不祭也，固不可論也。

三年内家廟祭否，先賢已有定論。今以無墨衰致有諸論之不一，愚意有子弟者令子弟行之，上也。無而自行者，其服色前日謬論玉色固不可，其所謂白衣即河西所謂白布衣，似若差可。所難者冠亦白布，尤爲乖異，如何？愚今又思得一説，與其創新而用白布冠衣，孰若倣《家禮》所稱墨衰之服，其制如今直領樣，冠亦用墨，一如侍者冠服而行，事即去藏之以待後祭，其出入等時，勿用中原例服之以取俗駭。此意如何？但禀鄙意，勿以語人，恐大得衆誹也。

别紙

前論墨衰如侍者冠服云云，侍者只有俗所謂頭巾而無其冠，又當著何帶？墨衰冠帶之制未詳，率意言之未安。然似不過冠頭巾而帶亦墨耳。

期而功衰之文只見於《戴記·問喪》《雜記》等篇，而未見於《儀禮經傳》，是何耶？抑有之而性傳不能詳考耶？古者卒哭亦有受服而《家禮》無此節次，故性傳依此行之。今於期亦只依《家禮》，練布爲冠，去首絰、負版、辟領、衰而不別有功衰耶？何以則不戾於聖賢制禮之意耶？《家禮》雖不言中衣，而性傳依古禮制之，今不可不受以練，如何？

功衰之不見《儀禮經傳》，亦不知何故？卒哭受服，《家禮》闕之，於期亦只練布爲冠，去首絰等，不別有功衰，乃古今損益之宜。頃年，廷議國恤，於練亦以不別制服爲定，今當遵依。練中衣則依示爲當。

以練爲冠，則武纓當用漚麻。俗所謂巾亦皆當練，如何？

既以練爲冠，武纓自當以漚麻爲之。頭巾亦當用練，不可獨仍生布也。

屨，《家禮》言以粗麻。《儀禮》曰：「菅屨。」楊氏以《儀禮》爲正，今若依古禮於期，當受以繩屨，如何？

屨，依楊說受以繩屨，合於漸殺之意也。

前論墨衰，更思之，上衣下裳一如正服之制，而但墨其色。冠與巾亦必用墨爲之，而只去腰、首絰，如何？

墨衰既曰衰矣，似當如示。然未有考據，不敢索言之耳。

按《家禮》，凡祭，進饌在初獻之前，侑食在終獻之後，墓祭獨無此兩節。丘氏《儀節》敷衍其禮，一依家祭之儀，未知何據。或又因此謂墓祭不設飯羹。故無侑食之文。既有三獻盛禮而不具酒食，寧有是禮！愚意原野之禮所當有殺於廟寢之事，故少變其節，亦是情禮之固然也。如何？其節次何以則可？飯羹、魚肉並與蔬果而同進，插匙、正筯即在降神之後耶？

墓祭無進饌、侑食之節，或人以爲不設飯羹，恐其不然也。示喻原野禮當有殺云云，此爲得之。况今宗法廢而不行人家，衆子孫不能盡孝敬於家廟之祭，而墓祭不得以不重，乃反疏略如此，無乃未安乎？故竊謂依丘氏《禮》行之無妨。

親盡之主當遷於最長之房而勢有所不能，然者則出於祠堂而安于别室，不得已也。四時之享共設於正寢，則是涉於祭五代之僭。廢而不祭，則又大違於情禮。如何？愚意享日之曉先就别室行事於遷主，然後奉四代之祭於正寢，如何？或倣古制疏數不同之義，只於春秋設之，亦庶乎可也。如何？前日再稟，每教以難言，然當此變禮，豈可諉以難處而每於失禮之中又失禮乎？伏望明誨。

親盡之主四時共設於正寢，實爲未安。奉安别室，只於春秋設祭似爲處變之宜，然終未必其當否？

朔望之參必設酒果，而主人或有疾，或遠出，子弟又無代行之者，則姑廢不設，似合情禮。世俗或令婢僕爲之，其瀆褻不敬甚矣！如何？且其設酒果，若只爲參禮而起者，則子弟雖存，不可無主人而擅入祠堂獨行參拜。如何？

朔望奠專爲主人自展己思慕之誠而設，有故而使子弟，猶或可也，婢僕必不可也。俗節之祭亦然。然此事今世或已他居者於墓祭等事不得已，有令婢僕代行者，又使盡廢，尤甚未安。如何？如何？

祖先生日設奠舉俗鮮有不行者，而性傳之家亦未免有此事。但並設祠堂又更瀆亂，故出祭于寢，非祫非忌而出主行事，亦極無據。從此欲廢而行之已久，遽然矯革在所難處。與其未安於瀆亂，寧失於遽改耶？如何？

生忌之説出於近世，寒門所未舉行。今承垂問，怵然愴然，未敢妄有所對。

祔主當於祖考妣室西向奉安，而國俗祠堂例不寬敞，龕室亦小，然平時則或可以容祔主，至於朔望俗節設酒果之時，尤覺不便安。如何？《家禮·祠堂圖》置祔位於堂東壁下，此何所據耶？

祔主祖考妣室西向奉安，古禮然也。今同堂異室而龕小難設，正如所諭。嘗反復籌度未得其宜。朱先生非不知其然，尚以愛禮存羊之義，不敢變其所祔位置之他處。今亦何敢輕爲之説。欲從古禮者不如寬作龕室，令其可容西向之設。及其設酒果時，出置東壁下行之，庶或可也。如何？如何？

我國人家正廳南北長而東西短，凡四時大祭於北壁下自西設位，狹窄難行。不得已，高祖在北，曾祖、祖禰分東西相對，若昭穆之列者。祠堂既爲同堂異室之制，而至此乃變其位，無乃未安？如何？

正寢設祭位，有大屋可依禮設者，自當如古。其不然者不得不隨地形排設，雖若未安，亦無如之何矣。

辛酉四月先生《答鄭子中問目》云「有子之妻則既祔而主還几筵，及喪畢仍祔祖妣，或別置他室可也」云云。《家禮·祔》下高氏「別室藏主」之說，先儒非之。未知如何？

妻喪，高氏「別室藏主」之說，先儒非之，固依禮文而云也。滉所以云云者，夫尚主祭如設酒果等時，夫拜跪庭下而妻祔祖妣龕，有所未安。權藏別室，恐未爲大失故耳。如何？如何？

或因小祥「止朝夕哭」之文，並與上食時哭臨而廢之，愚意恐未可也。禮當漸殺，練後朝夕之哭止之無疑，但上食非如朝夕之比，几筵有奉而不爲哀臨，或乖人子之情。如何？金而精亦云當並止之，未知其果合情禮也？伏望下誨。

細觀禮意，卒哭漸用吉禮，朝夕之間哀至不哭，猶存朝夕哭，練而止。朝夕哭惟朔望會哭，哀漸殺，服漸殺，哭亦漸殺也。若猶朝夕上食哭，不應曰惟朔望哭而已。今欲以己意行之，亦恐未安。古之篤孝一節，人或有如此。若知禮君子自當依禮盡誠而行之，恐未宜特出踰禮之行以徇情而掩俗也。夫苟徇情以行，則情何窮之有？

練後雖廢朝夕之哭，而只於晨昏展拜几筵似合情禮。或云禮無明文，難以義起，或謂《家禮》有「晨謁」祠堂之文。依此只得晨謁爲當，夕則不可。愚以爲未然。几筵三年不廢生事之禮，恐與祠堂有異，晨昏之禮，廢之實所不忍。且嘗見朱門人問於先生曰：「趙子直晨昏必謁影堂，而先生只行晨謁，如何？」先生答云「昏則或在宴集之後，此似未安，故只用晨謁」云云。以此觀之，先生不以晨昏之謁爲未當，而只以宴集等有礙不可行，故只存晨謁之禮也。憂人既無此等事，而況几筵與祠堂不同，晨昏之謁未有所妨也。如何？金而精亦以鄙說爲是。

來說欲行朝夕，至當！至當！

金而精制深衣用綿布，性傳疑其當用白麻布。金云：「凡禮言麻布者是麻布，只言布者皆是綿布也。故大小斂之絞皆用綿布爲是。」此說如何？五服之布亦不言麻布，而只云生熟。此其爲麻布，則深衣白細布之獨爲綿布，何義耶？

亦未知的是何布。然綿布韌，無乃好乎？

國法三歲前收而養之者，名之曰「即同己子」。而其子女爲其所養父母行齊衰三年。或所生父母在則降服期，然則爲母之養父母亦依外祖父母例服小功之服乎？伏望下誨。

此等變禮無經據，而率意言之皆涉謬妄。但疑母既以爲父母，子安得不以外祖父母服之耶？

許美叔 釪　庚午

「官備則具備」注云：「具者，奉祭之物也。」釪竊以爲雖外内之官不備，視吾力所及當盡力而已。豈可待外内之官備，然後乃備奉祭之物乎？未審所謂具者的指何事？

非謂官不備則物不備，亦非謂官備然後方備此物。主人、主婦各有所薦獻，假令主婦不與祭而主人或他人代之，則雖薦此物亦不可謂具備，故云耳。

致齋於内，散齋於外。陳曰：「致齋若心不苟慮之類，散齋若不飲酒、不茹葷之類。」吴曰：「内外以廟之内外言。」或以前説爲長，或以爲二説皆有理，當兼看。如何？

雖兼有此義，然其「内外」字實以廟内外言。

「立如齋」注云：「當如祭前之齋。」謂方祭之前乎？未祭之前乎？

方祭以前皆爲祭前也。

司馬公論喪，章首云「禫而飲酒食肉」，是則因今俗通行之禮而言。其下則曰「大祥之前皆未可以飲酒食肉」，是則據王肅之説服二十五月而除也。二説似有前後之不同而載乎《小學》書，何也？君子至當歸一之論果若是乎？

此事禮家已有兩説。然中月而禫，本謂大祥月中。自鄭玄訓「中」爲「間」之後，遂爲二十七月而禫。朱子以王肅説爲得禮本意，故《家禮》大祥後飲酒食肉而禫從鄭説，禮宜從厚故也。其後丘氏《禮》移飲酒食肉於禫後，故今人以是通行，皆是從厚之意耳。禮之本，則只以孔門彈琴一事觀之，可知王肅非誤也。

答鄭汝仁 崐壽　己巳

詢及數事，皆是莫大之禮，豈懵陋人所能臆決？須問於當世知禮之君子，或以咨禀於禮官而取僉議決之，則可永爲典式，尤爲至當矣。佔畢先生之言，未知因何而發？雖依其言而處之，但從夫服期而勿用申心之制，雖稍加於古而亦不至太徇於情。不知如何？若不爾而從奪情之舉，則其除似當如來諭。後月之朔而節文亦如之。妄意雖重服在身，既云除服，則暫服黲服而行之，既而反喪服，不得不然也。所諭齊衰期除服，恐亦此同然。皆出於妄料，未有經據。千萬於送終大事勿輕用，貽後悔也。率易爲罪，惶恐不宣。

夫爲人後，其妻爲本生舅姑服期，前已濫陳鄙意。雖違禮服大功之文，然其止服大功，太不近情，可如此從厚故也。夫申心喪而妻不許申，固有如來示之未安者。然自禮之大功而引之於期已汰矣。復自期而引之於三年，其爲徑情直行不已甚乎！所以不敢輒許其申也。然雖不許申，爲其妻者亦不必二鼎而烹飪，對案而飲啖，自有隨時之宜。但必欲立爲申心喪三年之法，則不敢耳。

除服，各服其喪之除服，卒事，反喪服，禮有明文。奇承旨之意，未知何如而云爾也。然則既不服黲服，又不與小祥祭，則是自此以後至畢喪，無復更入於其喪次矣。恐無是理也。今之喪，人廬中或未能常著衰服者，多以麤布白衣居之廬中。依此以處，似不戾於權宜也。如何？

黲色與玉色無甚異，從俗何害？

小祥後往來本生喪時，在途及廬中恒服，恐不得輒去衰服。入于本生几筵前則亦難以衰服服玉色而入，卒事退又返喪服。如何？如何？

妻於别處除服，恐當與成服同。「成服」條「爲位不奠」其注云：「若喪側無子孫，則設奠如儀。」云其不然者不奠明矣。

朱子《答陳安卿書》曰「某家不曾用明器」云云。而《家禮》却有「藏明器」一條。明器者，待死者以有知無知之間，恐是孝子罔極之至情。而朱子之所以不用者，何意也？且如筂筲等物尤見不忍死其親之至意，而《家禮》注有「雖不用可也」之語。今當如何？

古所謂明器，象平時服用、人物、車馬之屬皆爲之，故朱子以謂不必用。若如今人行器等亦不用則未安。笣筲亦當用。

祠后土祝文，朱子《家禮》稱「后土氏」，而瓊山《儀節》據《大全集》稱「土地氏」。今按《大全》所稱土地皆是所居宅之神，而於墓山之神例稱后土。不知瓊山所見如何而據以爲證也？

當從朱子《家禮》。

今不用挽詞，不知何如？

廣求虛誇則非，不然用之何害？況今用者多，而不用者罕乎？

崐壽出繼從伯父之後，今遭本生母喪，又遭所後父喪。本母當祔於本母之祖妣，則祖妣之主又在所繼之宗。於隮祔之祭，崐壽當以宗子主之，而又以重喪在身，則祝板當何如書乎？當書曰「孝曾孫孤子某使再從弟孤哀子某適于顯曾祖妣某封某氏，祔以孫婦某封某氏」云云。又於本母前曰「從姪孤子某使再從弟孤哀子某薦祔事于從叔母某封某氏，適于曾祖妣某封某氏」云云否？與舍弟並告于本母而曰「從姪某使再從弟某」云云，於情意極爲未安！不知何如？

祔祭四稱謂，雖極未安。然舍此無他道理。無他故實可作，稱謂只得如是。

祠后土祝文，改葬則曰「宅兆不利將改葬于此」云云，新葬則「今爲某封某氏營建宅兆」云云。今新舊合葬，其祝當如何書乎？欲書曰「宅兆不利將改葬于此，以某封某氏祔」云云，何如？

當如此，而「祔」字上加「新」字。

改葬前一日當告于祠堂，而服衰入廟極爲未安。姑使無服者假告否？雖服衰而不若自告否？抑欲權以墨縗入廟則何如？古人多言墨縗，而墨縗之制未詳，今欲皂紵、網巾、黑草笠、國喪則用白笠。白衣、白帶、白皮靴子，不知可否？

改葬告廟使無服者爲之而已，不入告亦甚非。宜其服如來喻爲可。蓋墨縗今無，而又當國喪故也。

改葬時贈玄纁、送明器等事，當一如初葬時乎？雖合葬亦當各具否？

改葬玄纁之類隨力措送。雖合葬，力不及之物外不可兼也。

竊考丘瓊山改葬，《儀節》當就幕所只行一虞而止，新葬則有反哭三虞於正室之禮。今合葬則母之初虞當並父之虞而行於墓次，既虞之後反哭母於室，哭畢却入廟告父以改葬。自再虞仍只祭母於堂否？抑既題神主即當反哭，則父之虞亦當並行於正堂。自再虞亦只祭母否？曲折處之甚難！伏乞詳教。

兩葬行虞之節，按禮偕喪偕葬，先輕後重。虞則先重後輕。今改葬當虞於墓所，新葬反哭而虞。

竊考祭禮，初獻主人爲之，亞獻、終獻則主婦或主人之弟、或長子、或親賓爲之，而不許諸父諸兄爲之。今雖諸父諸兄共祭，亦不使爲亞、終獻。只使主婦、或弟、或長子、或親賓爲之乎？諸父諸兄或欲自爲亞、終獻，則亦當以主人既以子弟之行爲初獻，不可倒使尊長爲亞、終獻之意申告强止之否？不知當如何可？

亞、終獻不使諸父應有其意，不可考。然以情理言之，廟中以有事爲榮，况諸父之於祖考非衆子弟之比，終祭無一事，豈非欠缺耶？若諸兄則其所云兄弟之長，此兄即諸兄也，非不使爲獻也。來諭申告而强止之，恐不近情也。如何？

后土祭，《家禮》無酹酒，而瓊山《儀節》有酹酒之文。酹酒當傾少許於地，而以其盞即奠于神位，如廟祭之祭酒乎？

從朱子。

改墓開出舊棺，未葬之前當行朝夕上食否？

改葬朝夕上食，不可考。然今既見柩事象初喪者，多恐上食爲當。

虞祭，謹按《家禮》無參神條，《儀節》雖補入而乃在降神之後。蓋既出主不可虛視，必當拜而肅之，則參神宜居於降神之前，灌則所以爲將獻而親饗其神之始，則降神宜居於參神之後。今欲先降後參倣四時祭爲之，不知可否？

虞祭參神，朱子所以虞祭無參神一節，非闕漏也。虞者，祭之未吉者，至卒哭而後謂之吉。祭且參者，謁見之名。當是時如事生、如事存之兩際，故去參神以見生前常侍之意，行降神以見求神於恍惚之間。此甚精微曲盡處，瓊山率意添入，恐有不知而作之病也。當從朱子。

來諭先降後參，恐當作先參後降。

答金士純誠一

昨當私忌而壓尊不敢告，殊覺未安。

昨日之事，今以來示觀之，正是欲致謹而反生病也。當初辭以忌日而不入，非爲慢也。若以初到未見不欲徑辭，則來見而告之故以去，亦可也。所謂壓尊不伸私服者，如臣於君前之類，非謂尋常長者之前皆不得伸也。既不敢告，又不敢出此臨事過謹之病也。若告故而長者不聽，其去則如昨所處，無不可也。

私忌遇尊客，設素食。何如？

私忌遇尊客而設素食，本爲未安。然忌有隆殺，尊客亦有等級。滉於亡妻忌日，方伯欲來前數日，泛稱家忌，逆辭於旁邑。方伯不聽而來，此乃忌輕而客尊，不敢設素，但於進饍，客肉而主素。方伯察知，令俱進素矣。若遇忌非此等之輕，君子以喪之餘處之也。何可謂進肉爲宜乎？自非極尊之賓，恐皆當設素爲禮，然其中實有未安者，故古禮以忌日不接客爲言。今欲遵此禮，而客或知主人有忌亦至，則非矣。又如當筵而聞緦麻等服，撤膳止飲，禮也。而客不知止，雖客之過，然爲主者尤不得辭其責。又若服未盡而遇尊長，强之開素，此等事皆當以善辭得請爲期。至其甚不得已處，暫依朱子答門人説處之，恐或可也。

忌祭邀客，已赴人邀，何如？

忌祭邀客，已赴人邀，雖爲非宜，滉自不能盡如禮，不敢爲説以報。然雖非當日參祭之人，而親族親客在傍。雖與之同餕，恐或無害。若辦酒食召遠客，則自不當爲耳。

高祖之祭準以古禮，則士大夫分不當祭，而朱子著爲《家禮》。何也？

祭高祖，斷以古禮，則士大夫似不敢祭。然高祖既有服，《禮記》又有「干祫及高祖」之文，故程子以謂不可不祭，朱子因著爲《家禮》。今好禮慕古之士依此行之，豈爲僭乎？但時王之制祭，三代有典，夫子亦從周，則又恐難於據《家禮》盡責人人以行此禮耳。

七日戒三日齊，古禮也。而《家禮》時祭只言三日齊，何也？

七日戒三日齊，古禮爲然。故今廟社四時大享，百官前期十日受誓戒，誓戒之辭正以云云之事爲禁。前三日入清齋，所患人不能盡如禮耳。蓋大享，禮之至重，故如此，其他祭不盡然也。

今人居喪例於葬送祥祭之日，設酒食以饋吊客，甚無謂也。

喪次設酒食，甚非禮而其説甚長。今不敢輒云。

父兄以子弟讀書爲重，家廟祭祀之時或在山房，或處旁近而不令與祭，於心甚未安。

讀書爲重而不得參祭，揆之餘力學文之義，甚未安。當以開陳得請爲先，然若請不得命，亦當從令，恐不可率意直行也。

昨承自非極尊之賓，恐皆當設素云云，已聞命矣。第未知所謂極尊者以齒德乎？以爵位乎？

極尊謂如下士於公卿之類，非以齒德論也。蓋下士爲私忌而設素於公卿之賓，恐不可爲者。卑之私故難以及於尊也，雖重忌亦然。但於己也重忌則設素，輕忌則設肉不食，何如？輕忌如妻子忌之類。

七日戒三日齊，只施於大享，而他祭則不得盡然者何？

七日戒三日齊，在士大夫，則家廟四時祭齊戒是也。但《家禮》只言前期三日齊，不言七日戒，必有所以然，當思而得之。若忌日則通言前期一日齊戒而已。家間每遇親忌，自有不忍之意，故從前二日齊戒。今若并七日則爲十日齊戒，雖或甚厚，自一介篤行之士言之，誠是至孝。然以是爲天下萬世通行之法，則恐或過中矣。

忌者，喪之餘。當親忌，食稻自有所不忍。昔吉注書每於是日疏食水飲，依此行之。何如？

吉注書忌日疏食水飲甚善，後人法之，亦固至意。若其人有父兄在，則如當餕時父兄依他食稻，己獨別設疏食，豈不難乎？不知若此處，當如何？

喪次設酒食，固爲悖禮。所謂其說甚長者，何謂也？

喪次設酒食處之之道，如《陳安卿書》所云當矣。此則已赴他喪所處之宜耳。最是己當喪而待客，欲反今之弊俗而合古之禮意，其間曲折至爲難處者多。故前云「其説甚長，今不敢輒云」。

答金士純 戊辰

丘氏曰「前期一日告于祠堂」云云。墓所若近，則此禮固也。若在遠，則其告廟節次當如何？或云：「當先定遷墓之日，主人臨行告廟而去。」或云：「主人先去墓所經營葬事，及其葬前一日令在家子姪代行其禮。」二説是否？何如？

似兩可。

丘氏曰「既葬就墓所靈座前行虞禮」云云。但言行虞禮而不言三虞，此與初喪襄事不同，故虞止於一否？緦三月内别無行祭之禮否？

虞祭則只一，三月内别無行祭節次。

丘氏曰「祭畢撤靈座，主人以下出就外所，釋緦麻，服素服而還」云云。禮，衰麻不去身。改葬若服緦，則宜若不當去身，而釋之而還，何耶？在途素服則還家當服何服而終三月乎？

疑仍服素。

在官者與士庶不同。國有七日之制，七日之後不許三月之服，則如何？或云出仕用吉服，居家還服素，此説何如？

居家則服素爲是。

丘氏曰「改葬，緦，子與妻也」云云。所謂妻者莫是子之妻否？死者妻否？但云子與妻而不及女，何也？

所謂妻，子之妻也。女在其中。

丘氏曰「三月而除」云云。除時别無除服節次否？

未詳。

若同葬父母則先輕後重，奪情故也。改葬啓墓時亦當先啓母？出棺改殮時亦當先殮母否？

皆當先。

按丘氏之禮則葬時服緦麻，既葬易服而還，更無服緦節次。而乃曰三月而除，所謂除者，除何服也？丘説可疑，然恐有所據。豈不以既葬非如見柩時，而仍服麻似無漸殺之意，故只服素食素而持緦服之意在其中。至三月而止，以爲終服之節也歟？

韓文《改葬議》曰：「或曰經稱『改葬緦』，不著月數，則三月而後除也。子思對文子則曰『既葬而除之』。今宜如何？自啓至于既葬，而三月則除之，未三月則服而終三月。」按此説則宜若服緦終三月，而丘氏謂素服而還，何也？二説牴牾，未知何去何從？

安知韓公所謂除不與丘説同耶？然未敢質言。

初葬則有魂帛爲之主，改葬則無魂帛。於靈座中設紙牓乎？只設靈座乎？

似只設靈座。

妻亡無後及妹在室成人而死，則題主時屬稱旁題，將何書之而可？或云無旁題則神無所依，或欲設紙牓祭妹。此説何如？

示事皆禮之變處。禮之變，聖賢猶以爲難昧者，何敢妄議於其間乎？然以所示諸説言之，書「亡室某封某氏」而不書旁題者，似爲得之。蓋旁題施於所尊，以下則不必書，乃朱先生説也。「亡」欲代以「故」字，鄙意果如此，未知是否？無封則稱鄉貫。其於妹也亦然，亦以右例書「故妹」云云而無旁題。蓋既稱爲妹則固神之所依，何必旁題而後可依耶？旁題乃尊敬之禮，不宜施於此等也。紙牓之説，亦恐太忽略耳。

答金士純 庚午

在途遭兄喪，飯含之具不能備禮，幎目握手亦裁布假用。到家大殮之時，依禮作二件物事，安之於當面手處，此等事出於臨時杜撰，未知是否？如何？

逆旅倉卒，臨時杜撰，勢所不免。

在途喪未殮殯，故兄弟過四日亦未成服，到家殮殯後一日方成服。而第念奔喪者至家四日方成服，則此雖非奔喪之例。以兄嫂觀之，則聞喪而喪未至，亦猶奔喪而未到喪次者也。喪至之日大殮，則雖即爲之，其儀節則一依始死之禮，第四日成服。如何？

當如是。

成服後始行朝夕奠禮也。途中不殮未服而日數已過四日，不忍廢奠。將生時路次所用之物，食時乃上食，此亦徑情直行，是否？如何？

亦當如是。

婦人服制，朱子《家禮》似無明文。瓊山《儀節》有大袖、長裙、蓋頭、腰経等服，依此製服，未知果合於古而不戾於今否？

今按《家禮》楊復注「婦人亦用大袖、長裙、蓋頭而無経帶」之文云云。然今於《家禮》本文亦未見三物之文，只依丘氏《禮》爲宜。

兄弟當服齊衰而今不用其制，只以素帶爲服，甚無謂也。衰裳之制，今不可必行否？

兄弟服如所示，豈不善哉！但病庸無狀，凡期功以下諸服皆不能如禮，只從俗過了。今承示問，不知所以爲對，縮恧嘆服而已。曾聞領相李浚慶。行其伯判書公服，頗采用古制，未知何如？聞見可知矣，且聞凡事有父兄在則皆當禀行，此意亦當謹之，乃爲得之。

服祖父母喪而赴舉者，程子既非之。則兄弟之喪同是期服也，冒哀赴舉，於義何如？舍弟會試後遭兄喪，將不入殿試，或謂堂有老親，不可徑情而行，故且留爲赴試計耳。

程子只云祖父母喪，不云兄弟喪，非遺忘也，其間必有差間故也。但殿試在成服前則似未安。

免新，或謂過一月後爲之無妨，或謂易月之制雖過兄喪，若在淺土則不可爲云。未知是否？如何？

免新在匝一月之後爲之，恐未爲害也。

答金止叔 圻　己巳

示孽屬服制，今人多疑問。然吾嘗疑古人雖嚴嫡庶之間，只以其分言之。至於骨肉之恩，則嫡庶無異，故不分差等。古既如此，故吾東國典亦不敢分差等。今豈敢臆決，以爲當如何處之耶？惟在自度處之耳。若庶母，則古人妾御良多，其恩義似泛，且無骨肉之恩，故制服如此，安可與天屬之親同之耶？然此皆愚見妄言之，不敢必以爲然，須更問知禮者處之。

答李宏仲、德弘 庚午

首絰單股，《周禮》謂之弁絰。古人用此絰以吊喪，乃絰之至輕者也。五服之絰皆兩股，況於親喪用單股絰乎？《儀節》之文吾所未知也。今勿疑用兩股。今俗用三股亦無稽之事，不可從也。喪主之説，《家禮》「立喪主」下本注及附注不啻詳説。何疑之有？但今一家主人外無同居之親且尊者，則不得已主人兼拜賓耳。

與琴聞遠、蘭秀 辛酉

昨簡問庶母之服，對客忘報，今乃追告。禮，庶母之服緦麻，指父有子之妾言也。然則似謂無子之妾無服也。然又謂父妾代主母幹家事者加厚云。今尊公侍人雖無子，乃代幹之人，宜服緦而稍加日數爲可也。嘗思古禮所以辨有子無子而服者，古之卿大夫妾御頗多，凡婢皆妾之類也。不可泛指父妾而皆服緦，故以有子服緦爲文。其實當觀情義輕重而處之，故又有稟父命行服之言。須以此等事理量處之爲當，謹告。

與琴聞遠癸亥

書至爲慰。東宮禍變出於不意，萬姓無所係望，此古來莫大之患，奈何？奈何？然而服制則内外百官四日成服，七日而除。其他士庶人則無服，以未嘗臨莅而德惠不及於民庶故也。惟於禮曹啓單字内有「禁屠殺一月」之文。然此亦指都城内而言，非指外方也。則外方士人之家過六七日後舉行廟祭，恐無不可也。若如宴會等事，則葬前决不可爲耳。禮過仲月則不舉時祭，但窮家多不及仲月，而每因以廢之，反爲未安。故寯兒有如此之時亦不禁，而遂行之矣。於君何可異云耶？先亡於父母者有父母喪，其祭用肉與否，禮文無之，難以臆决。當俟後日更商量也。

答柳希范己巳

君臣禮葬，《周禮》：「凡有爵者之喪，職喪以國之喪禮，莅其禁令，序其事。」《孟子》「公行子有子之喪」注：「以君命往吊，故謂之朝廷。」又《禮記》「君臨臣喪」所記非一，然則以君命治臣喪而葬之，謂之君臣禮葬耳。若謂君從君禮而葬，則於孔子之事不應舉此再言之也。

所喻尊先壟各葬事，正與滉家事相類。捧讀以還，爲之哽愴。據禮言之，兩妣皆當祔於考塋，未則遷先而祔可也。滉先妣葬在别處，而先考葬於族葬。族葬乃家後山也。滉兄弟六七人遭後母喪，取便近而附葬於先塋。先妣墓已經七十餘年，難於遷動。又亡兄嫂及姪隨葬亦多，已成一族葬。因遂未遷，其於事理極爲未安。尚賴所云别處，亦去家僅五六里而近。每祭兄弟子姪，祭於先壟，次日祭於先妣墓，未嘗設位於先壟而遥祭之也。兩處皆有齋舍，或於其一處有，故不可行祭，則就無事處設位合祭之耳。此乃從前處事未盡善。暨于今日雖欲改之，勢有甚難之故也。祠堂神主則兩妣同入一龕，而先妣共一櫝，後妣别櫝安别牀。及出主行祭時，先妣共一卓，後妣别一卓，聯席而坐。蓋兩妣並祔，朱先生《答李晦叔書》已言。後妣别櫝雖不明言，其勢似當如此。墓祭不當遥祭，亦於《答王晉輔書》言之。惟祔葬事自不能盡得如禮，故於來問不敢云如何，只在公量處。至於忌祭共行，不應禮文。但滉家自先世皆如此行之，從前家長之意亦不欲改，故未敢改耳。

答權章仲甲子

食時上食。

當依《家禮》行之。世俗行三獻之節，甚非禮也。蓋三獻禮之文且盛也，喪主哀不以文。又朝夕上食象平日事親之常禮，若常時用此節文，則於盛祭當用何禮耶？世俗不知而譏之，不可苟避而行三獻也。

朔望奠。

既曰朔望奠，則固當不比於朝夕之略。世俗所爲合於高氏禮，斯爲得之。朱子謂「如朝奠儀」者謂只一獻，無其他三獻節文耳，非謂設饌只如朝奠也。但禮緣人情，設饌有加於朝夕而只獻一杯，近於欠略。國朝《五禮儀》注有連奠三酌之禮，依此行之爲當。士惟朔奠者，先王制禮有降殺等級，降至於士，視大夫有殺，亦其宜也。然今人非至於窮不能辦，則並擧望奠，亦未爲僭也。

三月而葬。

及期甚當。不幸而窮不及期，則不得已而至於擇葬，亦勢所不免。若如今人兄弟各拘吉凶，久而不葬者，甚不可也。

穿壙。

隧道，後世上下通行。然其間棺槨尺量等事或有差誤，則有至難處者。不如直下之爲穩也。

作灰隔。

此當與下文「加灰隔，内外蓋」處通看，方得其詳。蓋此所謂灰隔，非今人所用之灰隔也。《家禮》不用外槨而顧多用瀝青，故别用薄板權爲外槨之形。姑去其蓋板而塗瀝青於其地板與四周，以此代槨而安於壙底炭灰之上。乃下棺於其中，正如下棺於槨中也。然後始用今所用灰隔，而下灰隔依今下灰隔之法轉轉築上，及隔之平而止，則其狀亦如槨外用灰炭也。於時方加此隔内外蓋，其内外蓋之制及所用先後節次，《家禮》詳之，可考而知也。蓋無槨則瀝青無所用於塗，故爲此制專爲用瀝青設也。故此灰隔者，所以隔灰與瀝青也。今所用灰隔者，所以隔灰與炭也。今人未有無槨而葬者，其用瀝青又不如《家禮》之多，而只用於外槨之外，則無所用於此灰隔爲也。不知者乃以今之灰隔之制解此灰隔之文，牽强乖謬，由不致詳於上下之文故耳。

反哭。

古人深以反魂爲重。且急葬之日未及成墳而反虞，所以欲反其平時所居處、所安樂之處，庶幾神魂不至於飄散也。自廬墓俗興，此禮遂廢。仍奉魂於空山荒僻、平昔所未嘗居處安樂之地以歷三年，而後反之。重體魄而輕神魂，其不知而無稽也甚矣！然來喻欲反而因遂入廟，與前神主合櫝共祭，此又何其考之不詳而擬議疏謬耶？據禮，既反而設几筵於正寢，三虞而卒哭，卒哭而祔，祔時暫奉至廟行祔祭，後復反於几筵以終三年，而後入廟。皆有節次，不啻詳且謹也。何可以遽入廟耶？且今人葬後合祭前後主，以前主而言，既吉而反凶，非禮也；以後主而言，方凶而援吉，亦非禮也。觀忌日之祭，猶只祭當主而不並祭他，則喪不可合祭前主較然矣。雖然，今有人篤孝而能謹居喪者，反哭後能嚴内外之辨，寢苫枕塊以終三年，則固爲至善。雖違衆而不廬墓，何不可之有？苟或不然，反後凡居處守喪之道有不能致謹者，則其罪又甚於不反魂之非。此在喪者自信而能盡心以處之耳。合祭雖舉俗皆然，然亦在孝子信古據禮，至誠哀痛而改之。則改世俗之非禮，以從禮文，亦何不可之有哉？若不幸而信不能及此，難於違俗而合祭，則只設紙榜之類以行之，猶或可言。至於出主而合祭廬所，尤爲大錯，千萬不可爲也。

卒哭後祭禮云云。

未葬，事死如事生，專以凶哀爲主，故奠而不祭。既葬則曰反而亡焉，於是不得不以神道事之，所謂事亡如事存也。以神事之，則何可專循孝子哀痛之故而尚純凶，只奠而不用祭禮乎？故備三獻等節文，而讀祝於主人之左，此所謂漸用吉耳。孝子衰絰以行之，何所疑哉！來喻謂今人三年用吉祭者，蓋寡者必以用肉爲吉祭而言也。是不然，古人自初喪奠亦皆用肉，非至此而始用肉謂之吉祭也。不用肉亦今人之大失，雖不能免俗而未可常用。或有新得則薦之，薦後以神意即饋門族可也。合祭之説前已悉，不再云耳。

雙墓分左右。

自北面南而分左右，則考當西爲右，妣當東爲左。蓋神道尚右，地道亦然，而祭時設位亦以右爲上故也。朱子自云葬亡室時虚東一坎，此則可疑，然恐或記者之誤，未可以此而易神道尚右之義也。雙墓表石、牀石，今人率用一件，恐不違禮。

居喪出入謝答，可否？

居喪非甚不得已，勿爲出入。其出入官府尤甚不可。然此亦不可以一概斷置，其有因營辨喪具不可坐待其自成者，不得不少有出入，亦須大段加兢慎斂避也。丘氏所譏衰絰奔走拜謝者，固爲非禮。然亦豈可專無謝答耶？《家禮》卒哭前不謝答，而令子姪代之，極合居喪之道。但恐此亦尊者事爾。若身爲士，而地主以卿大夫之尊賻遺相續。己之喪已及三月而葬，與卒哭尚遠，恐須謹奉一疏，言所以葬未及時，身且疾病，受恩稠疊，不得躬謝死罪之意。如此似方爲得禮之變也。府使近當見訪於此，吾亦當致謝，兼言喪人不敢衰絰入官府拜謝之意。

宗子居喪。

家廟四時大祭，則孫不可以待行。若節日及薦新則可行，此朱先生之論，已見於《家禮》注。宗子居喪，宗子妻喪雖已過三年，其子之祭其母亦當依上所云而行之，不得別異於先祖而獨用時祭也。

答李平叔咸亨　己巳

染疫遭罔極之變者，不當避而求生，所論甚善。滉前日所舉朱先生之言，謂曉人當以義理不可避者，正是此意，非有異也。然此就病死斂殯時而言之，固宜如此。若在既斂殯後則容有可議者，何也？蓋避者未必皆生，然而避者生之道也。不避者未必皆死，然而不避者死之道也。然則當此時欲付葬祭於何人？必處其身於死地而不少避以圖後事乎？然此乃人事之大變極致處，吾未到能權地位，恐難以立下一格法以訓世也。比如人與至親同遭水火之急，固當不避焚溺以相拯救，及不免焚溺。而一有偶脱者，斂殯既畢，乃不顧後事而反自投於水火，則其所處得失，何如耶？此滉所未判斷處也。

夫存妻死則神主不書「顯妣」，疑當云「亡室」。妻存無子而夫亡，未詳當何書？都下有一家書曰「顯辟」，蓋依《禮記》「夫曰皇辟」之語也。未知是否？

期九月之喪復寢之節，以《喪大記》考之，「期，居廬，終喪不御於内者，父在爲母」。此言惟父在爲母期者，終喪不御於内，其他則不然也。又云「爲妻齊衰期者、大功布衰九月者，皆三月不御於内」。此言惟此二者三月不御内，其他則不然也。

葉賀孫嘗舉此以問，曰：「不知小功、緦麻獨無明文，其義安在？」朱子曰：「禮既無文，即當自如矣。服輕故也。」賀孫亦有問五服飲食居處之節，朱子答之云云。

右兩條皆見於《朱子書節要》第十二卷，可考見也。

神主尺度不中，改造似當然。昔李堯卿造家先牌子。不用伊川神主制，而用温公牌子，未詳。只用匠尺，其後覺長大不合度，欲改之。問於朱子，朱子云而今不可動。以此觀之，神主與牌子庸何異乎？牌子不可動，則神主可易改乎？

右李堯卿所稟一條，見《朱子書節要》十一卷。

玄纁如韓永叔説，卷束而置棺左右，比世人鋪在棺上，此爲得之。魂帛恐不必如申啓叔説。

夫在妻喪，《家禮》立喪主及朔奠等處注説如彼分曉，只得遵依。其「題主」條母喪稱哀子，未詳何意？或者雖父母俱没，於母喪則止稱哀子云乎？若此處須更問知禮人爲佳。

葬既久而下誌石，雖欲於壙内下之，其勢爲難，所以不得不倣壙南之説而處之。然階砌下太遠，於階上依數尺之説量宜用之。

妻喪在途而聞兄弟之喪，此等事古無明文，臆説爲難。恐遇此變者固當奔兄弟之喪，然若妻喪無人幹護，不可以成葬。則至妻喪掩壙而後奔，其或可也。

時祭祝文，若用丘氏《禮》併一祝文，則當不用「昊天罔極」之語。但來示所謂祝文上端批云

「義起之」，此説滉記不得，未審何謂？

世人遇妻親無主祀者，不免爲徇情權行之祭。然度其勢，難於祝文之辭，其不用祝者或有之矣。今若用祝，則恐如所諭似亦可矣。忌日祝末丘氏「恭伸奠獻」之文，用之爲善。張兼善無祝人則設祝文而不讀，在苟簡不備禮中自盡其心之事，其意善矣。但此等權行事只爲一時自處之事，難乎以此爲訓於世耳。

郭巨埋子與盧墓之是非，申啓叔之説近是。但以爲聖賢復起必爲盧墓，此則非矣。若公則知盧墓之非而欲矯之，其意非不善矣。惟其言太激發過當，誚盧墓太刻急，至比於郭巨埋子，其事本不相同而强同之，宜乎啓叔之不肯可也。

喪服袖加一幅，勢出於不得已，似當從西河之爲。但如是每事輒率己意變亂古制，恐非輕事！

答趙振 戊辰

祭四代，古禮亦非盡然。《禮記·大傳》「大夫有事，省於其君，干祫，及其高祖」説者，謂祫本諸侯祭名，以大夫行合祭高祖之禮，有自下干上之義，故云「干祫」。以此觀之，祭四代本諸侯之禮，大夫則家有大事必告於其君，而後得祭高祖而告之，不常祭也。後來程子謂高祖，有服之親不可不祭。朱子《家禮》因程子説而立爲祭四代之禮。蓋古者代各異廟，其制甚鉅，故代數之等不可不嚴。後世只爲一廟，分龕以祭，制殊簡率，猶可通行代數，故變古如此。所謂禮雖古未有可以義起者此也。今人祭三代者，時王之制也。祭四代者，程朱之制也。力可及則通行，恐無妨也。

題主左旁之説，何士信《小學圖》雖書神主左旁。然今《家禮》及《大明會典》等圖皆書神主右邊，即人之左旁也。此不容皆誤，只得從《家禮》《會典》可也。何必苦疑？

握手，《儀禮·士喪禮》言右手設決者，《既夕禮》言左手無決者，既分左右言，又有有決無決之云，非二而何？丘瓊山《家禮》雖非盡用《儀禮》，亦言用二。又何必苦欲用一耶？

異姓人侍養自是人家苟且之事。然既云奉祀則不容無安神設祭之所，仍指其所爲廟，亦勢所必至。然比廟制亦當稍減損，乃爲得之。

未葬前朝夕奠何以爲之？

今俗殯前設几筵，朝夕奠及上食皆行於此矣。《儀禮》有「饋食下室」之文，注「下室猶今中堂」。然則古人設几筵處只行朝夕奠，而上食則象平時行於中堂矣。此與今制不同，未知其上食處以何依神而上食也？未可考。

居廬與返魂事，何者爲是？

設殯於正寢者，使其神安在於生存之處也。歸葬于山野，平土纔畢，題主畢，使子弟看封墓即速返魂者，恐神魂飄散無依泊，欲趁依歸即安於平昔居息之處，此孝子之心也。今只以居廬爲善，未知返魂之意。至畢三年後乃返魂于家，魂散久矣，其能返乎？胡伯量問曰：「某結屋數間於壟所，葬後與諸弟常居其間。敬子以爲主喪者既葬當居家。蓋神已歸家，則家爲重，却令弟輩宿墓可也。舜弼亦云廬墓非禮，某自此常在中門外別室，更令一二弟居宿墳庵。某時一展省，未知可否？」朱子曰：「墳土未乾，時一展省，何害於事，但不立廬墓之名耳。」蓋漢唐以下未有居廬之名，其中或有廬墓者，表旌其間，由是廬墓成俗而返魂之禮遂廢，甚可嘆也。但末世禮法壞亂，返魂于家者多有不謹之事，反不若廬墓之免於混雜也。然其不謹如此者，名雖廬墓，恐亦不能致謹於廬墓也。

終三年上食否？

返魂於正寢，設几筵於其前，至卒哭後行祔祭，几筵不撤。朱子《答友人書》論葬後几筵不可撤，但據《儀禮》則當不復饋食於下室云云。所謂几筵不可撤者，尚有朔望祭故也。若不復饋食於下室，則祔祭後似不復上食矣。但今人皆終三年上食，禮宜從厚，從俗而行之可也。祔祭事，陸象山以謂祔祭畢新主入于廟可也。朱子曰：「祔祭所以告先祖以當遷他廟，而告新主以當入此廟之漸耳。」祭畢，祖還于故龕，主返于几筵以畢三年，而後遷且入也。

時祭、忌祭、齋戒。

朱子《繫辭本義》曰：「湛然純一之謂齋，肅然驚惕之謂戒。」忌祭及節祭則禮之小而近人情者，故只齋一日。時祭則禮之重大，所以致盡於事神之道者，故七日戒三日齋也。請齋二日并祭日爲三也。然今人親父母忌日，則迫於情意亦或齋二日。

弔喪時欲以白帶爲之，何如？

古人至以首、腰絰往弔，今人雜服以弔，俗之弊也。素冠雖不可爲，白衣、白帶甚可也。

答鄭道可 逑

老母在堂而伯兄見背，寡嫂獨在，惟有二女子。又仲兄出後大宗，逑在母側而家廟即繼祖之宗，與仲兄同薦時事，未知孰爲主人？祝文書名、初獻、行禮，不知何以乃爲合宜？母意欲待吾仲季生子以立兄後，如是則事無難處，情禮俱得矣。苟或未果也，伯兄之祀當從俗例，使外孫奉之耶？抑依古禮班祔家廟耶？

宗子成人而死則當爲之立後，朱子《答李繼善》之書可考。今尊堂欲爲長子立後，甚合禮義。兩君極宜贊成之，一舉而百事皆順矣。且宗子而已成人有室，非旁親比，而泛然班祔，更恐非所宜爲，故必以立後爲善耳。廟祭、祝文書名所宜亦有《李繼善問答》，見於《續集》。今依此處之，則繼後子雖在襁褓，亦當書其名，而季也爲攝主以奠獻可也。然則其未立後之前，亦不得已權以季爲攝主，不稱孝，只書名，稱攝而行之爲可。仲則已出繼人後，雖攝主恐亦未安也。但今人無子而有女，牽掣情私，鮮能斷以大義。而立後至以外孫奉祀，一廟而二姓同祭。夫天之生物使之一本，而此則爲二本焉，甚不可也。今人或不幸其外家祖先無後，而未有所處者，不忍其主之無歸，則權宜奉置別所而往來奠省，未爲不可。若公然與其本親同享一廟，則悖理莫甚！所謂神不歆非禮者，此類之謂也。故今於外孫奉祀之問，不敢苟徇而以爲可行也。

主人已死無後，將欲繼後而未果。則爲攝主者於晨謁大門之禮，何如？

既云攝主，宜攝此禮。

唯主人由阼階，則攝主亦不當由阼階否？

恐當避。

既爲攝主，祝文中攝之之意，當書何處？

宗子未立後，已爲攝主之意當告於攝行之初祭，其後則年月日，子下只當云「攝祀事子某敢告于」云云。

有冢婦則攝主妻不敢作亞獻否？攝主既爲初獻，則冢婦之爲亞獻，甚爲未安。奈何？

禮，曾孫爲曾祖承重，而祖母或母在，則其祖母或母服重服，妻不得承重云。然則攝主妻似不得代冢婦而行亞獻。然嫂叔之嫌，未知當避與否？更詳之。

祠堂之制欲依文公《家禮》，而《家禮》所載圖自今觀之，似有未解。不知正寢是今之中堂，廳事是今之外廳否？曰架，曰龕，其制如何？

《祠堂圖》多與本文不相應，未詳何意，但正寢與廳事非係祠堂之制。正寢，今之東西軒待賓客之處，然古人正寢皆在前而不在東西，故曰「正寢，前堂也」。廳事如今大門内小廳，所謂斜廊者。耳柱上加梁楣曰架。龕，字書以爲塔下室，蓋室之小者。

支子生而立齋，死而爲祠，亦可否？

《家禮》云云者，以生時居處，神所依安故也。

逐日晨謁，出入必告，或未潔則奈何？

若計此則是乃周澤長齋，恐無是理。蓋晨謁但行庭拜，非有薦獻故也。

參則先降神，祭則先參神，何意？

參則是日之禮，本爲參而設。若先參則降神後都無一事，其所以先降神者爲參故也。祭則降神後有許多薦獻等禮，所以先參而後降耳。

參神、辭神，朱子則用再拜，瓊山則用四拜。

程子亦以爲當再拜，瓊山意未可知。

凡獻禮，參則主人手自斟酒，祭則執事斟之？

恐無他意，只是參無代神祭，節文似略，故自斟爲盡愛敬之心。祭則有代神祭等許多自行節文，足以盡愛敬之心，故雖非自斟亦可耳。

未嘗不食新，在禮當然。若出遊遠方，未便即薦而再三遇之，奈何？

隨地隨宜力所可及處當盡吾心，其不及處恐難一一守一法爲定規也。若膠守而不變則出遠方者不食新穀，飢而死矣。無乃不可乎？

《家禮》祝版長一尺，高五寸，當用周尺否？不言其廣，廣用幾寸？

若周尺恐太小，或疑「高」是「廣」字之誤，未詳是否。

四時之祭卜日則立於右，讀祝則立於左。

卜日亦立于左矣。至其終立于右者，主人與諸執事東西相對而立，皆北上以次而南，則主人之右即執事爲首者對立之處，故就此而告爲順。若左，則不與對也。

讀祝當高聲讀，抑低聲讀？

太高既不可，太低亦不可，要使在位者得聞其聲可也。

主人有故使其子行祭，則祝文當何書？

恐當曰「孝子某使子某敢告于」云云。

時祭或前旬擇日，或例用分至，或例用上丁，不知誰最得宜？所謂環珓即今之何物？若仲月有故，則季月當不祭否？

《家禮》「卜日」注，温公及朱子説已明，不必更求異。况環珓今不知爲何物，以意造作而用，反涉不虔乎？過時不祭，禮經之文。

祭酒用清酒，用醴酒，或用平生所嘗嗜，何如？

用平生所嗜，恐未安！屈到嗜芰，遺言要薦，君子有譏。

亞獻、終獻，如禮文則當只俯伏興否？

亞獻、終獻並云如初儀，則當拜。

闔門之後或有不出而俯伏於前者，何如？

《家禮》所闔之門即中門也，出者出此門也。既曰闔此門，安得不出而闔耶？但今人家廟中門與古禮謂中門似異，若以今楣下出入户爲中門，則所謂俯伏於前即是出也。

茶是古人常用，故祭亦用之。今既罕用點茶，何以爲之？

今人進湯水，是古進茶之意。

今主婦不參祭。扱匕點茶，主人爲之否？

當然。

主婦參祭，何如？

好。

無執事而主人獨行，則受胙嘏辭及告利成等禮，何以爲之？

無執事已闕於禮，安能備此禮耶？

禰祭當前旬擇日，而時祭用分至。則獨於禰祭擇日，何如欲例用重陽，何如？

擇日之說見上。

忌祭行素，止行一日否？世俗亦於齋戒日不敢食飲，此是過於厚處，從俗何如？

禮宜從厚，此類之謂也。

忌日著白笠，何如？

恐異。

忌日欲祭一位，何如？

愚意亦然。但中古亦有祭兩位之說，比於當喪兩祭，此似無甚礙。故家間從先例兩祭。

忌祭若家内有故，借僧舍以祭，猶愈於廢祭否？若於墓側立齋宇，使僧守之，何如？

墓所齋舍爲祭而設，其行於此，豈害於事？若借他僧舍則不可。若墓舍僧守，朱子於婺源先塋亦令僧守，恐無妨。

忌祭欲定行於主人之家，支子女子則只以物助之而已，何如？

此意甚好，然亦有一説。朱子《與劉平父書》有「支子所得自主之祭」之説。想支子所主之祭，恐是忌祭、節祀之類也。今若一切皆歸於宗子而支子不得祭，則因循偷惰之間助物不如式，以致衆子孫全忘享先之禮，而宗子獨當追遠之誠，甚爲未安。又或宗子貧窶不能獨當而並廢不祭，則反不如循俗行之之爲愈也。

今人姑老在堂則當廢之祭，亦不敢廢，曰：「冢婦在是。」何如？

古無此禮。

己所不當祭，如外高曾妻祖，無人與祭，己爲初獻，則祝文當何書？書之有礙則祝文闕之，何如？

闕。

瓊山《儀節》如獻時不奠，而先祭與夫婦共一卓等處，皆未浹意。

瓊山禮多可疑。

喪祭雖曰「從先祖」。量力可改，則不若一從禮文之爲愈也。

亦有不得盡如此者。

述嘗緦不祭。蓋齋則忘哀，哀則未齋，所以廢祭。

服有重有輕，祭有備有簡，緦而廢祭，古恐未然。

匹士大牢以祭謂之攘，則大牢無乃不可乎？今或一家伐牛，十家分用，將以薦祖廟，甚非薦俎之意。若家貧則寧以雞鴨代牲而不欲用此，何如？

殺牛以祭，非士之禮。然買肉以祭，亦恐難非之。

祭席欲用蒲席，何如？

用莞席，有何礙乎？

國喪廢祭否？若不廢祭，亦當上墓否？

卒哭前未可上墓，其就廟如節祀之禮，有官者恐亦不可行也。

夢見先君，或己所當祭而有故未參，則臨食於飯中扱匕少頃，以盡誠意。何如？

此等事，何可立定規式。然以理言之，但於中心致盡思慕之誠可也。若務行此等事，切恐漸近於乖異也。

先代有勛勞於國家，爲不遷之主。祝文當書「幾代孫某官某敢昭告于幾代祖某官府君」否？

當如此。

前後室三神主，共安一櫝否？主人後出則前後坐次何如？

朱子曰：「繼室亦禮聘，當並配。」然未知共一櫝，或異櫝耳。坐次不可以所出前後有改易也。

代盡將祧而無繼宗，主人則諸孫中只以次子之嫡孫主之否？抑擇其雖非支宗，代稍近而年稍大者乎？

禮只云代，未盡最長之房不分適支也。

墓祭當依禮文，則不用羹飯否？

禮文不見有不用羹飯之説。

蘋藻之薦、簠簋之用，古人所尚而朱子之時已不能復。今之時又與朱子時不同，三品脯醢固不易得，米麵之食亦不能辦。只依家中所有云云，又以麵代麵食，餅代米食，何如？

温公《書儀》已不能盡依古，朱子《家禮》酌古禮、《書儀》而又簡於《書儀》。今俗又異於朱子時，安得一一依得？如所示爲善，但尋常以麵爲麵食，以餅爲米食，今以兩物代兩物，云其別爲他物耶？是今之何物耶？此愚所未知也。至如今人骨董雜陳，只務多品。此不知禮者之事，何用議爲？

娶妻經年而歸，或積年而歸，則入門拜舅姑訖，使之即拜祠堂，何如？蓋古之必待三月者，未成婦也。今之時異於古，雖未歸而久修婦道，又或生子而後始歸，如是而尚待三月，無乃執泥不通乎？存羊之義亦不可不取。不知何如？

此處存羊之義，恐用不得。

納采而婿之父母死，則當待服除爲昏，若婿死則奈何？

《曾子問》「吉日而女死」條「夫死亦如之」注：「若夫死，女以斬衰往吊，既葬而除也。」未論許嫁與否？然先儒云聖人不能設法以禁再嫁，此女必無禁嫁之理。況吾東方婦女不許再嫁，則此女成服往吊亦恐難行也。

定昏未納采，而婿之父母死，則奈何？

未納采不可以定昏論。

納采而婿之父母死，則世之人或送衰服於婦家，是何如？

當依《曾子問》「納幣，有吉日，而婿之父母死」處之。送衰服不可也。

今有士人某性孝，其先君平生雅居之所不忍坐卧，至於幽閉。逑以爲此意甚可愛。然一家之中若有敬謹之事，必就其處決之，何如？

此意甚好，然亦恐有難行處。苟如是説，古人踐其位、行其禮、奏其樂等事似皆爲忘親，而先人所居之室皆閉而移他乃可，阼階更無人爲升降之主，如何？如何？故愚意此人於此輒有不忍坐卧之心甚當，而至於幽閉則恐難於推行之處。至如決事於其處，尤爲未穩。若是是以先神爲不依於祠廟而依於此，其可乎？

古人臨食必祭，今亦祭之，何如？

此亦有難通處。我爲客而獨祭，主人不祭；或我爲主而獨祭，客不祭。二者無一可者也。若爲是不可，爲客而到處勸主人同祭，爲主而每見客勸同祭，豈不大取怪於俗耶？

城隍之祀，何如？

嘗見先儒説，亦以城隍爲不當祀，未記出何處。徐更詳之。

凡諱當諱幾代，叔父、叔祖、外祖、妻父皆可諱耶？世人亦諱生在之親，何也？

諱法，《雜記》下篇詳之，試詳考之可見也。其言母之諱，宫中諱之；妻之諱，不舉諸其側。則外祖、妻父有當諱處，有不必諱處可知。但卒哭而諱，則生前不諱固也。然生前豈敢舉親名而稱之耶？此尋常所疑。

中原人作《家禮集説》，其中有所謂生忌。蓋於先考妣生日設飲食以祭，象平生也。其祭文曰「存既有慶，殁寧敢忘」云云，此意何如？

恐孟子所謂非禮之禮，此類之謂也。

吊人内喪，吊於内，甚未安。吊於外處，何如？

禮，嘗升堂拜母之外不許入。今人皆入吊，未安。

既曰當齊衰，期年而除，申心喪三年，則期而服禫服。黲色。雖重服在身，於變除之節自當各服其服，既事反重服，無乃可乎？雖在母喪次，常服恐宜服重服，不可輒去重而服黲也。至於上食等有事於几筵時，又當服黲，蓋既不可以斬衰入，又不可以他服故也。妄意如此，不知得否？如何？

《家禮》「陳器」下不言用燭，《儀節》只有香卓上一燭。今人逐位，例用雙燭。

不言用燭而用燭，雖可疑。《喪禮》吊客之入有「然燭以待」之文，用燭恐無不可。但不須每位雙燭。

《家禮》「陳器」下有設「鹽楪」之文，至於設饌進饌之時皆無用鹽之處，獨《儀節》鹽醋俱設。鄙意煎鹽之尚，貴天産也。朱子之設鹽楪而不用，似與玄酒之義同。而瓊山輒以意入於圖中，恐非朱子之本意。

未詳。

《家禮》本注魚肉用二味，而《通禮》「獻以時食」注引《語類》云「大祭則每位用四味，請出木主，俗節小祭，只就家廟，止二味」。故今欲用四味，蓋於大祭，只設二味，太略故也。

善。

禫服，朱子參取《書儀》用黲衣冠，國朝《五禮儀》又許白衣笠，而今人例用黑色笠、碧色衣。是何據？鄙意擬用黲制如朱儀，何如？

黑笠於古無據，但黲冠巾之制，滉所未及行，不敢云如何。

忌日是君子終身之喪，其服宜用禫服。過禫之後欲留此一襲，每遇忌日服此服而行哭奠之禮。不知可否？

忌雖終身之喪，與禫不同，留禫服以爲終身之服，必非先王制禮之意。曾參、孝己亦未聞行此事。今欲行之，無乃太過乎？

《家禮》本注有「未大祥間，假以出謁者」之文，其爲文義全未得曉。

常未諭此文。

家兄以出後初期除服之時，只用玄草笠、玉色衣。今逑若用黲制，則一几筵之中而服色不同，不知何如？

兄既循俗而弟獨改之，如何？

逑以攝主自爲初獻，則亞獻不可使丘嫂爲之。前以此意奉禀，伏蒙賜教。禮，曾孫爲曾祖承重而祖母或母在，則其祖母或母服重服，妻不得承重。然則攝主妻似不得爲亞獻云。鄙意竊恐未然，孫既代父之服，妻不得代姑者，著代別嫌，所以不容不然。兄既無嗣，弟爲攝主，與子代父之義不同，而嫂叔之嫌更有甚焉。行禮極礙，敢以再禀。

似然。

逑既爲初獻，賤婦爲亞獻，則終獻仲兄爲之，何如？仲兄以出繼之故，今次私喪不得爲攝主，所以當爲終獻。若賤婦當避嫌於主婦，則仲兄爲亞獻，賤婦爲終獻，亦何如？

恐當如此。此謂兄爲亞獻，主婦爲終獻也。

《喪禮》「侑食」下只有添酒之説，而無「扱匙正筯」之文。竊恐此時主人悲迷，禮文曲節不遑盡備，故扱匙正筯直在進饌之初，侑食只令執事者添酒而已否？

恐扱匙正筯在進饌之初，此説是。

大小祥、卒哭辭神並如虞祭，而虞祭辭神再拜乃在斂主之後，與吉祭先辭神後納主之儀不同。不知更有微意否？

未詳何意，不敢臆説。

先妣之祖在大宗之廟，而仲兄主其祀。今祔祭，仲兄當爲主人，而仲兄所後父斬衰之服尚未除，當服斬衰主祭而祝文稱孤子否？

恐然。

《家禮》喪主非宗子，則惟喪主主婦以下還迎。今祔祭仲兄以宗子爲主人，則還奉先妣神主時，仲兄當從還迎之列？抑以宗子壓尊於祖妣而不敢往迎否？

不敢往迎爲是。

喪主主婦以下還迎，則此主婦非主人之主婦，乃喪主之主婦？

喪主之妻。

祔祭當告于先妣之祖妣，而《家禮》只云「孝子某適于某妣」，《儀節》云「孝孫某適于顯曾祖妣」。鄙意大宗廟高、曾、祖、禰神主未及改題，今用曾孫、曾祖等稱謂，恐亦未安，如何？

《家禮》豈不以此祭主於升祔先考先妣而設，故只稱孝子耶？雖未改題，恐不可以曾祖妣爲祖妣也。皆所未詳。

禫祭祝文尚稱孤哀子，則禫祭之前仍用孤哀之稱，無乃可乎？

恐當如此。

弊家既於四時之祭例用分至，未能卜日，此不敢獨行卜日之儀。只用上丁爲之，可否？

今皆用上丁。

四時之祭雖用分至，而前期旬有一日例有告日戒衆之儀，故今亦擬用此禮，可否？

此等亦不須問人，何者？他人難可否於其間。

禫祭之服當用何服？《家禮》既無所云，《儀節》只云主人以下俱素服詣祠堂，而更無易服之儀。今俗則例以吉服，如大小祥陳服易服之節，此何如？

不依陳服易服之節，不知禫服除在何節？吉服著在何日？

中國人家皆有正寢，故告請神主有出就正寢之文。我國之人既無正寢而褻稱正寢，頗爲未安。今欲改稱正堂，不知可否？但述自先世未有家室，早晚營構欲略倣堂寢之制。

正寢謂前堂，今人以家間設祭接賓處，通謂之正寢。若用古制甚善，第恐或有異宜處耳。

當祭之時神主當脱櫝特坐否？其所謂笥者，其制何如？

似當脱櫝，笥制未詳。

虞祭無參神一條。前蒙下教，極盡情理。如大小祥祭，三年之内有常侍几筵之義，宜不用參神之禮。至於禫祭乃在祔廟之後，似與常侍之義不符，而亦無參神敢用。仰稟。

豈以禫亦喪之餘故耶？

晦齋先生《奉先雜儀》注：凡時祭盛服，無官者用黑團領。鄙意盛服無如黑團領，若紅團領豈是盛服？古人不以爲褻服？

恐然。

韓魏公祭式有祠版長尺二寸、象十二月。廣四寸象四時。之規，又有迎神等禮。弊家凡用紙牓必用魏公祠版之規與迎神之儀，定爲恒式。

自定一家之禮，恐不必問人。人亦不敢與論。

答韓永叔 脩　甲子

申啓叔孝履支持，甚慰！甚慰！出繼之人爲本生降服，極爲未安。然先王之制不可不從，既除衰矣。此後禫服以終喪乃心喪已成之例，恐不當更求他服而服之也。或云黄草笠、白團領爲可。滉恐此既於古禮無據，又非時王之制，又非時俗所行，何可創立别制耶？只用疏竹黑草笠，淡色黲團領，升麤白直領而居處，飲食一以喪禮處之，豈有不可乎？妄意如此，不審中理與否？

答金施普 澤龍　戊辰

承書知孝履支持，已臨内除，向慰爲深。就中示問國恤内免喪者服色之宜，人多疑之。然禮，君服在身則雖親喪不得成服者，以君服爲重，不得以私喪之服加於其上故也。今此禮雖難舉行，然舉國皆縞素，己獨爲親喪黑笠黲服，豈可爲乎？故愚意以爲直以白笠白衣行之可也。改題事，大祥前一日爲之，曾祖書曾孫，祖書孫，高祖書玄孫，而不云高孫也。但《家禮》雖有四代之祭，今《五禮儀》只祭曾祖以下，當遵用時王之制也。其間或有好古尚禮之家依《家禮》祭及高禮，則必有高祖當入之龕矣。今示祔位之説甚非也。代盡之主遷奉於族中代未盡中最長者之家祭之。既祭於彼，安有宗子復祭之禮乎？改題只視宗子、宗孫之存亡而已，衆子孫不得與於其間也。

答甯審憲姪

不意聞嫂喪，驚怛深矣。二十餘年守身窮苦，其節不易得也。可尚！可尚！而汝等窮且遠在，不能盡意於其喪，可恨！猶幸崔君在彼，力措如此，此則足爲慰幸。遣人事得及來朔亦可矣。古禮妾亦有神主，今造主似無不可，然今此則不須造主，只用位版爲可。若只書牓太爲忽略，尤易於廢忘之勢，故酌其中而爲位版可也。

答子寯 乙丑

卒哭易服之節，禮文無之，吾亦不知其如何而可。若以意料之，當初成服時既於殿牌行之。今之除服亦於初行處行之爲當。若然則早朝著衰服入庭，跪，執事上香，俯伏哭，不拜。出就次，改服入庭四拜而出，如此似爲合禮。然若就府內，則只依上官所爲可也。吾則阻水不得出書堂，只於東廳行之。私家哭禮未安，只入庭俯伏而出，他皆如右爲計。

卒哭除服節次，雖《五禮儀》無之，其「外官成服」條下有云：「其卒哭後改服及練、祥、禫改服節次與京官同。」又《家禮》小祥變服節次，「厥明，夙興，主人以下各服其服，入哭，乃出，就次易服，復入」云云。以此推之，似當如此耳。

卒哭除服事，禮安城主亦遣吏來問，並送《五禮儀》來。因考儀而更思之，則卒哭後百官雖烏紗帽、黑角帶，喪服則非除於此日也。故凡于喪事則著衰服云。外官雖無著衰服之處，若以事入京，或小祥前遞外官爲京官，則凡于喪事著衰服無疑矣。今豈可爲除服節次乎？自明日後只當藏衰服而用烏帽、黑帶而已可也。今午所通大失禮也，故請人于禮安，馳往通報，急須通于府中爲可。

與宗道己未

金上舍代喪之服，竟何所定？前日所以難決汝問者，於古既無考據，又古者過時聞喪者，或奔喪，或未奔喪，其成服必爲始死以後節次，而後乃成服。又少未行父母喪者，或有既壯而追服，先正以爲非禮。今父死服中，而子代喪者，若依過時成服之例爲始死後節次而後成服，則有似於追服者之非禮。余以是爲疑，故只以不知答汝矣。近權起文之子亦遭此事，因人來問，余意每以不知答之，亦非爲人忠謀之道。更細思之，方知余前見未盡也。蓋此事與過時聞喪而成服、與少未行壯追服者不同。彼所以必爲始死後節次者，皆已所當行之禮而未行，故追行之也。今此代喪之事則其始死後諸禮，父皆已行之，但未畢喪而死耳。故其子則只當代父而行其未畢之禮而已，不當再行其父已行之禮。此必然之禮也。然則其成服之節，但於朔望或朝奠告于兩殯所以代喪之意，仍受而服之，乃行奠，似爲當也。故以此答權之問。若金上舍必已有定行禮，但事同而答異，恐致汝疑，故聊告以釋汝疑也。

答權景受

示及龍宫葬事，曾已聞之。愚意當從遺命至痛之意無疑。何者？有棺無槨，孔聖埋鯉之法。顏淵之死，嘆不得如葬鯉之得宜。《家禮》葬不用槨，亦有明文。貧窮守禮者猶可法此，况此人平生懷至痛之情，有此命而家人朋友乃欲徇情而棄遺意，最爲無理，故前此云云。今聞又有要措灰槨之言，到此則吾亦難斷。君等當觀其命之治亂，隨宜善處。然不用至善之治命，而用其或出之亂命，恐非相知朋友成其美之至意也。

答鄭子中

詢及葬地前後之宜，古禮未有考。只以世俗所行及事理度之，似以考前妣後爲當。然前既無地可占，合葬雙墳勢俱爲難，則似不得不隨地勢以處，更須十分商度以決。何如？

答金彦遇

示詢行祭累時連廢，果爲未安。但在禮文可據者，宗子越在他國，或因他故不得行祭，則介子代行，有望墓爲壇之禮。又今宦遊者行於京師或遠邑，似皆奉神主以行者之事。如今避寓中設行之禮，未有考焉。蓋時享之禮至重至嚴，非如俗節忌日薦新等禮可以隨宜行過。因已有故，舉家出避，時暫闕行，似亦無妨。如何？如何？又有一焉，在他決難爲行，今所寓則乃是墓所，祭用百具無闕。若可無苟率未安之慮，量處所宜亦何。

答丁景錫

李某返魂時，其學徒或步或騎之爭，考之丘氏《家禮》中已有親舊騎乘之節，臨行適未考《本家禮》。然《本家禮》想必亦言之。此非奥僻難知之禮。彼既不考而相争，吾輩亦聞而疑之，可爲笑怍。平日於節文不熟講，臨事窒礙如此，深可戒也。

《家禮》所謂卑幼亦乘車馬，恐是指家衆而言。若親朋則不當以卑幼稱之，大抵禮之反哭乃在當日事，非如今人廬墓，反哭與葬日事各爲一項節次也。故禮無親朋迎主之節，且送葬親朋以情之厚薄爲遠近，各已散歸，則雖有終葬隨反者，亦必少也。故概以卑幼泛稱家衆，則親朋之隨反者，當包在其中耳。

爲人後者服養母服，服闋將行禫，又遭養母父母喪，則可行禫否？

不可。爲人後者爲之子，則養母之父母是吾外祖父母也。豈可行吉？待服盡别擇後月行之，似合情文。《記》曰「爲所後者妻若子」云，則其不得行禫可知矣。此以下門人所記而失其姓名。

祖考之終在閏月者，復遇亡歲之閏月，則行祭於閏月乎？

閏非正月，人之行祭常以正月而獨於是歲依亡歲之月而祭之，似未穩。祭則依常月行之，於閏月亡日齋素而不祭似當也。

人之長子爲人獨女之婿，則事大有妨礙而難處者。蓋彼無後，又無繼後之子，則我當祭之而身承大宗祀，不可二之也。今人或同一祠而祭之，其二本甚矣。固不足道也。雖別立廟，亦未免二本之失矣。其處之不亦難乎？但不幸而遇之，則當擇其妻族之親分臧獲，使主祀可也。

朱子嘗嘆昭穆之禮久廢，作《家禮》，却徇時俗之禮，何也？

時王之制，豈可輕改？且禮者，天下之通行者也。舉世不行，則雖成空文何益？故其答門弟子書深嘆古禮之不復，而終曰「豈若獻議于朝一一滌其謬之爲快也」云云。

祭時奠物右陳，何也？

神道尚右故也。蓋左爲陽，右爲陰。所以尚右，神道屬陰故也。

金就礪問內喪，以男奴爲祭僕，何如？

此是非禮。若以女僕爲之則似當，而廬所畜婢子又未安。以子弟爲執事，陳設諸事皆令子弟行之，似合禮。嘗觀宗廟之祭，大祝啓君之主櫝，內官啓小君之櫝，亦以此也。

今人吊內喪者，雖非親戚而直拜靈座前，此非禮也。生時未有通家升堂之分，則內外之禮截然不可亂也。豈以之死而遽廢婦人之道乎？

祭禮，考《五禮儀》則祭饌器數自卿大夫至士庶人各有其品，品數之外斷不可越否？

祭者之名位有分，祭禮亦隨其品可也。但《五禮儀》亦有難從者，祭品脯醢、果則最多，而魚肉之膳極少。人家魚肉隨所得猶可易備，脯醢、果則豈能常畜之多乎？愚意不必盡從其禮，雖稱家有無而祭之，恐亦無妨也。但不至僭越可也。且器數不可極煩，煩則瀆，又不能致潔耳。

妻亡無子且未繼後，則其神主祝文題辭當如何？

主則當書曰「故室某人某氏」云云。朱門人嘗問此條，朱先生曰「當以亡室書之」云云。某意「亡」字似迫切，非不死其人之意，以「故」字書之，恐無妨。祝告辭亦同。但告者則當書夫之姓名，而夫字不必書也。「昭告」亦改曰「謹告」而去「敢」字，恐或可也。

改葬問目

改葬，緦。緦服三月，古禮也。七日，今制也。今之改葬父母而爲之制服者，以古乎？以今乎？

以今似非。

今在國恤之中方服素帶黑，則改葬易服時當脱去黑帶而帶衰帶乎？君父之喪不無相壓不得？

以禮觀之，不可脱黑；以情言之，亦似難。

凡服重服而遭輕喪，則亦有服其服而吊哭之文。今在國恤而遭改葬之服，亦脱黑而帶素，於情禮似無礙。不審禮不可脱黑，而今情似難者，何謂也？

禮，君喪在身不敢服禮喪云云，此通指親喪而言也。未服者不敢服，既服者不敢除者，古之義也。今白冠衣黑帶，君喪也。而乃欲改葬親而脱黑服麻，則非古禮也，故云不可脱黑也。然今人當國恤遭親喪，例皆服喪，則獨於改葬親而不脱黑服麻爲不可。故云以今言之，似亦難耳。

忌日不設酒，不受肉，雖不與祭，必齋居外寢以終日。其待人亦如是。一日客來將設酒，知其有忌，旋令止之，惟設茶而已。鄰府嘗送獐，適丁忌日，乃還之。

人於忌祭嘗並祭考妣，甚非禮也。考祭祭妣，猶之可也。妣祭祭考，豈有援尊之義乎？吾門亦嘗如此，而非宗子，故不敢擅改。只令吾身後勿用俗耳。

節祀時享，雖祁寒盛暑，非疾病則必往奉櫝奠物，不令人代之。

若得節物或異味，則或乾、或醢，遇節祀時祭則薦之。蓋先生支子也，未得行薦新禮于家廟，如此此。

柳仲淹爲人後，丁母憂，期後不忍脱衰，堅欲終制。先生甚非之，曰：「先王制禮不可過也。豈可徑情直行乎？既爲人後而又欲顧私親，則是二本也。其可乎？」又曰：「世人利人之財，争欲爲繼後。既爲其後，則事生喪祭等事反致重於所生之親，而視彼蔑如也。風俗薄惡，一至於此。可嘆！」

鄉人尹義貞伐黃腸木爲槨，以葬其親。先生曰：「雖欲厚葬其親，豈可伐禁木乎？」乃引虧姑成婦之事以責之。

先生當夫人忌日，監司來見。先生不稱忌，設酒肉皆如常，但於進餚，賓主異饌。監司知之，乃皆用素。

先生或行忌祭于齋宮，某問：「禮乎？」曰：「祭於廟，禮也。公家或有故，且族屬疏遠，則行祭于其家，多有妨礙。齋宮乃墓所，非佛寺之比也。子孫會祭于此，亦無妨。」

嘗於夫人忌日，某侍食餕餘。先生曰：「世人或於忌日設酒食會鄰曲，甚非禮也。今日則君適在傍，故呼與同食耳。」

嘗謂學者曰「吾東方喪紀廢毀，無可言者。世俗例於葬送祥祭之日，喪家必設酒食以待吊葬之客。客之無知者，或醉呼達夜，甚無謂也。君輩其講求處是之道，及易簣之日遺命禁之。若勢有所難，則設所於遠處以待之」云云。

先生早失先子，大夫人亦寡居窮甚，其應舉決科實爲便養計也。適坐舅罪不許臨民之官，未幾大夫人下世。先生每懷蓼莪風樹之感，門人語及養親之事，則必蹙然稱罪人。

先生以俗節墓祭爲非禮，而亦循俗上冢，未嘗祭於家廟。蓋亦朱子《答張敬夫》「俗節」一條之意也。

世俗多不行高祖之祭，忌日或食肉飲酒，甚者至預於宴樂，可駭！

高祖乃有服之親，何可不祭？程朱已行之，考諸禮文可見也。然時王之制如此，何可責彼之不行，但當自盡而已。

易月之祭，雖祖父母兄弟之喪，期月之外，則不許持服。在官者皆吉服從仕，其來久矣，不可卒改也。然當國事則固宜如此。若四館齊進等宴乃私會也，爲右位者斷以時王之制，强之參宴，則如之何？

「昔呂祖約當東萊之喪，解官持服，朝廷許之。君子至今爲美談。若欲持服當如此，然後方行己志。不然則只得從俗而已。吾於時王之制蓋無如何耳。」又曰：「禮無兩是，事無兩便。在官者若欲必行己志，事多妨礙，終未見其可也。」

世俗當親喪並祭考妣。

援吉即凶，甚非禮也。

「廬墓之祭出於後世。葬而返魂，禮也。但人家内外之分、男女之别不能斷，然則喪制恐不能謹嚴，終有所未安者。」又曰：「昔人當喪得病，令女僕供湯藥，仍得不謹之名。平生坎軻，於世别嫌，不可不嚴也。」

明宗之喪，先生以《五禮儀》君臣喪制多不倫，欲依朱子君臣服制儀參酌更定。論諸禮曹，參判朴淳難之，議遂寢。

先生家廟在温溪里，宗子無後，姪子進士完當承祀而已。定居于他處，安其田土，以遷徙爲難。先生責以大義反覆曉諭，完令其子宗道遷居以奉宗祀。先生猶以爲喜，出其財力，經紀其家，凡所以周恤安集，靡所不至。宗家世久頽落，宗道欲修治而家貧無以爲財。先生令伐墓木以爲用。或以斬丘木爲疑，先生曰：「以之爲私用則固不可，若取墓山之木治先祖之宫，以奉先祖之祀，則是肯構之大者也。有何不可乎？」嘗以墓田不厚，宗子不能安其生爲恨。墓傍適有賣田土者，頗膏沃，門族争買占。先生立約，必令宗子買之。有族姪某不能制欲，竟背門約。先生自傷德薄而言不信於門族，蹙然者累日。其人後欲謁見，先生拒之不見。

許魯齋於墓碣，何不書其官爵耶？

此非平生所欲仕故也。

若不欲仕則誰勸以强仕耶？此必欲用夏變夷，以不能成厥志而没而然耶？

是。但今之士例皆不務（圽）〔切〕己工夫，徒論先賢，吾不知也。年少之輩若真西山、許魯齋、吴臨川、鄭夢周、吉再權，近皆譏而非之。夫西山賓師於東宫，是豈其濟王之臣乎？如此等事，非吾之所能知也。

答盧監司書守慎　己巳

祖考妣一穴而分窆異封，今欲於兩封之間豎一石表。面刻右題考，左題妣，此俗所行也。俗又或單題考前，而妣前則否，此又如何？

兩封共一表，則其世系、名字、行實之刻也。當首祖考，次祖妣可乎？合而述之可乎？祖墓之岡太短狹以促。從先府君遺命窆諸祖墳三四尺之次，無地可容行祖祭，當不免合祭于一列。今擬離先府君墓前一二尺許，可設石卓。以西爲上，右共一卓以祭祖考妣，左共一卓祭考，於禮何如？或謂設兩卓於考妣墳前似混，不若設于墓左或右，此說恐非便。既離墳砌，非混，也非直，偏設未安，復地勢無餘，決難從，奈何？或又言設卓于次墓下之西，然則祭者是位東？是位南？然此說終是舛。抑別有善道與？先書贈職，東俗也。且從俗書，無大害否？

一穴異封，表面分刻。滉所聞俗例亦如此，恐程子所謂事之無害於義者從俗可也者，此類之謂也。其單題考前，恐未安。兩封共表銘文之刻例，未有考，今世或有分刻者，有合述者。愚意分刻固善，然以同牢一體共穴合祭之義言之，合而述之亦以爲得。上墓地窄，設位次墓之前而祭之，事涉苟且，墓左右設位之說，求爲非便。但云地勢無餘則不得已用次墓前設位之說，若設於次墓下之西，則祭者位而處之尤難。其他又無善策可出於此外也。東俗先書贈職，先國恩之意也。然官之高下、事之先後皆倒置，每欲變從古文，未果也。承問之，及爲之怵然。

朱子當禮極毀之日姑爲復古之漸，《家禮》多從簡便，非本意也。今當據經作練衣裳無疑。顧未委，或有論不以爲然者否？

凡喪服之釋者恐不合事神，例焚埋之，亦不敢依斷杖例棄屏處。然據此兩例，蓋皆不欲以他用而褻賤之也。今不獲已而依某例，猶之可乎？思之未得其所安，願明以教之。

國制不許祭四代而俗尚有母則不遷高祖，然則立祠須作四龕可乎？今擬建宇，務欲小其制爲久遠計，而在遷高之後則有徒虛而狹之嘆。故欲於西壁爲高龕，似合東向自如之意，但祭者既北面，又恐更有所未安者。

古者三廟二廟祭寢亦必及於高祖，但有疏數之不同耳。今無遷于夾室，于墓之制而遽然埋之，恐於人心有不安者，苟不免乎埋焉，其祭也當如何？朱子以《楊遵道集》中祔母而始遷高祖爲疑云爾，則即遷者似爲定論。而合祭之不可廢也，亦明矣。今當祭以何時，設以何主，而合於無於禮者之禮乎？禮家或有用經榜者。《家禮》時祭于正寢，今欲祭于祠堂，以倣古者合食太祖廟之意。不知其可否？俗或有祭于祠堂者。

古者祔新主于祖廟故告祖，今既直祔于禰龕而猶告祖，實無意義。朱子明言之而猶有存羊之意。蓋以其時習然，故姑從之耳。今擬直告禰龕所必無疑。而或復廟制，不妨告祖，又何爲過慮存羊而苟行無義之禮乎？此意如何？

欲略倣昭穆，龕諸東西，復恐如是則於古者南北東西之位多有所礙，而反不若以西爲上之爲便易也。伏乞詳喻孤陋，幸甚！不識尊意以爲如何？

練服升數有殺當爲別制，然禮經注亦有「只變練冠，承衰服」之文。朱子《家禮》斟酌古今之宜，變除只如此。國典又從之。往年廷議練制，詳考古今禮文而歸定於不別制，恐此等事當以吾從周之義處之。

《禮記》「祭服弊則焚之」，則喪服之釋似當焚之。但《家禮》杖言斷棄而不言焚服，及他禮亦無「焚之」之文。不敢率意爲，恐惟以不褻用爲可耶？

詳據古禮，有母而不遷親盡之祖，乃今人意厚而不知禮之失也。西壁作高龕一事，近有人自云其先世廟作三龕，今欲祠四代，擬於東壁作一龕以奉禰主。滉答以與其東壁安禰主，不若就西壁作之以安高主，庶與古者始祖東向之意相近，而勝於東壁奉禰之都無據也。此則因其誤而稍使從善也。後來思之，猶有未安。今始作廟而如是創爲之，竊恐見非於《家禮》而未免汰哉之誚也。愚意祭四代則作四龕，祭三代則作三龕爲宜。

三廟二廟祭寢皆及高祖，此禮尋常疑之。古云大夫有事于祫，及其高祖則必告於君，此言非常祭也，故祭則告君而後行之。今若同廟而常祭也，高主固在廟中，而疏數不同，則或祭或否，理勢有不當然者，此滉常所未諭也。今以示意言之，乃祭三代高已遷之後，欲行合祭高祖之禮也乎？此亦於禮未有顯據，恐當以紙榜設位祭之，祭畢焚之。時用春仲以倣立春祭先祖之義，何如？

祭于正寢，患祠堂之狹隘也。祠堂可容行禮則安有不可，顧恐難得如許大祠屋耳。

廟非昭穆之制而猶祔於祖，朱子以愛禮存羊處之。今示直告禰廟在所不疑，其下又云廟制，不妨告祖則何爲苟行無義之禮，不知廟制如何而可不妨告祖乎？似謂廟制如下條作東西昭穆則可也。然此制恐難行也。滉謂今爲同堂異室之制，一新主入而群主皆遷動，獨告祖雖未安，猶有存羊之意。獨告禰則與古違而今亦非宜。如何？如何？且今人廬墓葬不返魂，祔既失時，至喪畢乃返，而或都告群主而入新主，皆非禮也。故愚意喪畢返魂而獨祔於祖，新主猶未入其龕且祔於祖龕。或祖龕有非便則廟中别奉安。群主依舊在各龕，及禫後時祭新主與群主，合祭畢，還主之時祧遷，與新主皆依禮入之。則既不失祔祖之禮，又不遺群主皆告之義，恐兩全而可行也。不知孝意以爲何如？《家禮》楊氏注、朱子説已明言此禮。

龕以東西分昭穆，既非古又非今。創作此制，恐多礙難行而得罪於先王之典也。

家禮考證

[朝鮮]曹好益 撰
王志剛 整理

《家禮考證》解題

[韓] 韓在勛 撰 林海順 譯

曹好益(一五四五—一六〇九),朝鮮仁宗元年(一五四五)出生於昌原府芝介洞。本貫昌寧,字士友,號芝山,謚文簡。父親是贈左參贊曹允慎,母親是宣略將軍張仲羽之女。十六歲(一五六〇)時,他在生員試、進士試、文科試中接連及第。但比起做官,他更傾心於做學問,故十七歲時,來到陶山,成爲李滉(一五〇一—一五七〇)的門人。三十一歲(一五七五)那年三月,曹好益遭到違反官命的謀陷,被判處全家徙邊。第二年三月,被流放到兩千里外的江東。在那裏,他不僅專心研究學問,而且還教導後學,後來刊行《家禮考證》的潛谷金堉(一五八〇—一六五八),就是在那裏受教於他的。他獎勵行鄉飲酒禮,倡導製作和穿着深衣、緇布冠等禮俗,講習《家禮》並完成了《家禮考證》的草稿等,致力於禮學研究。四十八歲(一五九二)時,隨着倭亂興起,他隨即被任命爲義禁府都事,立下戰功。此後,雖然歷任星州牧使、安州牧使、成川牧使、定州牧使等,但不再有志於仕途。

曹好益在五十五歲(一五九九)病情加重後,提出「因爲已經有朱子的《集注》《或問》等,所以不再需要其他學説了」，並將期間的著述都付之一炬。然而，在那之後，他持續著述，留下了《諸書質疑》（一六〇三）、《易象推説》（一六〇五）、《心經質疑考誤》（一六〇六）、《大學童子問答》（一六〇九）、《理氣辨》（一六〇九，未完成）、《家禮考證》（一六〇九，未完成）等。

《家禮考證》共七卷，曹好益未竟而卒，生前只完成了前六卷。卷一包括《家禮序》和「通禮」中的「祠堂」，卷二爲「通禮」中的「深衣制度」，卷三爲「通禮」中的「司馬氏居家雜儀」，卷四爲「冠禮」，卷五爲「昏禮」，卷六爲「喪禮」中從「初終」到「大斂」的部分。後門人金堉以曹好益批點本《家禮》爲基礎，補充了未完成部分，並收録了「喪禮」中「成服」以下内容，編爲卷七，於仁祖二十四年（一六四六）刊行。

《家禮考證》所考證的内容有八百多項，考證的内容和性質如下：一、對人名或書名的説明；二、對事物名稱和制度的説明；三、對語彙的説明；四、對故事出典的説明；五、對禮制的説明；六、對概念語的説明；七、對疑難處的主張等。《考證》不僅引用衆多儒家經傳，還援用了大量史書、禮書和事典等中的典據。

曹好益的《家禮考證》和金長生（一五四八—一六三一）的《家禮輯覽》是十六世紀末十七世紀初朝鮮嶺南學派和畿湖學派的代表性禮書。十六世紀朝鮮《家禮》研究由理解《家禮》階段進入考證階段，這兩部禮書是朝鮮《家禮》研究成熟期的標志性成果如俞棨（一六〇七—

一六六四）的《家禮源流》、柳長源（一七二四—一七九六）的《常變通考》、李宜朝（一七二七—一八〇五）的《家禮增解》等，得以産生的基礎。

本次整理，以韓國國立中央圖書館藏本（圖書編號：古朝29–6）爲底本，并參考日本國立公文書館内閣文庫所藏江户抄本。底本爲木板本，共七卷三册。無目録，卷端題「家禮考證」。半頁十一行，行二十字，四周雙邊，内向二葉花紋魚尾。抄本亦爲七卷三册，每册首頁有「林氏藏書」「書籍館印」「日本政府圖書」「淺草文庫」等印，末頁鈐有「昌平阪學問所」印。此本可能爲林羅山或其後人所藏。

底本中的異體字，整理時多改爲通行繁體字。遇底本模糊不清、難以辨認處，則參考抄本。此外，底本卷之二「童行」一詞的解釋，至「如韓持」三字而止，以下至「高氏」一條（「名閌」至「送終禮」）的内容，底本皆闕。本次整理，據抄本補入。

目録

家禮考證序

冠、昏、喪、祭，禮之大節也。君子居家必有吉凶之用，故子朱子集此四禮著爲一書，名之曰《家禮》，欲使人人熟講乎此，無臨事顛錯之失也。顧其爲書出於先聖遺經，微辭奥義有難盡識，學者病之。我先師芝山先生聞道甚早，學本爲己，博極群書，研窮義理，而於禮學著工尤切，遂就此書探賾幽隱。凡文字之未解者，事物之難究者，考其出處而明之，多引經史而證之，間亦附以己意，使後之學者開卷瞭然，有若親承提誨於函丈之間，豈不爲後學之大幸。但冠昏之禮，則先生之所以考證者皆爲已成之書。而喪禮自成服以下至于祭禮，則皆未及編摩。余所藏《家禮》一册乃先生親自批點者也。考出諸書，或書諸册端，或記於别紙，皆先生手筆。蓋欲收輯成書而未及爲也。同門諸友取此册中所録續之於下，略而未備，誠可惜也。夫禮者根於天理而人之所性者也，隨遇而行，各因其情而節文，則一言一字之或有疑晦，固無損益於其間。而先生之竭心思耳目之力必欲使無一毫之未盡者，其爲後生計，可謂至深切矣。噫，冠昏之義、喪祭之文備載於禮經，而朱子集之爲《家禮》。朱子好禮之心，即先聖之心也。四禮既備，兼有注疏，而先生猶慮夫世益下而禮益壞，著《考證》以明之。先生好禮之心，即朱子之心也。傳所謂「其揆一也」者，豈不信哉！嗚呼，修齊治平之道自家而國，以先生之道德文章，若使遭時而羽儀，則爲國以禮之效，豈可勝言？而蘊而未發，天不假年，使《考證》一篇與《家禮》俱爲未成之書。哲人其萎之慟與天地無終極矣！南伯閔公應協將行，余持此書造請，曰：「此先師之所著者，非獨我門弟之所寶，抑斯文之所重也。子其鋟梓以壽之。」閔公慨然領諾而去。今當剞劂之役，益切傷惘之懷，録其梗概以寓追慕之誠，其敢曰序引先生之文乎哉？

丙戌九月下澣門人資憲大夫禮曹判書兼同知春秋館事世子右賓客金堉謹書

家禮考證卷之一

序

儀章度數

陳氏曰：「儀，威儀也。章，文章也。」胡氏曰：「度，制度也。數，數目也。」許氏曰：「文章是小目。數者，隆殺多寡之數也。」

常體

《記·禮器》曰：「禮也者，猶體也。體不備，君子謂之不成人。」

折衷

衷，中同。朱子曰：「事理有不同者，執其兩端而折其中。」又曰：「折衷者，摺轉來取中。

衷只是個中，《史記》『六藝折中於夫子』是也。」

貧窶

孔氏曰：「窶謂無財可以爲禮也。」

從先進

見《論語·先進篇》。

謹終追遠

見《論語·學而篇》。曾子曰：「愼終追遠，民德歸厚矣。」愼之爲謹，朱子避國諱。

童行

按《續綱目集覽》：「行，合浪切，輩行也。」童行猶言童稚之行。禪家稱年少有髪者謂之童行，如韓持國所稱老行者，老人之輩行也。陳氏淳曰：「嘉定辛未歲過温陵，先生季子敬之倅郡〔二〕，出示《家禮》一編，云：此往年僧寺所亡本也，有士人録得，會先生葬日携來，因得之。」

易簀

見《禮·檀弓篇》。「曾子寢疾，病。樂正子春坐於牀下，曾元、曾申坐於足，童子隅坐而執燭。童子曰：『華而睆〔三〕，大夫之簀歟？』子春曰：『止。』曾子聞之，瞿然曰：『呼。』曰：『華而睆，大夫之簀歟？』曾子曰：『然，斯季孫之賜也。我未之能易也。元，起易簀。』曾元曰：『夫子之病革矣，不可以變。幸而至於旦，請敬易之。』曾子曰：『爾之愛我也不如彼。君子之愛人也以德，細人之愛人也以姑息。吾何求哉？吾得正而斃焉，斯已矣。』舉扶而易之，反席未安而没。」注：「華者，畫飾之美好。睆者，節目之平瑩。簀，簟也。瞿，驚貌。呼，嘘氣之聲。彼，童子也。童子知禮，以爲曾子未嘗爲大夫，故言。」朱子曰：「季孫之賜，曾子之受皆爲非禮，或者因仍習俗嘗有之事而未能正耳。但及其疾病不可以變之時，一聞人言而必舉扶而易之，則非大賢不能矣。」

〔二〕「郡」，底本闕，抄本誤作「群」，據四庫本《北溪大全集》改。

〔三〕「睆」，底本闕，抄本誤作「晥」，據阮刻《禮記正義》改。本段同。

所定家鄉邦國王朝禮

今《儀禮經傳通解》是也。

儀禮

賈氏曰：「周公攝政六年所作。」

司馬氏

名光，字君實，涑水先生，陜州夏縣人。父池，再任光州光山令，生公，因名光。哲宗朝拜相，封温國公，謚文正。所著有《書儀》。

程氏

《伊川先生文集》有《昏儀》《祭儀》。

高氏

名閌，字抑崇，四明人。紹興初爲禮官，有《送終禮》。

横渠

即張子。名載，字子厚，大梁人。父迪，卒官于西。諸孤不克歸，僑寓於鳳翔郿縣横渠鎮之南。世稱横渠先生，所著《理窟》有《喪記篇》。

韓魏公

名琦，字稚圭，相州人。弱冠登進士第，嘉祐中拜相，封魏國公，謚忠獻。以德量、文章、政事、功業爲宋相第一。

愛禮存羊

見《論語·八佾篇》。○或問四先生禮。朱子曰：「二程及横渠多是古禮，温公則大概本《儀禮》，而參之以今之可行者。要之，温公較好，其中與古不甚相遠，是七分好。若伊川禮則祭祀可用，若昏禮則温公者好。大抵古禮不可全用，如古服、古器，今皆難用。」

通禮〔二〕

祠堂

報本反始

《記·祭義》曰：「天下之禮，致反始也。致反始以厚其本也。」應氏曰：「致反始所以極吾心報本之誠。」《郊特牲》曰：「萬物本乎天，人本乎祖，此所以配上帝也。郊之祭也，大報本反始也。」陳氏曰：「報者，酬之以禮；反者，追之以心。」

〔二〕「通禮」，底本無，據《家禮》補。

尊祖敬宗

《記·小記》：「尊祖故敬宗，敬宗所以尊祖禰也。」疏云：「宗是先祖正體。尊崇其祖，故敬宗子。所以敬宗子者，尊崇祖禰之義也。」

古之廟制不見於經

按廟制經無明文，但「室有東西廂曰廟，無曰寢」，《爾雅》之文；前廟後寢，鄭康成之説；兩下五架之制，見于賈公彦之疏義。至於體制向背，則賈氏以爲諸侯有五廟。太祖之廟居中，二昭居東，二穆居西，皆别門。門外兩邊皆有南北隔墻，隔墻中夾通門。而祖廟已西隔墻有三，則閤門亦有三，東行經三門乃至太祖廟。大夫有三廟，亦然。孫毓以爲外爲都宫，太祖在北，二昭二穆以次而南。朱子以孫氏爲是，且曰「廟皆南向，各有門堂室寢，而墻宇四周焉」。今據諸家所説如此而已。

文潞公

名彦博，字寬夫，汾州人。中進士第，歷事四朝，出入將相，以太師致仕。封潞國公，謚忠烈。

西京

宋都汴，以洛陽在汴西，故稱西京。

影堂

畫像謂之影。張子曰：「古人不爲影像。繪畫不真，世遠則棄，不免於褻慢也。」按《楚詞》：「像設君室，静安閒些。」世俗之祠影，蓋本於此。

古命士得立家廟

《周禮・春官・大宗伯》：「一命受職。」《典命》：「公侯伯之士一命，子男之士不命。」賈氏曰：「命者，士得王命爲正吏也。府史之屬皆官長自辟除也。」《禮記・祭法》：「適士一廟，官師一廟，庶士庶人無廟。」陳氏曰：「適士，上士也。天子上中下之士及諸侯之上士皆得立二廟。官師者，諸侯之中士、下士爲一官之長者，得立一廟。庶士，府史之屬。」《王制》：「庶人祭於寢。」陳氏曰：「天子諸侯正寢謂之路寢，卿大夫士曰適室，亦謂之適寢。庶人無廟，故祭先於寢也。」或問：「官師一廟，只得祭父母而不及祖，無乃不盡人情耶？」朱子曰：「位卑則流澤淺，其理自然如此。」又問：「今士庶人家亦祭三代，却是違禮。」曰：「雖祭三代，却無廟，亦不可謂之僭。古所謂廟，其體面甚大，皆具門堂室寢，非如今人但以一室爲之。」又曰：「官師謂諸有司之長，止及禰，却於禰廟併祭祖。適士二廟，祭祖、祭禰皆不及高曾。」孫氏曰：「唐諸家祭儀皆用《開元禮》，文武六品以下達於庶人，祭于正寢，國朝士庶相因，凡登朝籍者得祭三世。古之朝天子者謂之大夫，蓋今之朝臣也。」

寢廟正廟

鄭氏曰：「前曰廟，後曰寢。」《月令》：「凡新物先薦寢廟。」賈氏疏曰：「按《爾雅·釋宫》云：『有東西廂曰廟，無曰寢。』必須寢者，祭在廟，薦在寢，故立之也。」朱子曰：「其制皆在中門外之左，外爲都宫，内則一世一廟，各有寢廟，别有門垣。太祖在北，左昭右穆，以次而南。天子太祖不遷，一昭一穆爲宗，亦不遷。二昭二穆爲四親廟。高祖以上親盡，則毁而遞遷。昭常爲昭，穆常爲穆。諸侯則無二宗，大夫則無二廟。其遷毁之次則與天子同。三代之制，其詳雖不得聞，然大略不過如此。漢承秦獘，不能深考古制，諸帝之廟各在一處，不容合爲都宫，以序昭穆。至後漢明帝又欲遵儉自抑，遺詔無起寢廟，但藏其主於光武廟中更衣别室。其後章帝又復如之，後世遂不敢加。而公私之廟皆爲同堂異室之制。」劉氏曰：「廟及寢皆南向，廟屋五架，中架以南通謂之堂，以北則分其東爲房，西爲室，此大夫士之制也。室有户牖，户東牖西。牖之内爲奥，神位所在也。户之東，牖之西，近南各有牖。《爾雅》所謂『有東西廂曰廟』是也。廟之後别有寢以藏遺衣冠，祭則授尸以服之。其制如廟而無東西廂，《爾雅》所謂『無東西廂曰寢』是也。」按鄭氏以謂天子、諸侯有左右房，大夫、士惟有東房西室。劉氏之説蓋本於此。○或問七廟昭穆之説。朱子曰：「后稷始封，文武受命而王，故三廟不毁，與親廟四而爲七者，諸儒之説也。謂三昭三穆與太祖之廟而七，文武爲宗不在數中者，劉歆之説也。」曰：「然則諸儒與劉歆之説孰是？」曰：「前代説者多是劉歆，愚亦意其或然也。」今按此説則一昭一穆爲宗者，朱子姑從諸儒之説而論之也。

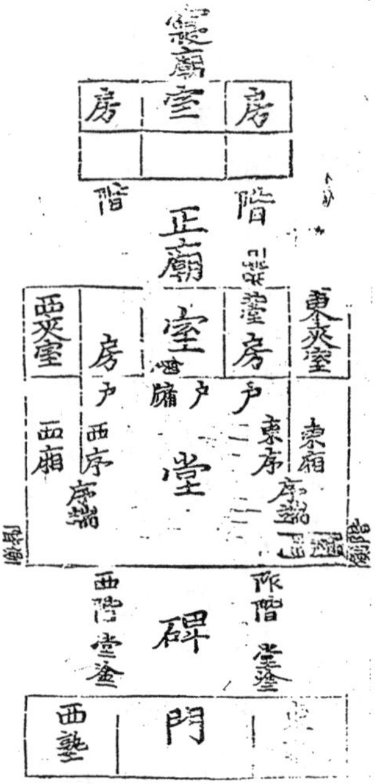

陳祥道曰：「《鄉飲酒》『薦脯出自左房』，《鄉射記》『籩豆出自東房』，《大射》『薦脯醢由左房』。《鄉飲》《鄉射》，大夫禮；《大射》，諸侯禮。其言皆相類。蓋言左以有右，以東以有西，則大夫、士之房室與天子、諸侯同。可知鄭氏謂大夫、士無西房，恐未然也。」今按陳説如此，故具東西房之制于圖中，觀者詳之。

「無貴賤」止「有豐殺疏數不同」

朱子曰：「考諸程子之言，則以高祖有服，不可不祭。雖七廟五廟，亦止於高祖。雖三廟一廟，以至祭寢，亦必及於高祖。但有疏數之不同耳。疑此最爲得祭祀之本意。今以《祭法》考之，雖未見祭必及高祖之文，然有月祭享嘗之别。則古者祭祀以遠近爲疏數，亦可見矣。禮家又言『大夫有事，省於其君，干祫及其高祖』，此則可爲立三廟而祭及高祖之驗。豐殺如祖己曰『典祀無豐于昵』之類。」

乃是奥處也

室西南隅爲奥，坐奥故面東。白雲許氏曰：「自堂從户入室，户内東南隅爲窔，音杳。東北隅爲宧，西北爲屋漏，西南爲奥。入户目之所視，先見宧，次轉屋漏，以及西南隅，爲最深之地，故曰奥。」

「嘗欲立一家廟」止「外用簾子」

「四堂」字，《補注》：「當作室字。」是。今按《少牢》疏云：「大夫、士廟室皆兩下五架，正中曰棟。棟之南兩架，北亦兩架。棟南一架名曰楣，前承檐。以前名曰庪。棟北一架爲室，南壁而開户。是一架之開廣爲室也。」今按朱子家廟五架之制，架即指桁，即此兩下五架之制。而棟北一架通作室，以板隔截分作四室。每室置一代位牌，室外以簾垂之也。龕，按韵書及他訓義皆曰：「塔下室也。」又見《法華經》「佛以右指開寶塔户」，又禪書有「塔户自開」之説。蓋塔下有室，亦有户，有時開閉也。杜子美詩曰：「長者自布金，禪龕只晏如。」蘇子瞻詩又曰：「只有彌勒爲同龕。」僧之居室亦以名龕也。然羅先生有獨寐龕，朱子亦有「寒龕獨寢人」之句。是世俗亦通以名室矣，疑其制狹小、其狀類龕者以名之耳。勿軒熊氏賦滄洲精舍有「小神龕」之句，王介甫詩亦曰「終日對書龕」，謂藏書之庋閣，以板爲之。龕，户含切，又枯含切。

位牌

按神主乃伊川先生所制，自宋以前士大夫家只用牌子。朱子曰「《江都集禮》晉荀勗《祠制》云，祭板皆正側長一尺二分，博四寸五分，厚五分。以八分大書某人神座，不然，只楷書亦得」云云。「温公用大板子」云云。

或堂或廳

堂即正寢也，廳即聽事也。顔師古曰：「古者治官處謂之聽事，後語省，直曰聽，加广作廳。」徐氏曰：「漢晉以來謂之聽事，六朝始加广也。」

京師

《春秋公羊傳》：「京師者何？天子之居也。京者何？大也。師者何？衆也。天子之居必以衆大之辭言之。」

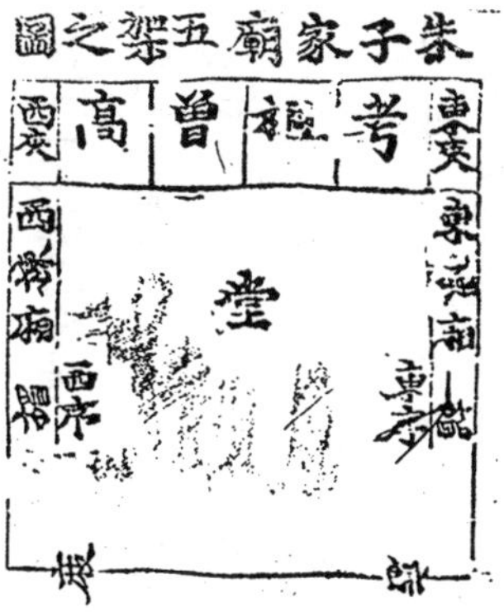

按朱子之説既曰「小五架屋」，又曰「小小祭祀時只就其處，大祭祀則請出」。然則其制未必具東西廂，但如寢廟之制。今姑具圖于此，以見同堂異室之制，可以倣此而立也。

杜佑

萬年人。父希望，恒州刺史。佑以蔭補參軍，德、憲兩朝拜司空，進司徒，封岐國公。佑嗜學，撰《通典》二百卷。

祭時不可用影

程子曰：「今人以影祭，或畫工所傳。一髭髮不相似則所祭已是别人，大不便。」

「君子將營宫室」止「正寢之東」

《記·曲禮》曰：「君子將營宫室，宗廟爲先。」注：「君子，有位者也。宗廟所以奉先，故先營之。正寢，天子諸侯曰正寢，正朝也。卿大夫、士曰適室，亦謂之適寢，亦聽私朝於此。」朱子曰：「古人宫室之制，前有門，中有堂，後有寢。凡爲屋三重而通以墻圍之謂之宫。」按堂即正寢也。寢即燕寢也。必於東者，《周禮·匠人》「左祖右社」，鄭康成曰：「宗廟是陽，故在左；社稷是陰，故在右。」鄭鍔曰：「左所以本仁，右所以明義。」易氏曰：「左者人道之所親，故立祖廟于左；右者地道之所尊，故立社稷於右。」《禮記》「右社稷而左宗廟」，王氏曰：「右，陰也，地道之所尊；左，陽也，人道之所鄉。位宗廟於人道之所鄉，亦不死其親之意。」○或問：「家廟在東，莫是親親之意否？」曰：「此是人子不死其親之意。」又曰：「家廟要就人住居，神依人，不可離外做廟。」

東曰阼階

《説文》曰：「阼階，主階也。」《儀禮》注，鄭氏曰：「阼，猶酢也。所以答酢賓客也。」

香爐香盒

張子曰：「祭用香、茶，非古也。香必燔柴之意，茶用生人意事之。」朱子曰：「温公《書儀》以香代爇蕭，温公降神一節似僭禮。大夫無灌獻，亦無爇蕭。灌獻、爇蕭乃天子諸侯禮。爇蕭欲以通陽氣，今太廟亦用之。或以爲焚香可當爇蕭，然焚香乃道家以此物氣味香而供養神明，非爇蕭之比也。」丘氏曰：「古無今世之香，漢以前止是焚蘭芷蕭茇之類，後百越入中國，始有之。雖非古禮，然通用已久，鬼神亦安之矣。」又按《郊特牲》「周人尚臭，灌用鬯臭，鬱合鬯，臭陰達於淵泉」，注：「先酌鬯酒灌地以求神。」以鬯之有芳氣也，故曰「灌用鬯臭」。又擣鬱金香草之汁和合鬯酒，使香氣滋甚，故曰「鬱合鬯」也。以臭而求諸陰，其臭下達於淵泉矣。○後世酹酒降神取此義也。又曰：「蕭合黍稷，臭陽達於墻屋，故既奠然後焫蕭合羶薌香。」注：

「蕭，香蒿也。」取此蒿及牲之脂膋合黍稷而燒之，使其氣旁達於墻屋之間，是以臭而求諸陽也。馨香即黍稷也。○後世焚香降神取此義也。又曰：「魂氣歸于天，形魄歸于地。故祭，求諸陰陽之義也。」《述異記》：「海南有香木，土人資之以爲衣食，有香市及採香户。」蓋舊百越之地。

及前圖

丘氏曰：「南雝《家禮》舊本作『治葬章』，無『及前圖』三字。」詳見卷首。

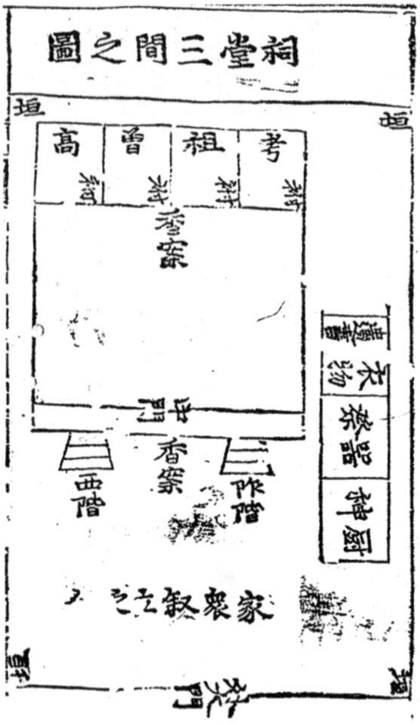

大宗小宗之圖
諸侯
別子
繼別
百世不遷
高祖
曾祖
祖
禰
大宗
繼高祖小宗
繼曾祖小宗
繼祖小宗
繼禰小宗
身事五宗
無大宗則事四宗

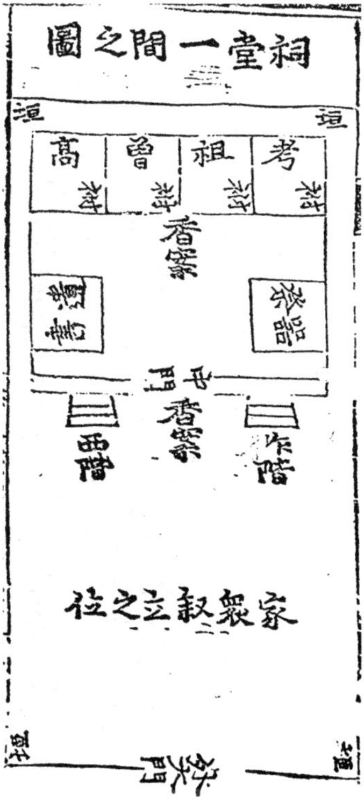
祠堂一間之圖
垣
垣
高
曾
祖
考
香卓
祭器
遺書
中門
香卓
西階
阼階
家衆敘立之位
外門

程子曰：「凡言宗者以祭祀爲主，言人宗於此而祭祀也。」按此圖乃三代封建諸侯之制，若欲立宗則丘瓊山所圖爲可法，故今載于左。

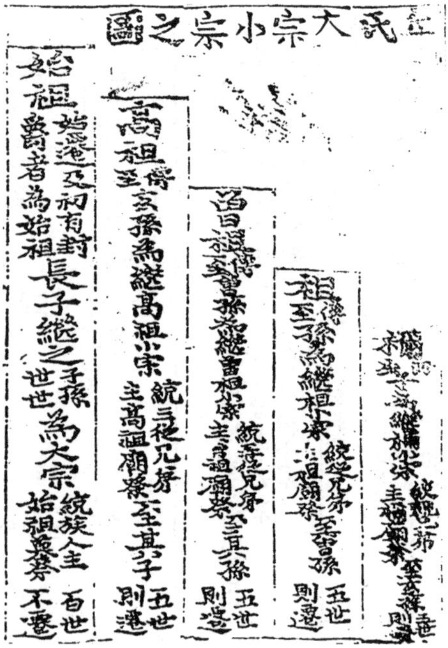

瓊山丘氏曰：「按禮經別子法乃三代封建諸侯之制，於今人家不相合，故今爲此圖專主人家而言。以始遷及初有封爵者爲始祖，準古之別子。又以始祖之長子準古繼別之宗。雖非古制，其實則古人之意也。」

「程子曰管攝天下人心」止「立宗子法」

陳氏曰：「收，不離散也。」葉氏曰：「譜，籍録也。系，聯屬也。明之者，辨著其宗派也。」方氏曰：「以主祭言則宗族，以傳世言則世族。」

「又曰今無宗子」止「朝廷之勢自尊」

葉氏曰：「宗子襲其世禄，故有世臣。人知尊祖而重本，上下相維，自然固結而不涣散，故朝廷之勢自尊。」

「古者子弟」止「不知本也」

程子又曰：「且如漢高祖欲下沛時，只是以帛書與沛父老，其父老便能率子弟從之。又如相如使蜀，亦移書責父老，然後子弟皆聽其命而從之。只有一個尊卑上下之分，然後順從而不亂也。苟無法以聯屬之，可乎？」葉氏曰：「漢初去古未遠，猶有先王之遺俗，尊卑之分素定，所以上下順承而無違悖也。」

「宗子法廢」止「恩亦薄」

王氏得臣曰：「譜牒之不修久矣。自晉東渡，五胡亂中原，衣冠離散而致然也。」又曰：「歐陽文忠公、蘇明允各爲世譜，文忠依《漢年表》，明允以禮大宗小宗爲次。雖例不同，皆足以考其世次也。」

「張子曰」止「豈有不同」

張子曰「宗子之法不立，則朝廷無世臣。且如公卿一日崛起於貧賤之中，以至公相。宗法不立，既死遂族散，其家不傳。宗法若立則」云云。「今驟得富貴者止能爲三四十年之計，造宅一區及其所有。既死則衆子分裂，未幾蕩盡，則家遂不存。如此則家且不能保，又安能保國家。」

神道尚右

賈氏曰：「生人陽故尚左，鬼神陰故尚右。」朱子曰：「『席南向、北向，以西方爲上；東向、西向，以南方爲上。』則是南向、北向之席皆上右，東向、西向之席皆上左也。今祭禮考妣同席南向，則考西妣東，自合禮意。《開元》釋奠禮先聖東向，先師南向，亦以右爲尊。大率古者以右爲尊，如《周禮》『享右祭祀』，《詩》云『既右烈考，亦右文母』，漢人亦言『無能出其右者』，皆以右爲尊也。」

陸農師禮象圖

名佃，字農師，山陰人。居貧苦學，映月光讀書。擢進士第，嘗受經王安石，而不以新法爲是。仕至尚書右丞，所著有《埤雅》《春秋後傳》《禮象》等書，二百餘卷。

漢時高祖廟

按《漢書》注：「晉灼曰：『《黄圖》：高廟在長安城門街東。』」《一統志》：「在西安府城西北二十里長安古城西門外。」

顧成廟

按《漢書》，文帝四年作，注：「服虔曰：『在長安城南。』應劭曰：『文帝自爲廟，制度卑狹，若顧望而成，猶文王靈臺不日成之，故曰顧成。』如淳曰：『身存而爲廟，若《尚書》之《顧命》也。』」《一統志》：「在西安府城東二十五里霸陵縣。」

「至東漢明帝」止「祔於光武廟」

按《後漢書》：「明帝且崩，遺詔無起寢廟，藏主於光烈皇后更衣别室。」《綱目集覽》：「光烈皇后，陰氏也。」更衣别室，顔師古曰：「園中有寢，有便殿。寢者，陵上正殿也。便殿，寢側之别室，所謂更衣也。」又按《祭祀志》：「後帝承尊，皆藏主于世祖廟。既多無别，是後顯宗但爲陵寢之號。」然則更衣者指世祖正廟之更衣歟？

太廟

《周禮·祭僕》：「大喪復于小廟。」鄭氏曰：「小廟，高祖以下也。始祖曰太廟。」《隸僕》：「大喪復于小寢、大寢。」鄭氏曰：「小寢，高祖以下廟之寢也。始祖曰大寢。」《夏采》：「大喪復于太祖。」鄭氏曰：「太祖，始祖廟也。」黄氏曰：「《夏采》『復于太祖』，不曰太廟而曰太祖者，總謂之太廟，猶太社、太稷也。故曰復于太祖而不言廟。」按黄氏太廟之説與鄭氏不同，然《論語》「子入太廟，每事問」，朱子曰：「太廟，周公廟也。」又按《公羊傳》：「周公稱太廟，魯公稱世室，群公稱宫。」則太廟之爲始祖廟，明矣。但後世太祖、小祖同廟異室，則通謂之太廟。

朱子曰：「《周禮》『建國之神位』，『左宗廟』則五廟皆當在公宮之東南矣。其制則孫毓以爲『外爲都宮，太祖居北，二昭二穆，以次而南』是也。蓋太祖之廟，始封之君居之。昭之北廟，二世之君居之。穆之北廟，三世之君居之。昭之南廟，四世之君居之。穆之南廟，五世之君居之。廟皆南向，各有門堂室寢，而墻宇四周焉。太祖之廟百世不遷，自餘四廟則六世之後，每一易世而一遷。」

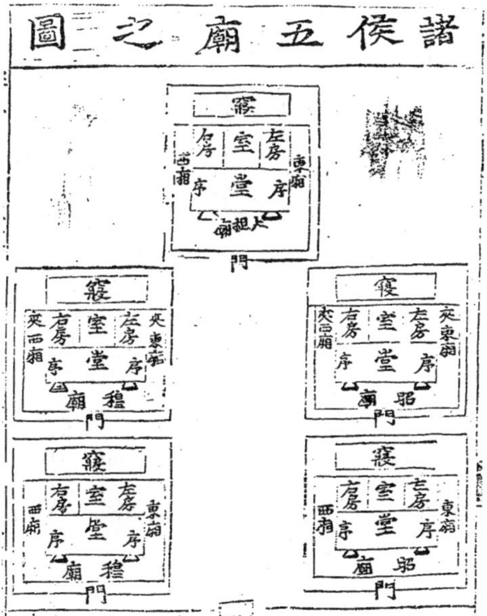

《儀禮·聘禮》賈疏云：「諸侯三門：臯、應、路。」則應門爲中門，朱子取毛氏諸侯門當名庫、雉之說，證之《書》《春秋》《禮記》《家語》而斷之，曰：「太王初作臯、應二門，後尊爲天子之制，諸侯不得立焉。」

別於正適故稱別子也

此別子以本國別子言也。又有異姓公子來自他國者，別於在本國不來者，故稱別子。又有庶姓之起於是邦爲卿大夫者，別於不仕者，故亦稱別子。凡稱別子者有三，而其繼別爲宗亦同也。

又別立宗也

謂各自隨近而爲宗也。○凡言庶子者，賈氏以爲：「庶子者，妾子之號。適妻所生第二子是衆子，而同名庶子者，遠別於長子，故與妾子同號也。」

「魯季友」止「不立大宗也」

此言國君於適庶昆弟立宗相統之事，與繼別爲宗之義不同。季友爲桓公別子者，《公羊傳》以爲慶父、叔牙、季友皆莊公母弟也。杜氏則以爲：「季友，莊公之母弟也。慶父，莊公之庶兄。叔牙，慶父之同母弟也。」廬陵李氏曰：「杜氏得之。《左傳》稱『季友，文姜之愛子也』，與公同生，是季友爲莊公母弟之明證也。」又按《史記》「季友，母陳女」也，世或以莊公庶弟，三人並稱之者，由馬史而誤也。「所自出」三字，疑衍文也。不然則「友」作「氏」字爲是。蓋莊公使公子友爲宗，領仲叔庶昆弟也。「滕，文之昭」者，宗廟之次，父昭則子穆，父穆則子昭，故子孫亦以爲序。滕，文王庶子錯叔繡所封也。文王爲穆，故謂滕爲昭。如所謂「管、蔡、魯、衛，文之昭也；邘、晉、應、韓，武之穆」者是也。「滕謂魯爲宗國」者，蓋武王使周公爲宗，領蔡、霍、曹、滕、畢、原諸國也。

「又有大宗」止「不立小宗也」

《記》疏「君有適昆弟，使之爲宗，以領公子，禮如大宗，更不立庶昆弟爲宗」是也。

「有有小宗」止「不立大宗也」

《記》疏「君無適昆弟，遣庶昆弟一人爲宗，領公子，禮如小宗」是也。

世族家

即所謂世家大族也。《綱目集覽》：「祖父爲大官，子孫不絶曰世家。」《漢書》注：「如淳曰：『世世有禄秩之家也。』」按世族與收世族之世族不同。

嫂婦

兄之妻爲嫂。嫂猶叟也，老人之稱。弟之妻爲婦，猶今言新婦也。見《爾雅》。

各以昭穆論

「如祔祭伯叔，則祔于曾祖之傍一邊，在位牌西邊安，伯叔母則祔于曾祖母東邊安，兄弟嫂婦則祔于祖母之傍」者是也。○此言在廟而祭，其排位如此也。

旁親之無後者以其班祔

《儀禮》鄭注：「班，次也。祔，猶屬也。」賈疏：「次者，謂昭穆之次第。祔猶屬者，孫與祖昭穆同，故以孫連屬於祖而祭之也。」

曾祖兄弟無主者亦不祭

五世祖已親盡而遷毁，無昭穆之次可以祔而祭也。

「遇大時節請祖先祭于堂」止「大小分排」

此言在堂或廳而祭，其排位如此也。問祔食之位。朱子曰：「古人祭於東西廂，今人家無東西廂。某家只位於堂之兩邊。」

典賣

典猶言典當也。按九數，二曰「粟布以御交質變易」。程氏曰：「交謂買賣，質謂典約，變易謂撞换。」是典者相質定價之謂。杜詩：「朝回日日典春衣。」黄山谷詩：「寧剪髻鬟不典書。」

倚

一作椅，俗呼坐凳。

卓

一作桌，伊川先生指前食桌問康節是也。

瞻禮

瞻者，尊而仰之之謂，謂瞻仰而致禮也。丘氏曰：「男子唱喏，婦人立拜。」

俠拜

俠猶夾也。按《儀禮·少牢禮》「尸酢主人，主人拜受爵，尸答拜，主人又拜」，又「主婦拜獻尸，尸拜受，主婦又拜」，注俱謂之俠拜，亦曰夾爵拜。《冠禮》：「子既冠，見于母。母拜，句。受子拜。句。送，句。母又拜。」注：「婦人於丈夫，雖其子亦俠拜。」然則俠之爲義可知也。今據《家禮》而言，如祭禮主婦二拜而獻，退而又二拜。昏禮婦先二拜，夫答，再拜，婦又二拜。是皆夾拜也。但主婦點茶及亞獻無先拜之文，則恐是一時四拜，而俠拜之名由此也。又按婦人拜禮以肅拜爲正，兩膝齊跪，手至地，頭不下爲肅拜。雖拜君賜亦然。又有手拜，手至地而頭在手爲手拜。昏禮見舅姑及有喪，用此拜。爲夫及長子之喪主則稽顙。又《内則》「凡女拜尚右手」，注：「尚謂拱而右手在上也。」詳見丘氏《儀節》注。

正

即正朝。杜臺卿《玉燭寶典》：「正月爲端月，其一日爲元日，亦曰上日，亦曰正朝。」杜氏《通典》：「漢高祖十月定秦，遂爲歲首。七年長樂宫成，制群臣朝賀儀。」武帝改用夏正，亦在建寅之朔，則元日朝賀起於漢高也。後世遂至士庶亦相賀拜。《漢書》注：「顔師古曰：『適會七年十月，長樂新成，漢時尚以十月爲正月，故行朝歲之禮也。』」

至

即冬至。《漢書》：「冬至陽氣起，君道長，故賀。」《玉燭寶典》：「冬至日南至，景極長。陰陽日月萬物之始，律當黄鐘，其管最長，故有履長之賀。遂至士庶亦相賀。」

朔

即朔朝。

望

即望朝。《廣州記》：「朔望之儀自尉佗始，佗立朝臺，朔望升拜。後世遂至士庶亦相禮謁。」按禮，天子常朝則服皮弁，朔朝則服玄冕。諸侯常朝則服玄端，朔朝則服皮弁。《儀禮·喪禮》，大夫士朔望有奠。孔子月朔朝服而朝。《漢書》：「宣帝令蘇武朝朔望。」宣帝豈用佗禮者？朔望之禮其來遠矣，佗亦聞而行之耳，非自佗始也。

「設新果」止「卓上」

張子曰：「朔望用一獻之禮，取時之新物，因薦以是日，無食味也。」程子曰：「月朔必薦新。」朱子曰：「諸家禮皆云薦新用朔，朔新如何得合？但有新即薦于廟。」

茶

木名，生南方，高至數十尺，樹似梔子，花白如薔薇，實如栟櫚，蒂如丁香。其名一曰茶，二曰檟，三曰蔎，四曰茗，五曰荈。茶之盛行於世，自晉始。春早摘其芽，火焙而杵碎，和膏作團餅。有龍團、鳳團之名。詳見陸羽《茶經》、蔡襄《茶譜》。用茶之義見上注。

托

程泰之《衍繁露》曰："托始於唐，前世無有也。崔寧女飲茶，病盞熱熨指，取堞子融蠟，象盞之大小而環結其中，置盞於蠟，無所傾側，因命工髹漆爲之。寧喜其爲制，名之曰托，遂行於世。今世又著足以便插取，間有隔塞不爲通管者，乃初時堞子融蠟遺制也。"

盞盤

盤即盞之臺也。

束茅

按《書·禹貢》："荆州，包匭菁茅。"蔡氏曰："菁茅有刺而三脊，所以供祭祀縮酒之用。"《周禮·甸師》："供蕭茅。"注："鄭大夫曰：『蕭字或爲莤，莤讀爲縮。束茅立之祭前，沃酒其上，酒滲下去，若神飲之，故謂之縮。縮，浚也。』"《説文》"縮"通作"莤"，"禮祭，束茅加于祼圭，而灌鬯酒，是爲莤，象神飲之也"。《春秋傳》注："祭祀必束茅而灌之以酒爲縮酒。"程子曰："古者灌以降神，故以茅縮酌。"若然，則後世束茅酹酒似取此義也。又按鄭康成曰："縮酒，泲酒也。"以茅覆藉而泲之也。或問："『縮酌用茅』，恐茅乃以酹。"朱子曰："某亦疑。今人用茅酹酒，古人芻狗乃酹酒之物，則茅之縮酒乃今人釃酒也。想古人不肯用絹帛，故以茅縮酒也。"縮酒用茅之説，其不同如此。然而《士虞禮》"刌茅五寸而束之"，祭食于其上，《周禮》"男巫掌望祀"，用茅旁招以降其神。則古人之以茅交神明者，亦尚矣。其束茅降神，抑亦其遺意歟？○按茅之類甚多，所謂菁茅者，有毛刺。《管子》注："今辰州麻陽縣包茅山有之。"我國未聞有此茅也，今俗所用者滑澤無毛，疑即傳所稱管蒯之類，非真茅也。

聚沙

用沙之義無所考。然古人祭必酹酒，以酒沃地曰酹。而程子亦曰：「酹酒，澆在地上。」又朱子曰：「古人祭酒於地，祭食於豆間，有版盛之。」然則古人之所以酹，直瀉之於地上而無所盛也。後世用沙代之者，即澆地之義。而其必取沙者，沙土一也，而沙能滲酒歟？

姑嫂姊

父之姊妹爲姑，女兄弟曰姊妹。

茶筅筅，蘇典切

丘氏曰：「茶筅之制不見於書傳。惟元謝宗可有《咏茶筅詩》，味其所謂『此君一節瑩無瑕，夜聽松風漱玉華。萬縷引風歸蟹眼，半瓶飛雪起龍牙』之句，則其形狀亦可仿佛見矣。或謂茶筅即蔡氏《茶録》所謂茶匙，非是。」又按宋韓子蒼詩曰：「看君眉宇真龍種，猶解横身戰雪濤」，詳玩此兩句，則筅之爲用亦可知矣。

湯瓶

蔡氏曰：「以銀鐵或瓷石爲之。欲小，易候湯也。」

點茶

蔡氏曰：「抄茶一錢匕，先注湯，調極均，又添入，環迴擊沸，湯上盞可四分則止。」丘氏曰：「先設盞托，至是乃注湯于盞，用茶筅點之耳。古人飲茶用末，所謂點茶者，先置茶末於器中，然後投以滚湯，點以冷水，而用茶筅調之。今人燒湯煎葉茶，而此指儀節猶云點茶者，存舊也。」

冬至則祭始祖畢

祭始祖儀在後。伊川先生曰：「冬至祭始祖，立春祭先祖。」其詳亦在後。

望日不設酒

《士喪禮》：「月半不殷奠。」鄭氏曰：「自大夫以上月半又奠，士月半不復如朔盛奠，下尊者。」疏曰：「尊，謂大夫也。士禮朔望之不同如此。」今按朱子之意非必取此義也。朱子嘗曰：

「祭禮正要簡，簡則人易從。如温公《書儀》，人已以爲難行，其餚饌十五品，亦難卒辦。」又曰：「温公所定者，亦自費錢。温公祭儀，庶羞麵食米食共十五品。今須得一簡省之法，方可。」然則一月之内再舉茶酒之薦，恐貧家未易辦，故欲令簡而易行。

「舅没則」止「於祭」

注：「老謂傳家事於長婦也。」輔氏曰：「舅没則姑老，不以年計之也。」

支子不祭

孔氏曰：「支子，庶子也。祖禰廟在適子之家，庶子賤，不敢輒祭。若宗子有疾，不堪當祭，則庶子代攝可也。猶必告于宗子，然後祭。」程子曰：「古所謂『支子不祭』者，惟使宗子立廟主之而已。支子雖不祭，至於齋戒致其誠意，則與主祭者不異。可與則以身執事，不可與則以物助，但不别立廟爲位行事而已。後世如欲立宗子，則當從此義。雖不祭，情亦可安。若不立宗子，徒欲廢祭，適足長惰慢之心，不若使之祭猶愈於已也。《禮記·内則》《曲禮》文。」

幞頭

《二儀實録》：「古以皂羅三尺裹頭，號頭巾。三代皆冠列品，黔首以皂絹裹髮。至周武帝依古三尺裁爲幞頭，唐馬周交解爲之。」《炙轂子》曰：「古者以三尺皂絹裹髮，名折上巾。後周武帝裁爲四脚，名幞頭，但空裹髻而已。隋大業中著巾子，以桐木爲之，内外皆漆，裹於幞頭之内。」亦見郭若虚《見聞志》。朱子曰：「幞頭不知所起，但諸家小説中時見一二。王彦輔《塵史》亦略言之。唐人幞頭初時以紗爲之，後以其軟，遂斫木作一山子在前襯起，名軍容頭。其説以爲起於魚朝恩，一時人争效之。士大夫欲爲幞頭，則曰爲我斫一軍容頭來。及朝恩被誅，人以爲語讖。其先幞頭四角有脚，兩脚係向前，兩脚係向後。後來遂横兩脚，以鐵線張之。然惟人主得裹此，世所畫唐明皇已裹兩脚者，但比今甚短。後來藩鎮遂亦僭用。想得士大夫因此亦皆用之，但不知幾時展得如此長。桐木山子相承用，至本朝遂易以藤織者，而以紗冒之。近世方易以漆紗。」《夢溪筆談》曰：「唐惟人主用硬脚。一云梁高祖始布漆于紗，施鐵爲脚。」朱子又曰：「幞頭乃周武帝所製之常冠，用布一方，幅前兩角綴兩大帶，後兩角綴兩小帶，覆頂四垂。因以前邊抹額，而繫大帶於腦後。復收後角而繫小帶於髻前，以代古冠。亦名幞頭，亦名折上巾。其後乃以漆紗爲之，而專謂之幞頭。見温公《書儀》《後山談叢》。」又曰：「到本朝太宗時，又以藤做骨子，以紗糊於上。到仁宗時方以漆紗爲之。《塵史》，唐宦官要得常似新幞頭，故以鐵線插帶中，又恐壞其中，以桐木爲骨子，常令高起如新，謂之軍容頭。後來士大夫學之，令匠人爲我斫個軍容頭來。蓋以木爲之，故謂之斫。」朱子又曰：「唐人有官者，公服幞頭不離身，此爲常服。一説漆紗鐵脚自梁高祖始。」

公服

即朝服。《却掃編》：「唐以青、緑、朱、紫四等，國朝惟緑、緋、紫三等而已。」朱子曰：「古者有祭服，有朝服。祭服所謂鷩冕之類，朝服所謂皮弁玄端之類。天子諸侯各有等差。自漢以來，祭亦用冕服，朝服則所謂進賢冠、絳紗袍。隋煬帝始令百官戎服，唐人謂之便服，又謂之從省服，乃今之公服也。」又曰：「今朝廷服色乃古間服，此起於隋煬帝時。然當時亦只是做戎服，當時又自有朝服。以煬帝巡遊煩數，欲就簡便，故三品以上服紫，五品以上服緋，六品以下服緑。皂靴乃上馬鞋也。後世循習，遂爲朝服。然唐猶有三等服，有朝服，又有公服，治事時著便是法服，有衣裳、佩玉等。又有常時服，便是今時公服，法服即朝服也。」又曰：「古今朝祭之服皆用直領垂之，而皆未嘗上領也。今之上領公服乃夷狄之戎服，自五胡之末流入中國，至隋煬帝時巡遊無度，乃令百官戎服從駕，而以紫、緋、緑三色爲九品之别，遂爲不易之制。」齊氏曰：「後世朝祭服緑，服緋，服紫，蓋不特制度盡變於拓拔魏，而其色已失其正矣。」〇今按直領之服蓋古制，其領直下，上衣下裳者。上領之服本胡服，其領上盤，衣與裳相屬不殊者。朱子又釋上領之義曰：「聯綴斜帛湊成盤曲之勢，以就正圓。」然則我國團領公服疑亦出於此也。

帶

革帶即唐《輿服志》所謂九環帶也。秦時反插垂頭，始名腰帶。唐初嚮下插垂，又名𨔝尾，取下順之義。一品至三品金銙，四品六品花犀爲銙，七品九品銀銙，庶人鐵銙。宋時其制有六，庶僚黑角帶，至侍從而特賜帶者爲荔子，中書舍人、諫議待制、權侍郎，紅鞓黑犀帶。權尚書、御史中丞、資政端明殿閣學士、直學士、正侍郎、給事中，金御仙花帶。翰林學士以上、正尚書，御仙帶。執政官、宰相，方頭毛文帶。見《炙轂子》及《却掃編》。朱子曰：「韠以皮爲之，蓋古人未有衣服時，且取鳥獸之皮來遮前面、後面。後世聖人制服不去此者，示不忘古也。今則又以帛爲之韠耳，中間有頸，兩頭有肩，肩以革帶穿之。革帶，今有胯子，古人却是環子釘於革帶，其勢垂下，如今人釘鉸串子樣。鐫鐩之類，結放上面。今之胯子，便是倣他形像。」朱子又曰：「革帶是正帶以束衣者，不專爲佩而設。大帶乃申束耳。申，重也，所以謂之紳。」○按革帶士庶通服，但以胯子而分貴賤耳。

靴

《釋名》曰：「靴本胡服，趙武靈王所作。」《實録》曰：「武靈王好胡服，常服短靿，以黄皮爲之。後漸以長靿，軍戎通服。唐馬周以麻爲之，殺其靿，加以靴氈。開元中，裴叔通以羊皮爲之，隱麖，加以帶子裝束。」《筆談》曰：「北齊全用胡服，長靿靴也。」《續事始》曰：「故事，胡虜之服不許著入殿省，馬周加飾，乃許也。」朱子曰：「今世之服大抵皆胡服，如上領衫、靴鞋之類。先王冠服掃地盡矣。中國衣冠之亂自晉五胡，後來遂相承襲。自元魏至隋及唐，大抵皆胡服。」按先王之制，舄與屨而已。《周禮·屨人》：「掌王及后之赤舄、黑舄、素屨、葛屨。」鄭康成曰：「複下曰舄，禪下曰屨。」鄭鍔曰：「王之舄三，赤爲上；后之舄三，玄爲上。天子吉事皆舄，上公服冕則赤舄，諸侯服冕則亦赤舄，其他則皆屨而已。」後世朝祭之服皆用靴，無復舄屨之制。此朱子所以歎也。麖，音韵，束縛之義。

笏

《記·玉藻》："天子以球玉，諸侯以象，大夫以魚須文竹，士竹，本象。"注："球，美玉也。文，飾也，以鮫魚須飾竹以成文也。大夫近尊而屈，故飾竹以魚須。士遠尊而伸，故飾以象。"陸氏曰："諸侯之笏二尺有六寸，降殺以兩，則大夫二尺四寸，士二尺二寸也。"《晉·輿服志》："古者貴賤皆執笏，其有事則搢之於腰帶。"朱子曰："今官員執笏最無道理。笏者只是君前記事，恐事多須以紙粘笏上，記其頭緒。或在君前不可以手指人物，須用笏指之。此笏常插在腰間，不執在手中。今世遂用以爲常執之物，記事但其私事也。"胡氏曰："古者君臣所執贄，而笏則搢之，插於腰間，正用以指畫記事而已，不執之以爲儀也。宇文周復古，乃不修贄而執笏，於是攝齊鞠躬之禮廢，升堂而蹴齊者多矣。"今按笏之爲義忽也，所以記事而備忽忘也。故事君、事親、奉宗廟、祭祀，無貴賤皆執也。

進士

進士謂應舉者。《王制》："大司徒命鄉大夫論秀才，升之司徒，曰選士。司徒論選士之秀者，而升之學，曰俊士。升於司徒者不征於鄉，謂免鄉之徭役。升於學者不征於司徒，謂不給徭役於司徒。曰造士。造者成也。大樂正論造士之秀者，以告于王，而升諸司馬，曰進士。司馬論進士之賢者，以告于王而定其論，然後官之。」漢時舉賢良文學之士，親策之於庭，但有甲乙之科，而無進士之名。歷代皆然。至隋煬帝始建進士之科，試以詩賦。唐因之，每歲仲冬郡縣館監課試其成者，長吏會僚屬，設賓主，陳俎豆，備管弦，行鄉飲禮，歌《鹿鳴》之詩，召耆艾，叙少長而觀焉。既餞與計偕，而進於禮部，謂之進士。其不在館學而得者，謂之鄉貢。進士得第者，謂之前進士，如韓愈《上宰相書》曰「前鄉貢進士韓某」，時愈已登第矣。宋又因唐制，故謂應舉者爲進士，如伊川先生舉進士報罷，而吕申公稱南省進士程某是也。

襴衫

或問士祭服。朱子曰：「應舉者用襴衫、幞頭，不應舉者用皂衫、幞頭，帽子亦可。」衣與裳連曰襴，蓋衣之上衣下襴者。朱子嘗論上領公服之非，而不及襴衫之領，則其領亦直耳。程子曰：「堯夫初學李挺之，師禮甚嚴。雖在野店，飯必襴，坐必拜。」朱子《君臣服議》有曰：「皇帝成服日，服布襴衫。群臣三等服，皆有布襴衫。」朱子又曰：「四脚、襴衫，當世之常服。」是襴衫在當時通上下以服者也。瓊山丘氏曰：「今幞頭有官者得用，襴衫專爲生員之服。」然則襴衫今中朝但爲士人之服也。

處士

朱子所謂未應舉者。

皂衫

皂衫猶言黑衫。按《周禮》：「山林宜皂物。」鄭司農曰：「皂，柞栗之屬。今世謂柞實爲皂斗。」黄氏曰：「柞實即橡也。其房可以染黑，故謂之皂斗，俗因謂黑爲皂也。」朱子曰：「涅，黑土，染皂物也。」蓋二物皆可以染皂也。又朱子曰：「前輩士大夫家居常服紗帽、皂衫、革帶，無此則不敢出。今士大夫殊無有衫帽者。」又曰：「宣和末，京師士人行道間猶著衫帽。至渡江戎馬中，乃變爲白凉衫。紹興間士人猶是白凉衫，至後來軍興，又變爲紫衫。」然則皂衫者，當時士大夫之常服也。瓊山丘氏曰：「帽子、皂衫，其制不可考。」○按襴衫、皂衫皆一時士大夫之常服，而以爲進士、處士之別。又後冠禮再加用皂衫，三加用襴衫，則其服之輕重亦必有差矣。

帽子

按《晉書・輿服志》：「帽名猶冠也。義取於蒙覆其首，其本纚也。古者冠無幘，冠下有纚，以繒爲之。後世施幘於冠，因裁纚爲帽。自乘輿宴居，下至庶人無爵者，皆服之。」徐氏亦曰：「帽本纚也，古者冠無幘，冠下有纚，以繒爲之。後世因施幘於冠，因或裁纚爲帽。自乘輿宴居，下至庶人無爵者，皆服之。江左時野人已著帽，人士亦往往而見，但無頂圈矣。後乃高其屋。」朱子曰：「帽本只是巾前二脚縛於後，後二脚反前縛於上。今硬帽是後來漸變如此。」又曰：「薄太后以帽絮提文帝，則帽已自此時有了，從來也多唤做巾子、幞頭。」或問：「今冠帶起於何時？」曰：「看《角抵圖》所畫觀戲者盡是冠帶，立底、屋上坐底皆戴帽繫帶，樹上坐底也如此。那時猶只是軟帽，搭在頭上。帶只是一條小皮穿幾個孔，用那胯子縛住。至賤之人皆用之。今來帽子做得恁高硬，帶做得恁地重大。」又曰：「桶頂帽子乃隱士之冠。」又按《魏志》「管寧常著紗帽」，杜詩「浪足浮紗帽」。注：「紗帽，隱者之巾。」〇《説文》：「髮有巾曰幘。」《方言》：「覆髻謂之幘。」按幞頭、帽子，其初皆以巾覆髻，而後世漸變，其制遂殊，並行於世，而各爲士大夫之常服。然而祭服則自處士以下，冠禮則先施於再加，其用之輕重亦必有辨矣。

衫

即皂衫也。

涼衫

即白涼衫。朱子曰：「不應舉者，皂衫、幞頭。」問曰：「皂衫、帽子如何？」曰：「亦可。然亦只當涼衫。」又曰：「若紫衫、涼衫便可懷袖間去見人，又費輕。如帽帶、皂衫是多少費？窮秀才如何得許多錢？」然則涼衫，服之簡便而費輕者，所以爲無官者之用。而與帽子其所用輕重亦相當耳。

假髻

朱子曰：「婦人有環髻，今之特髻是其意也。」環髻即假髻也。以形言則曰環髻，以制言則曰假髻。按《周禮》，婦人之首服有三：一曰副，二曰編，三曰次。鄭康成曰：「副之言覆，所以覆首爲之飾，其遺象若今步繇矣。編，編列髮爲之，其遺像若今假髻矣。次，次第髮長短爲之，所謂髲鬄。」賈氏曰：「步繇、假髻，鄭據時目驗以曉古，至今去漢久遠，亦無以知其狀矣。」又按孔氏曰：「副之言覆，所以覆首爲之飾，編列他髪，假作髻形，加於首上。」然則副亦假髻，而爲制略可想矣。

大衣長裙

大衣即大袖也。《事物紀原》云：「唐命婦服裙、襦、大袖爲禮衣。」又云：「隋作長裙十二破，今大衣中有之。」胡珵《蒼梧雜志》：「婦人只是大衣，但有横帔、直帔之異耳。」或問：「婦人不著背子，則何服？」朱子曰：「大衣。」問：「大衣非命婦，亦可服否？」曰：「可。」然則大衣之爲大袖，明矣。○命婦，大夫妻也。帔，裙也。詳見丘氏《儀節》「婦人服制」下。

冠子

冠子未詳。古者婦人不冠，以笄固髻而已。朱子亦曰：「婦人不戴冠。」今按《周禮》「副有衡笄」，鄭司農曰：「衡，維持冠者。」鄭康成曰：「衡以玉爲之，垂于副之兩旁，當耳。」鄭鍔曰：「衡所以維持其冠，而笄則以約束其髪。所謂冠者指副而言。」《詩》毛傳：「副亦謂編髪爲之。」是編、次二物亦可謂之冠。然以其覆首而言曰冠，非若男子之冠，故曰婦人不冠。又按《炙轂子》：「秦漢時有席帽制，本羌服，婦人亦服之。以羊毛爲之，鞔以故席，四緣垂綱子，飾以珠翠，亦謂之幃帽。」《前漢書》「薄太后以帽絮提文帝」，注：「晉灼曰：『《巴蜀異志》謂頭上巾爲帽絮。』」《後漢・輿服志》：「夫人，紺繒幗。」《釋名》云：「后夫人之首飾上有垂珠，步則摇。」《烏桓傳》：「婦人著勾决，飾以金碧，猶中國之有幗、步摇。」雖非先王之遺制，而婦人之有冠久矣。《通鑑》「諸葛亮遺司馬懿巾幗婦人之服」，注：「幗，婦人之喪冠，以巾上覆髮，如帕之類。」幗之爲制，亦略可想見矣。又如後世花冠、珠冠之類，亦未必古人之遺意。而其制略如男子之爲者，則婦人冠制之變隨世益巧矣。又按《儀禮・士冠禮》注，鄭氏曰：「今未冠笄者著卷幘。」賈氏曰：「漢時男女未冠笄者首著卷幘。卷幘者，以布帛圍繞髮際爲之矣。」以未笄之女而曰冠子云者，意當時必有覆首以飾而名之以冠，如漢人著卷幘者，其制今不可考。今又按何氏所纂《副笄圖》，全似男子冠形，不知何據。鞔，莫官切，覆也。

背子

《蒼梧雜志》：「背子，本婢妾之服，以其行直主母之背，故名背子。後來習俗相承，遂爲男女辨貴賤之服。」朱子曰：「前輩無著背子者，雖婦人亦無之。背子起殊未久。」又曰：「前輩子弟平時家居皆裹帽，著背子，否則以爲非禮。」又曰：「嘗見前輩《雜説》中載：『上御便殿，著紗帽、背子。』則國初已有背子矣。」○瓊山丘氏曰：「按今時制冠服與前代異，非惟不宜於俗，且不得其制。今擬有官者，宜服烏紗帽、盤領袍、革帶、皂靴。生員服儒巾、襴衫、絲絛皂靴。無官者平定巾、直領衣、絲條靴或履，或深衣、幅巾。命婦珠冠、背子、霞帔或假髻、盤領袍、香茶帶。非命婦假髻，服時制衣服之新潔者。」○按冠服之制在中朝，去宋僅數百年，而丘氏已不得其制。矧在丘氏之後又百餘年乎？我國男女之服、貴賤之制，雖曰一遵華制，而其間因仍舊俗相承而不改者，亦已多矣。如丘氏所稱乃當世之制，而亦有不知其爲狀者，是可恨已。今我國使命之往來，項背相望于途，因詢問其制以革千古之陋，則豈非我國衣冠之一大幸也哉！區區山野賤老，跧伏窮鄉，習俗之中，深有望於當世好禮博雅之君子云。○我國婦人之髻尤爲無理，可笑。

丘氏曰：「《通禮》本注有母『特位於主婦之前』，而舊圖無之。子孫當世爲一列，而舊圖混爲一，有失世次。今補正之。舊圖分諸父諸兄爲二，雖與本注不同，則得之矣。」按丘氏此圖比舊圖頗詳，今載于此。但本圖分而爲二，今合之者，以便觀覽。

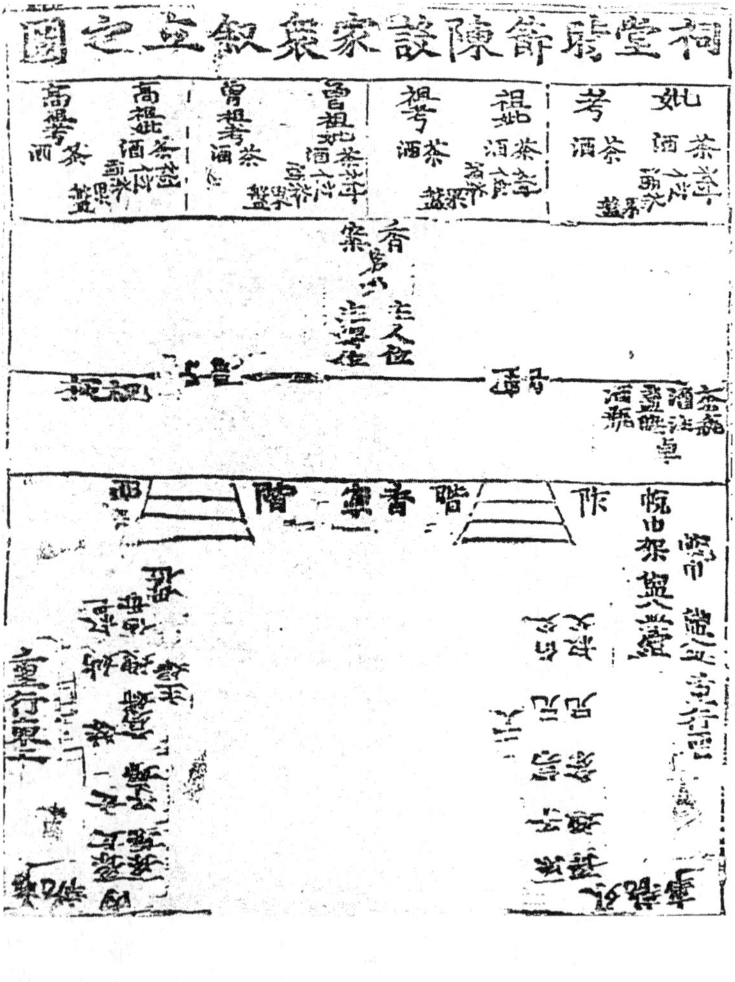
妣
考
祖妣
祖考
曾祖妣
曾祖考
高祖妣
高祖考
香案
主人位
主婦位
阼階
西階

「先生云」止「更在斟酌也」

丘氏曰：「除夕自有除夕之禮。履端之祭隔年行之，恐亦未安。今朝廷於元朝行大朝賀禮，而孟春時享亦於別日行之。今擬有官者以次日行事。」

除夕

十二月三十日歲除，故曰除夕。

裝香

裝猶供備之意。嘗見楊億所撰《傳燈録》，僧供佛多用裝香之語。蓋當時俗語如此。

祠版

祠版即牌子也。

酹茶酒

横渠先生曰：「奠酒之奠，安置也。謂注之於地，非也。」伊川先生曰：「降神則酹，必灌之於地。祭酒則奠，安置在此。今人澆在地上，甚非也。既獻則徹去，可也。」朱子曰：「酹酒有兩説。一是用鬱鬯之酒灌地而降神。一是祭酒，古者飲食必祭，人以鬼神自不能祭，故代之祭也。今人雖存其禮而失其義。」然則酹字作奠字爲是。蓋世俗以奠爲酹，而温公亦不免耳。

月望不設食

即朱子「月望不設酒」之義，説見上注。

唱喏

唱喏，當時俗語。朱子有曰：「低頭唱喏。」我退溪先生亦曰：「唱喏，作揖貌。蓋低頭致禮，若作揖然。」

「有時新」止「于影堂」

如《月令》「仲夏薦含桃」之類。程子曰：「月朔必薦新。」《少儀》曰：「未嘗不食新。」注：「嘗者，薦新物於寢廟，未薦則孝子不忍先食。」輔氏曰：「薦後方食，一飲食不敢忘父母。未薦而遽食新焉，則是死其親而喪其心矣。」

「忌日」止「薦酒食如月朔」

張子曰：「古人於忌日不爲薦奠之禮，特致哀示變而已。」又曰：「凡忌日必告廟，爲設諸位，不可獨享。故迎出廟，設於他次，既出則當告諸位。雖尊者之忌亦迎出。此雖無古，可以意推。薦用酒食，不焚楮幣，其子孫食素。」程子曰：「忌日必遷主，出祭於正寢。蓋廟中尊者所據。又同室難以獨享也。」本注：「於正寢可以盡思慕之意。」朱子曰：「古無忌祭，近日諸先生方考及此。」王過曰：「乙卯年，見先生家凡值遠諱，早起出主於中堂，行三獻之禮。一家固自蔬食，其祭祀食物以待賓客。」今止曰薦酒食如月朔，則温公亦薦而非祭也。薦與祭不同，祭必三獻，薦則一獻耳。

「禮君子」止「忌日之謂也」

見《祭義》。又曰：「忌日不用，非不祥也。言夫日，志有所至，而不敢盡其私也。」注：「不用，不以此日爲他事也。非不祥，言非以以死爲不祥而避之也。夫日，猶此日也。志有所至者，此心極於念親也。不敢盡其私，不敢盡其心於己之私事也。」又曰：「忌日必哀，稱諱如見親，祀之忠也。」注：「稱諱如見親，宗廟之禮，上不諱下，故有稱諱之時，如祭高祖則不諱曾祖以下也。」方氏曰：「稱諱如見親，所謂聞名心瞿也。」

「舊儀」止「受吊」

朱子曰：「唐時士大夫依舊孝服受吊，五代時某人忌日受吊，某人吊之，遂於坐間刺殺之。後來只是受人慰書，而不接見，須隔日預辦下謝書，俟有來慰者，即以謝書授之，不得過次日。過次日則謂之失禮。」○按《温公雜儀》與《家禮》不同者五。焚香後不灌酒，一也；斟祖考前茶酒，與在位者俱拜，後次酹祖妣以下，二也；茶酒不奠而酹之地，三也；告事無奠獻，四也；忌日薦酒食，五也。讀者詳之。

寒食

清明節前一日寒食。唐開元勑凡三日禁火。孫氏曰：「世俗以冬至後一百五日炊熟不火食，以待清明改火，謂之寒食，蓋晉風。因介子推逃文公之禄，文公焚山，久而成俗。今河東士民以棗麵爲炊餅，貫柳枝于户上，號曰子推。」《初學記》：「《周禮·司烜氏》『仲春以木鐸修火禁於國中』，注：『季春將出火也。』今寒食准節氣是仲春之末，清明是三月之初。然則禁火並周制也。」又《琴操》：「晉文公與介子綏俱亡，子綏割腓股以啖文公。文公復國，獨無所得，作《龍蛇之歌》而隱。文公求之不肯出，乃燔左右木，子綏抱木而死。文公哀之，令人五月五日不得舉火。」及考焦舉《移書》、魏武《明罰令》、陸翽《鄴中記》並云：「寒食起於子推。」《琴操》所云子綏即推也。又云五月五日，與今有異，皆因流俗所傳。按《左傳》及《史記》並無子推被焚之事。張子曰：「寒食者，周禮四時變火，惟季春最嚴。以其大火心星，其時太高，故先禁火以防其太盛。既禁火，須爲數日糧。既有食，復思其祖先祭祀。寒食與十月朔日展墓亦可，爲草木初生初死。」《荆楚歲時記》有「疾風甚雨，以故禁火，謂之寒食」。唐開元勑寒食上墓。杜詩注：「趙氏曰：『不舉火而冷食其物，故謂之寒食，亦謂之熟食。』」○按子推焚死事見《新序》。晉文公反國賞從亡者，不及子推。子推去入綿上山中。文公求之不得，乃焚其山，推遂不出而焚死。又按《莊子》以爲抱木而死，又《楚詞》以爲立枯。推之焚死不可謂誣，而俗所謂寒食者，本起於龍忌之禁，此不可不知也。

重午

《提要録》：「五月五日午時爲天中節。」《風土記》：「端午，端，始也。」《歲時記》：「京師人以五月一日爲端一，二日爲端二，三日爲端三，四日爲端四，五日爲端五，亦謂之端午，又謂之端陽。」又按吴筠《續齊諧記》：「是日屈原投汨羅而死，楚人哀之，至日以竹筒貯飯祭之。」又《荆楚記》：「以舟楫救之，至今競渡，是其遺意也。」○按重午者，取月午時午之義。

中元

七月十五日。道經以正月十五日爲上元，天官降福之辰；七月十五日爲中元，地官救罪之辰；十月十五日爲下元，水官備厄之辰。朱子曰：「三元，道家之説。如上元燒燈却見於隋煬帝，不知始於何時。」《太平御覽》：「漢家祠太乙，以昏時祠至明。今人正月望日夜遊觀燈，是其遺事。」《夢華録》：「是日供養祖先，素食。城外有祖墳，即往拜掃，禁中亦出車馬詣道院謁墳，作度止大會。」

重陽

九月九日。魏文帝重九以菊賜鍾繇，與書曰：「歲往月來，忽復九月九日，九爲陽數而日月並應。俗宜其名，以爲宜於長久，故以燕享高會也。」又按吴筠《續齊諧記》：「汝南桓景隨費長房遊學累年。長房謂桓景曰：『九月九日，汝家當有災厄，急宜去。令家多作紫囊盛茱萸以繫臂，登高飲菊花酒，此禍可消。』景如其言，舉家登山，夕還見狗雞牛羊一時暴死。長房聞之曰：『代之矣。』今世人每至九日登山飲菊花酒，婦人帶茱萸囊。」《西京雜記》：「漢武帝宫人賈佩蘭，佩茱萸，食餌，飲菊花酒，曰令人長壽。」蓋相傳自古，莫知其由。蘇東坡詩「遥憐退朝人，糕酒出太官」，注：「宋時重九日，百官朝退，太官厨以糕酒賜群臣，賞重九也。」

「食如角黍」止「所尚者」

《鄴中記》：「寒食三日，爲醴酪，又煮糯米及麥爲酪，擣杏仁煮作粥。」《玉燭寶典》：「寒食煮大麥粥，研杏仁爲酪，别造餳沃之。」嚴有翼《藝苑雌黄》：「寒食以糆爲蒸餅樣，團棗附之，名曰棗糕。」《天寶遺事》：「每端午造粉團、角黍，飣金盤中，纖妙可愛。以小小角弓架箭，射中粉團者得食。蓋粉團膩滑而難射也。都中盛行此戲。」周處《風土記》：「端午烹鶩，以菰葉裹粘米爲粽，以象陰陽相包裹未分散，謂之角黍。」《歲時雜記》：「端午作水團，又名白團。或雜五色人獸花果之狀，莫精者名滴粉團，或加麝香。又有乾團不入水者。」又云：「重陽尚食糕，大率以棗爲之。或加以栗，亦有用肉者。」《夢華録》：「都人重九各以粉糆蒸糕相遺，上插剪彩小旗，糝飣果實，如石榴子、栗黄、銀杏、松子肉之類。」

「七月十五日」止「設素饌」

浮屠，袁宏《漢書》：「浮屠，佛也。佛者，漢言覺也，將以覺悟群生也。」李氏曰：「按《魏志》云：『浮屠正號曰佛陀。佛陀與浮屠聲相近，皆西方字，其來轉爲二音，華言譯之則曰浄覺。』」設素饌，佛經：「目連比丘見亡母生餓鬼中，即以鉢盛飯往餉。其母食未入口，化成火炭，遂不得食。目連大叫，馳還白佛。佛言：汝母罪重，非汝一人力所奈何。當須十方衆僧威神之力。至七月十五日，當爲七代父母、現在父母厄難中者，具百味五果以著盂蘭盆中，供養十方大德。佛勑衆僧皆爲施主祝願七代父母，行禪定意，然後受食。是時目連母得脱一劫餓鬼之苦。目連白佛：未來世佛弟子行孝順者，亦應奉盂蘭盆，爲爾可否？佛言：大善。」故後人用此廣爲華飾，乃至刻木、割竹、飴臘、剪彩，模花果之狀，極工巧之妙，謂之盂蘭會。按盂蘭盆俗以竹爲器，俗是日以素饌供養祖先，故魏公亦從俗如此。嗚呼！魏公一時賢相，程子嘗稱之以爲七分做人，而猶且如此，彼之惑人可畏哉！

張南軒

名栻，字敬夫，忠獻公浚之子，綿竹人。穎悟夙成，師五峰先生胡宏。宏稱之曰：「聖門有人，吾道幸矣。」以古聖賢自期，作《希顔録》。與朱子相友善，仕至秘書閣修撰。年四十八卒，世號南軒先生。

「且古人」止「不敢以燕」

見《孟子·滕文公篇》。

「據經」止「事亡如事存之意也」

經指禮經。南軒以爲黷而不敬，朱子又曰：「欲廢之則恐感時觸物，思慕之心又無以自止，殊覺不易處。」又曰：「三王制禮，因革不同，皆合乎風氣之宜，而不違乎義理之正。正使聖人復起，其於今日之議，亦必有所處矣。」又曰：「向南軒廢俗節之祭，某問曰：『於端午能不食粽乎？重陽能不飲茱萸酒乎？不祭而自享，於汝安乎？』」後楊氏復之説亦朱子《答南軒書》中語，楊氏蓋引之也。

告朔

程子曰：「每月告朔用茶酒。」

孝子某

《郊特牲》曰：「祭稱孝孫、孝子，以其義稱也。」注：「祭主於孝士之祭，稱孝孫、孝子，是以祭之義爲稱也。」

敢

鄭氏曰：「敢者，冒昧之辭。」賈氏曰：「凡言敢者，皆是以卑觸尊，不自明之意，故云冒昧之辭。」

故

按故猶舊也，古也。古人於存亡通稱，如韓愈《河南府同官記》「故相國今太子賓客鄭公」，朱子《考異》曰：「故相猶今言前宰相，非亡没之謂。」以故字加於祖先之上，亦猶曰故人、前人云耳。或者以爲故如《漢書》『物故』之故，謂亡没也。嗚呼！孝子方致如在之誠，而豈忍遽以亡没爲稱哉。又按丘氏曰：「按《家禮》舊本於高曾祖考妣上俱加皇字，今本改作故字。故字近俗，不如用顯字，蓋皇與顯皆明也，其義相通。」

封謚

如某國某公之類是。

府君

朱子曰：「無爵曰府君、夫人。漢人碑已有，只是尊神之辭。府君如官府之君，或謂之明府。今人亦謂父爲家府。」按府君本漢人呼太守之稱，猶公侯之公轉爲男子之尊稱耳。

某封

如某國夫人，某郡夫人之類是。

止告所贈之龕

宋制贈官輔弼以上方及祖。

刷子

刷，入聲。數刮切。刷子一名箆子，所用以刮拭者。

「因事特贈」止「以叙其意」

朱子《贈官告皇考文》云「往歲天子，用祀泰壇。上帝降歆，福祚昭答，慶賜之澤，覃及萬方，中外幽明，罔不咸賴。謂熹名秩，有列内朝，降以制書，賁其禰廟」云云。按此以郊祀之恩特贈者，於此可以見其例矣。

「主人生嫡長子」止「如上儀」

丘氏曰：「嫡孫亦如之，生餘子則殺其儀。」按禮，諸侯、大夫、士有接子、名子之禮，無見廟之文。獨賈誼《新書》有天子立世子之禮，《大戴禮・保傅篇》有「太子始生，見于南郊」之文，疑朱子取此義也，今並載於左。《内則》「凡接子用三日，否則擇日」。「國君世子生，告于君，君接以大牢，宰掌具。三日，卜士負之，吉者宿齋，朝服寢門外，詩注：「持也，承也〔二〕。」負之。射人以桑弧蓬矢六，射天地四方。」「大夫、士亦三日接子，始負子射。天子冢子則大牢，諸侯世子亦大牢，大夫小牢，士特豕，庶人特豚，餘子則皆降一等，庶人猶特豚也。三月之末，擇日剪髮爲鬌。是

〔二〕「注持也承也」原爲大字，據文意改。

日也，妻以子見於父。注：「大夫以下見於側室。」夫入門，升自阼階，立于阼，西向。妻抱子，出自房，當楣立，東面。父執子之右手，咳而名之。」注：「咳謂以手承子之咳也。」右大夫士名子之禮。「三月之末，擇日剪髮爲鬌。世子則君沐浴朝服，夫人亦如之。注：「人君見世子於路寢。」皆立于阼階，西向。世婦抱子，升自西階，君名之乃降。」右諸侯名子之禮。賈誼《新書》：「古之聖帝將立世子，則帝自朝服，升自阼階上，西向。妃抱世子自房出，東向。太史奉書上堂，當兩階之間，北面立，曰世子名曰某者三。帝命世子曰授太祖、太宗與社稷於子者三，妃曰不敢者再，至三〔一〕命曰謹受命，拜而退。太史以告大祝，大祝以告太祖、太宗與社稷。」《大戴禮·保傅篇》：「古之王者，太子迺生，注：「顔師古曰，迺，始也。」固舉以禮，使士負之。有司齋肅端冕，見之南郊，過闕則下，過廟則趨。」鄭曰：「遥闕故下，望廟則趨。」蓋先見于天而後見于廟也。

某之婦某氏

丘氏曰：「子則云某之子某、婦某氏。弟姪孫同。」

〔一〕「三」，原作「二」，據抄本及四庫本《新書·立後義》改。

「主婦抱子」止「再拜」

丘氏曰：「若子弟婦或姪孫婦，則立其後。」

復位

丘氏曰：「主人、主婦俱復位，以子授乳母。」又曰：「餘子孫則不設茶酒，止啓櫝，不出主。」○「就位盥洗啓櫝，詣香案前跪，焚香告辭，俯伏，興，再拜，興。主婦抱孫見，再拜，興，復位，與在位者皆拜，辭神。」○按丘氏餘子見廟之儀甚詳，今具載于此。然禮，諸侯、大夫、士接子，名子，餘子則皆降一等，天子必世子，然後告廟見廟。而此亦必曰嫡長子云，則丘氏之説恐或未然。

「凡言祝版」止「焚之」

丘氏曰：「臨祭則置于酒注卓上，讀畢則置于案上香爐之左，祭畢則焚之留版。凡祭倣此。」

元孫

丘氏曰：「宋朝諱玄，凡經傳中玄字皆改爲元，而《家禮》亦然。今悉宜從玄。」按宋祖諱玄朗，故避之。朱子曰：「玄朗之諱起於真廟朝，王欽若之徒推得出，然無考竟處。」玄，《爾雅》：「親屬微昧也。」

曾孫

《爾雅》：「曾猶重也。」

行第

如幾郎、幾公之類。

稱號

如處士、秀才之類。

某氏夫人

丘氏曰：「婦人稱夫人，猶男子之稱公也。今制二品方得封夫人，宜如俗稱孺人。」○按夫人二字在宋制亦非卑者之稱，如國夫人、郡夫人之類，必公卿之妻，方得此封。但世俗通以爲婦人之尊稱，其來遠矣，自漢時已然。而朱子從之者，於理無害耳。且孺人之稱在古禮必大夫之妻，在今制亦非無官者之妻，何必捨先賢而從俗哉！

最尊者爲主

如繼高祖之宗，則但稱玄孫；繼曾祖之宗，則但稱曾孫之類是。○丘氏《儀節》，參神、辭神皆四拜。按程子曰：「家祭，凡拜皆當以兩拜爲禮。今人事生以四拜爲再拜之禮者，蓋中間有問安之事故也。事死如事生，誠意則當如此。至如死而問安，却是瀆神。若祭祀有祝、有告、謝神等事，則自當有四拜、六拜之禮。」

焚黄

丘氏曰：「先日命善書者以黄紙録制書一通，以盤盛置香案上正中，讀祝畢，再拜，主人復位。祝東面立，宣制詞畢，執事捧所録制書黄紙，即香案前併祝文焚之。」馮鑒《續事始》：「唐貞觀中太宗詔用麻紙寫誥敕文，高宗以白紙多蟲蛀，尚書頒下州縣並用黄紙。」杜甫《贈翰林學士張洎詩》「紫誥仍兼綰，黄麻似六經」，注：「謂寫誥詞於黄麻紙上。」又李從一《答劉侍御詩》「惟羡君爲柱下史，手持黄紙到滄洲」，注：「古詔皆用黄麻紙，故詔書謂之黄紙。」又劉禹錫詩「黄紙除書每日聞」，白樂天詩「黄紙除書無我名」，是除拜制書必用黄紙，自唐始也。按用黄紙别無意義，以黄蘗辟蠹，故染之紙。古人寫書皆用黄紙者爲此，而書亦謂之黄卷。必録而焚之者，命書不可焚也。

張魏公

名浚，咸之子，栻之父。登進士第，相高宗，終始不主和議。孝宗即位，召除少傅，進封魏國公，卒追贈太師，謚忠獻。

「告于家廟」止「告墓也」

今按朱子焚黄，祝文有曰：「祗奉命書以告于寢廟。」又曰「兹用齊祓，致告寢庭」云云。

「或有」止「遺書」

按温公《雜儀》云：「先救遺文，次祠版。」此云「先遷神主遺書」。蓋温公以手澤爲重，朱子以神之所依爲重。其先後之辨亦各有意，而此神主下無曰次云，則朱子之意亦欲一時并遷歟？

歲率其子孫一祭

問親盡之墓合祭否？朱子曰：「墓祭無明文。雖親盡而祭，恐亦無害。」

朱子曰而今祭四代已爲僭

問祭禮。朱子曰：「祭自高祖而下，如伊川所論。古者士庶人祇祭考妣，温公祭自曾祖而下。伊川以高祖有服，所當祭。今見於《遺書》者甚詳。此古禮所無，創自伊川，所以使人盡孝敬追遠之義。」又曰：「德厚者流光，德薄者流卑。故古者大夫以下極於三廟，而于祫及其高祖。今用先儒之説，通祭高祖已爲過矣。其上世久遠，自合遷毁，不當更祭也。」按程子《遺書》：「問今人不祭高祖如何。程子曰：『高祖自有服，不祭甚非。某家却祭高祖。』又曰：『自天子至於庶人，五服未嘗有異，皆至高祖。服既如是，祭祀亦須如是。其疏數未有可考，但其理必如此。雖二廟一廟，以至祭寢，亦及高祖。若止祭禰，只爲知母而不知父，禽獸道也。祭禰而不及高祖，非人道也。』又曰：『雖庶人祭及高祖，比至天子諸侯，止有疏數耳。』」

「楊氏復曰」止「以奉墓祭」

蓋立祠堂於始祖之墓，所以藏始祖之祧主而祭之也，餘主則埋之。或問：「祧主當遷何地？」朱子曰：「漢唐人多瘞于兩階之間，以其人跡不踏，取其潔耳。」問：「各以昭穆瘞于祖宗之墳，何如？」曰：「唐人亦有瘞于寢園者，但今人墳墓又有太遠者，恐難用耳。」又曰：「古者始祖之廟有夾室，凡祧主皆藏於夾室，自天子至于士庶皆然。今士庶之家不敢僭立始祖之廟，故祧主無安頓處。只得如伊川說，埋於兩階之間而已。某家廟中亦如此，兩階之間，人跡不到，取其潔耳。今人家廟亦安有所謂兩階者，但擇潔處埋之可也。思之，莫若埋于始祖墓邊。緣無個始祖廟，所以難處，只得如此。」又曰：「古者天子有始祖之廟，而藏之夾室，大夫亦有始祖之廟。今皆無，此更無頓處。古人埋桑主於兩階間，蓋古者階間人不甚行。今則混雜，亦難埋於此。看來只得埋於墓所。」又曰：「今士人家無始祖廟，祧主無可置處。《禮》注『埋於兩階間』，今不得已，只埋於墓所。」又曰：「當埋之於墓。」〇按朱子所以處祧主之義，曲折備盡。今詳載于此，欲令後人得以備考。

家禮考證卷之二

深衣制度

「此章」止「冠禮之後」

謂《書儀》章次如此。《家禮》本《書儀》而修定，故云然。

「今以」止「已有其文」

指「晨謁，深衣」及「不能具，則或深衣」等語。東匯澤陳氏曰：「朝服、祭服、喪服皆衣與裳殊。惟深衣不殊，則其被於體也深邃，故名深衣。」嚴陵方氏曰：「經曰：『有虞氏深衣而養老。』傳曰：『庶人服短褐，深衣則自天子至于庶人皆服之也。以其義之深名之。』」瓊山丘氏曰：「按古者衣服異制，惟深衣之制，衣與裳連而不殊，自天子至於庶人之通服也。以其被於體也深邃，而又取義之深，故衣以深名焉。去古日遠，古服不復可見已，幸而遺制尚略見於《禮記》之《玉藻》，而其義則詳著於《深衣》之篇。後之君子猶得以推求其制度於編簡之中。宋司馬温公始倣古，製深衣以爲燕居服，而文公先生亦服之。紹興間王普著《深衣制度》，《家禮》頗采用之。其後趙汝梅有《説》，牟仲裴有《刊誤》，馮公亮有《考證》。近世朱伯賢又有《深衣考義》，與《家禮》不盡合。今一祖《家禮》，兼用附注之説，而折衷於古禮。且文以淺近之言，使覽者易曉云。」

〇今按丘氏之説甚詳，且復淺近易曉。《補注》亦或有發明處，故並載于左，以備參考。

近於服妖

服妖謂服之妖也。《後漢・五行志》：「更始諸將軍過洛陽者數十輩，皆幘而衣婦人衣繡擁髱。時智者見之，以爲服之不中，身之災也。乃奔入邊郡避之。是服妖也，其後更始遂爲赤眉所殺。」又「獻帝建安中，男子之衣好爲長躬而下甚短，女子好爲長裙而上甚短。時益州從事莫嗣以爲服妖，是陽無下而陰無上也，天下未欲平也。後魏受禪」。注：「繡髱猶今半臂衣也。」

白細布

《小爾雅》「麻、紵、葛謂之布」，然此專指麻也。朱子曰：「深衣用虔布，但而今虔布亦未依法。當先有事其縷，無事其布。方未經布時，先呀其縷，非織了後呀也。呀，去聲。」

度用指尺

度如《周禮》「室中度以几」之度。去聲。王氏曰：「度，所以度長短者也。」《前漢・律歷志》：「度者，分、寸、尺、丈、引也，所以度長短也。」《補注》：「度謂尺寸之度數。用指尺者，蓋大指與食指兩步爲尺，中指中節一距爲寸。」按此説亦自矛盾。凡人之手指雖各有長短，然今試以兩指兩步爲尺，而中指中節十寸相準，則兩步之長尺有四寸矣。若用兩步之尺，則四尺四寸之長爲六尺一寸六分，不亦太長乎？本注既云中指中節，則不必更言兩指也。

中指中節爲寸

丘氏曰：「按中指中節乃屈指節向内，兩紋尖相距處，即《鍼經》所謂同身寸也。裁製之際又當量人身之長短廣狹爲之，庶與體稱。」

周尺

即圖古尺，蓋周時尺也。

省尺

即圖三司布帛尺，又名京尺者，宋時所用者也。

説文

後漢許慎，字叔重，汝南召陵人，作《説文解字》十四篇。

「周制」止「爲法」

《説文》曰：「人手却十分動脉爲寸口。十寸爲尺。周制，寸、咫、尺、尋、常、仞皆以人體爲法。」又曰：「婦人手八寸謂之咫，周尺也。」又曰：「丈，丈夫也。周制以八寸爲尺，十尺爲丈。人長八尺，故曰丈夫。」又曰：「八尺曰仞，取人伸臂一尋。」又按蔡氏曰：「周家十寸、八寸皆爲尺矣。」陳氏曰：「以十寸之尺起度，則十尺爲丈，十丈爲引。以八寸之尺起度，則八尺爲尋，倍尋爲常。」○今引陳説以見周家用尺之例義。

直領衫

直領者，其領直下垂之而不上盤者，其制未詳。按朱子《君臣服議》有曰：「直領布衫是古之喪服。」而因論直領之義，曰：「古今之制，祭祀用冕服，朝會用朝服，皆用直領。垂之而不加紳束，則如今婦人之服；交掩於前而束帶焉，則如今男子之衣。」疑其爲制，亦或如此。○直領布衫即所謂直領衫也，以喪故用布也。

但不裁破腋下

謂直領衫則裁破腋下，而此則否，爲不同耳。

「用布二幅」止「屬裳三幅」

丘氏曰：「用布二幅，布幅廣狹〔二〕以一尺八寸爲則。中摺前後以爲四葉。其在前兩葉，每葉長二尺六寸，裁時從一邊修起，除去四寸，留二尺二寸，漸漸修至將近邊處不動。比修起處留長四寸。

〔二〕「狹」，原作「狡」，據抄本改。

其在後兩葉，每葉長二尺三寸，亦從一邊修起，除去一寸留二尺二寸，漸漸斜修至將近邊處不動。比修起處留長一寸。」又曰：「按《家禮》衣身長二尺二寸，今前加四寸，後加一寸者，裁法也。不如此則兩襟相疊，衣領交而不齊矣。」《補注》：「用布二幅，長四尺四寸，中屈之爲二尺二寸，下除寸餘爲腰縫，長二尺一寸，所以爲身之長，幅廣二尺二寸，四幅廣八尺八寸。除負繩之縫與領旁之屈，積各寸凡四寸。及兩腋之餘，前後各三寸許，約圍七尺二寸，所以爲衣之廣也。」又按衣全四幅如今之直領衫，但不裁破腋下。俗所謂對襟者是也。丘氏《儀節》從白雲朱氏之説，欲於身上加内外兩襟，左掩其右。今人又裁破腋下而縫合之，綴小帶於右邊，如世常服之衣，非古制也。

「用布六幅」止「四〔二〕尺四寸」

丘氏曰：「用布六幅，每幅斜裁，分爲兩幅。一頭寬一頭窄，寬頭比窄頭加一倍。窄頭六寸，則寬頭一尺二寸。裁訖俱將窄頭向上，寬頭向下，連綴作一處。」《性理大全補注》：「古者布幅長

〔二〕「四」，原作「曰」，據抄本改。

四尺四寸，廣二尺二寸。深衣腰廣七尺二寸，若布六幅廣一丈三尺二寸，交解爲十二幅。則狹頭在上，每幅七寸三分有奇，十二幅共八尺八寸。廣頭在下，每幅一尺四寸六分有奇，十二幅共一丈七尺六寸。又除十二幅合縫及裳前襟反屈各寸，凡十三寸。則腰得七尺五寸，下得一丈六尺三寸，則上多三寸，下多一尺九寸，即截去之，上屬於衣。」今按《補注》「古者布幅長四尺四寸」，不知何據。《禮記》昏禮，「幣五兩，兩五尋」，鄭注：「八尺曰尋，一兩五尋，則每卷二丈，合之則四十尺。今謂之匹，猶匹偶之匹。」古人每匹從兩端卷至中，作兩個卷子，故謂之匹。《前漢・食貨志》「太公爲周立九府圜法，布帛廣二尺二寸爲幅，長四丈爲匹」，是古人以四十尺爲布帛之長矣。又按《周禮・載師》「有里布」注：「布參印書，廣二尺，長二尺，以爲幣，貿易物。」又《内宰》「立市出其純制」注：「純，幅廣。制，匹長。」長丈八尺，廣二尺四寸，出之於市，以一布帛之制度。先王所以制幣者，固非一端，而無所謂四尺四寸者，豈别有所考歟？又曰長四尺四寸，除腰縫及下齊反屈各寸，則長四尺二寸者，尤無理。夫人身長短不齊，或有九尺、十尺者，概以四尺二寸爲裳，則不亦太短，而其長及踝者，果何義也？且其爲説自相抵捂。「度用指尺」下注曰：「先度人身之長短，就其中起度，然後衣與身稱。」既曰布幅之長本四尺四寸，則雖度人身之長短，何用哉？九府皆掌財幣之官。圜，均而通也。

「用布二幅」止「一尺二寸」

丘氏曰：「用布二幅，各長四尺四寸，每幅中摺爲前後葉。每葉長二尺二寸，縫連衣身，却從腋下漸漸修成圓樣。袖口留一尺二寸，縫合其下以爲袂。」《補注》：「用布二幅，長四尺四寸，各中屈之爲二尺二寸，屬於衣之左右兩腋之餘。自兩腋之餘及袂皆反屈寸餘而合縫之，其本之廣如衣之長二尺二寸，而漸圓殺之以至袂口，則其徑一尺二寸。兩腋之餘三寸，續以二尺二寸幅之，袖則二尺有五寸也。内除衣袂續處、合縫及袂口反屈各寸許，則二尺二寸也。」孔氏曰：「袂是袖之大名，袪是袖頭之小稱。袂口即袪也。」

「袂之長短」止「不以幅爲拘」

義見下劉氏注。

「方領」止「之會自方」

丘氏曰：「用布一條闊二寸爲領，如常衣法，然後加緣其上。」又曰：「按近時人有斜入三寸裁領法，臆説無據，不可從。且衣必有領而後緣可施，信如其説，則是有緣而無領矣。《玉藻》所謂袷二寸者，果何物也？况《家禮·制度》本文既有方領，又有黑緣。其爲二物，亦明矣。嗚呼，衣而無領，豈得爲衣哉！」又曰：「衣之前後四葉，每葉屬裳三幅，窄頭向上，四葉共十二幅。衣裳相接處爲腰，腰圍約七尺二寸。裳之下邊爲齊，音咨。齊圍約一丈四尺四寸。衣左右加兩袖，衣上加領。凡領及裳邊袂口俱用皂絹緣之。」○右一條丘氏總説。《補注》：「衣之兩肩上各裁入三寸而反摺之，就綴於兩襟上，左右相會，其形自方，非别有所謂領也。一説裁入反摺即剪去之，别用布一條自項後摺轉向前綴兩襟上，左右齊反摺之，長表裏各二寸，除反屈，《禮記》所謂袷二寸是也。」○按《補注》前一説即丘氏所稱臆説無據者，今姑存之以證丘説。

曲裾

丘氏曰：「今依楊氏，不用裾。」詳見後注。

續衽鉤邊

丘氏曰：「當衣之兩傍，自腋下至齊，前後相交處，皆合縫之。使連續不開，是謂續衽。又覆縫其邊如俗所謂鉤針者，是謂鉤邊。」按丘氏此説本《衣圖》楊氏之説，然《衣圖》説與附注不同。豈楊氏後别有所見歟？建安何氏曰：「裳十二幅外，别添兩斜衽於旁縫，屬於裳謂之續衽。加緣於上，不欲緣侵裳之正幅也。鈎邊者，裳下圜其角如鈎，恐其垂下而不齊也。」○按此與諸説不同，以備一説。

「左右交鈎」止「鈎邊」

丘氏曰：「鈎有交互之義。邊者，裳幅之側也，謂其相掩而交鈎也。」

「皇氏」止「相對爲衽」

謂一廣頭在上，一廣頭在下，彼此若相對，然各在别服。而曰相對爲衽者，以喻一上一下之義也，猶〔二〕《易》之《屯》《蒙》，《需》《訟》爲反對也。

〔二〕「猶」，原作「揂」，據抄本改。

「孔氏」止「相對爲衽」

衣字句，裳字句。凡深衣之幅，狹頭爲上，廣頭爲下。衣則廣頭在上，故曰下屬幅。而下裳則狹頭在上，故曰上屬幅。而上衣之廣頭在上，裳之廣頭在下，一俯一仰，上下相對也。蓋以裳之狹頭皆向上也。

「皇氏」止「一邊所有」

皇氏兩旁之說於先儒之說爲近之。但裁用别布，非是。孔氏一邊之説，則全然失之矣。

「惟深衣裳」止「衽當旁注」

鄭氏曰：「衽謂裳幅所交裂也。」其詳見本經注。

袷者交領也

方氏曰：「以交而合故謂之袷。辨則奇，合則耦，故其廣二寸。」

踝足跟也

跟，踵也。腿兩旁曰内外踝。

「具父母」止「以青」

朱子曰：「偏親既無明文，亦當用青也。繢者可以青純畫雲。『雲』字見沈存中《筆談》。」

「今用黑繒」止「簡易也」

謂可通用黑繒也。

「黑緣」止「此緣之廣」

丘氏曰：「用皂絹爲之領及袂口、裳邊表裏皆用寸半。領及裳邊内外則夾縫在本布上，袂口則綴連布之外，即所謂『袂口布外，别此緣之廣也』。」又曰：「按《家禮》領緣用二寸，袂口、裳邊用寸半。今不然者，考《禮記·玉藻》『袷二寸，緣廣寸半』，不分領與裳袂，則皆寸半矣。今擬領亦用寸半，與裳袂同，俾少露領也。否則，是袷爲虚設矣。」建安何氏曰：「領緣廣二寸，衣緣廣寸半，帶兩邊飾各一寸，取其次第登降之義也。」

按深衣一服，其制則上法天時，下及規矩準繩。其用則自天子以至於庶人，爲文、爲武、擯相、軍旅，無有不可。其服之貴重如此。《家禮》所載獨裁制之法，而其義或見於附注之説，然亦未之盡。窮鄉晚學目未及諸經者，不知先王所以爲制之重、取義之深，或不免指以爲一儒緩之古服。故今特載本經全文，以爲慕古興起之地，因附諸儒所見之異同云。

深衣本經

深衣三袪，

鄭氏曰：「三袪者，謂腰中之數也。袪尺二寸，圍之爲二尺四寸，三之七尺二寸。」陳氏曰：「袪，袖口也，尺二寸，圍之爲二尺四寸。要之廣三，其二尺四寸則七尺二寸也，故云三袪。」

縫齊倍要，

鄭氏曰：「縫，紩也。紩下齊倍要中齊，丈四尺四寸。」陳氏曰：「齊者，裳之下畔。要爲裳之上畔。縫齊倍要者，謂縫下畔之廣一丈四尺四寸，是倍要之七尺二寸也。」建安何氏曰：「交解裁之，狹頭在上，除縫削外，實廣六寸，下齊倍之。」

衽當旁，

鄭氏曰：「衽，謂裳幅所交裂也。凡衽者，或殺而下，或殺而上，是以小要取名焉。衽屬衣則垂而放之，屬裳則縫之以合前後，上下相變。」陳氏曰：「衽，裳交接之處也。在身之兩旁，故曰衽當旁。」

袂可以回肘。

鄭氏曰：「二尺二寸之節。」陳氏曰：「袂，袖之連衣者也。上下之廣二尺二寸，肘長尺二寸，故可以回肘。」

袷二寸，

鄭氏曰：「曲領也。」陳氏曰：「其廣二寸。」

袪尺二寸，

鄭氏曰：「袪，袂口也。」

緣廣寸半。

鄭氏曰：「飾邊也。」《玉藻》。

古者深衣蓋有制度，以應規矩繩權衡。

鄭氏曰：「言聖人制事，必有法度。」

短毋見膚，

鄭氏曰：「衣取蔽形。」

長毋被土。

鄭氏曰：「爲污辱也。」

續衽鈎邊。

鄭氏曰：「續猶屬也。衽，在裳旁者也。屬連之，不殊裳前後也。鈎，讀如鳥喙必鈎之鈎。鈎邊，若今曲裾也。」楊氏曰：「深衣制度惟屬衽鈎邊一節難考。鄭注續衽二字，文義甚明，特疏家亂之耳。鄭注云『續猶屬也。衽，在裳旁者也。屬連之，不殊裳前後也』。鄭意蓋言凡裳前三幅後四幅。既分前後，則其旁兩幅分開而不相屬。惟深衣裳十二幅交裂裁之，皆名爲衽。所謂屬衽者，指裳旁兩幅言之，謂屬連裳旁兩幅，不殊裳之前後也。又《衣圖》云既合縫了，又再覆縫，方便於著。以合縫爲續衽，覆縫爲鈎邊。」○楊氏此説已見附注，及《衣圖》而發明此一節爲詳，故亦載于此。

要縫半下。

鄭氏曰：「二分要中，減一以益下，下宜寬也。」陳氏曰：「要縫七尺二寸，是比下齊之一丈四尺四寸爲半之也。」

袼音各。之高下，可以運肘。

鄭氏曰：「肘不能不出入。袼，衣袂當腋之縫也。」劉氏曰：「袼，袖與衣接，當腋下縫合處也。運，回轉也。肘，臂中曲節也。」

袂之長短，反屈之及肘。

鄭氏曰：「袂屬幅於衣，詘而至肘，當臂中爲節。臂骨上下各尺二寸，則袂肘以前尺二寸。」劉氏曰：「袂，袖也。袼之高下與衣身齊，二尺二寸。古者布幅亦二尺二寸，而深衣裁身用布八尺八寸，中屈而四疊之，則正方。袖本齊之，而漸圓殺以至袪，則廣一尺二寸，故下文云袂圓應規也。衣四幅而要縫七尺二寸。又除負繩之縫與領旁之屈積各寸，則兩腋之餘前後各三寸許，續以二尺二寸幅之袖，則二尺有五寸也。然周尺二尺五寸，不滿今舊尺二尺，僅足齊手，無餘可反屈也。曰反屈及肘則接袖，初不以一幅爲拘矣。凡經言『短毋見膚，長毋被土』，及『袼可運肘』，『袂反及肘』，皆以人身爲度而不言尺寸者，良以尺度布幅有古今之異，而人身亦有大小長短之殊故也。朱子云『度用指尺，中指中節爲寸』，則各自與身相稱矣。」帶，下毋厭髀，上毋厭脅，當無骨者。

鄭氏曰：「當骨，緩急難爲中也。」劉氏曰：「《玉藻》朝祭服之帶，三分帶下，紳居二焉。而紳長制，士三尺，則帶下四尺五寸矣。深衣之帶下不可厭髀骨，上不可當脅骨，惟當其間無骨之處，則少近下也。」以上言其制。

制：有十二幅以應十二月，

鄭氏曰：「裳六幅，分之以爲上下之殺。」

袂圓以應規，

鄭氏曰：「胡下也。」建安何氏曰：「牛頷下垂謂之胡，從袖口至腋下，裁令其勢圓如牛胡也。」

曲袷如矩應方，

鄭氏曰：「袷，交領也。古者方領如今小兒衣領。」陳氏曰：「衣領既交，自有如矩之象。」

負繩及踝以應直，

鄭氏曰：「繩謂裻與後幅相當之縫也。踝，足跟也。」陳氏曰：「衣之背縫及裳之中縫，上下相接，如繩之直，故云負繩也。」裻音督，背縫曰裻。

下齊如權衡以應平。

鄭氏曰：「齊，緝也。」陳氏曰：「齊，裳末緝處，欲其齊如衡之平。」

故規者，行舉手以爲容。
鄭氏曰：「行舉手謂揖讓也。」疏曰：「所以袂圓中規者，欲使行者舉手揖讓以爲容儀也。」
負繩抱方者，以直其政，方其義也。
疏曰：「抱方，領之方也。以直其政解負繩，以方其義解抱方也。」
故《易》曰：坤六二之動，直以方也。
鄭氏曰：「言深衣之直方應《易》之文也。」
下齊如權衡者，以安志而平心也。
鄭氏曰：「心平志安，行乃正。或低或仰，則心有異志者歟？」
五法已施，故聖人服之。
鄭氏曰：「非法不服也。」
故規矩取其無私，繩取其直，權衡取其平，故先王貴之。
鄭氏曰：「貴此衣也。」
故可以爲文，可以爲武，可以擯相，可以治軍旅，完且弗費，善衣之次也。

鄭氏曰：「完且弗費，言可苦[一]衣而易有也。深衣者，用十五升布，鍛濯灰治，純之以采。善衣，朝祭之服也。自士以上，深衣爲之次。庶人吉服，深衣而已。」方氏曰：「十二幅應十二月者，仰觀於天也。直其政，方其義者，俯察於地也。袼之高下可以運肘者，近取諸身也。應規矩繩權衡者，遠取諸物也。其制度固已深矣。然端冕則有敬色，所以爲文。介胄則有不可辱之色，所以爲武。端冕不可以爲武，介胄不可以爲文，兼之者惟深衣而已。《玉藻》曰：『夕深衣。』深衣，燕居之服也。端冕雖所以修禮容，亦有時而燕處，則深衣可以爲文矣。介胄雖所以臨戎事，亦有時而燕處，則深衣可以爲武矣。雖可爲文，非若端冕可以視朝臨祭，特可贊禮而爲擯相而已。雖可爲武，非若介胄可以臨衝，特可運籌以治軍旅而已。制有五法，故曰完。其質則布，其色則白，故曰弗費。吉服以朝祭爲上，燕衣則居其次焉，故曰善衣之次也。」

以上言其義，自「可以爲文」以下亦言用。

具父母、大父母，衣純以繢。具父母，衣純以青。如孤子，衣純以素。

鄭氏曰：「尊者存，以多飾爲孝。繢，畫文也。三十以下，無父稱孤。」吕氏曰：「三十以下無父者可以稱孤，若三十之上有爲人父之道，不言孤也。」

〔一〕「苦」，原作「若」，抄本同，據阮刻《禮記正義》改。

純袂、緣，純邊，廣各寸半。

鄭氏曰：「純謂緣之也。緣袂謂其口也。緣，緆也。緣邊，衣裳之側也。廣各寸半，則表裏共三寸矣。惟袷廣二寸。」陳氏曰：「純，衣之緣也。袂緣，緣袂口也。緣邊，緣襟旁及下也，各廣一寸半。袷則廣二寸也。」長樂陳氏曰：「純以繢，備五采以爲樂也。純以青，體少陽以致敬也。純以素，存凶飾以致哀也。」緆音錫，衣緣曰緆。以上言其用。《深衣篇》。

衽當旁，

鄭注見上。疏家以爲別用一幅，交裁爲衽，綴之裳旁。而皇氏以爲廣頭在下，孔氏以爲廣頭在上。今按鄭注之意，蓋謂深衣裳之幅交裂裁之皆名爲衽。而衽之前後相交接處正在裳之兩旁，非謂別有所謂衽者也。

方領，

鄭注見上。疏云：「鄭以漢時領皆嚮下交垂，故云古者方領如今擁咽。」温公曰：「方領如今上領衣，但方裁之，須用結紐。」按方領之説本鄭注，誤矣。蓋方裁爲領，領之兩端有紐結之。其曰相掩自方者，朱子蓋改修之如蔡氏淵所説。建安何氏曰：「曲袷，交領也。今朝祭之服皆向下交垂也。」擁咽，小兒領名。

續衽鈎邊。

鄭注見上。疏家惑於鳥喙曲裾之説，斜裁爲衽如鳥喙狀，綴之裳旁謂之曲裾。温公亦取載《書儀》。朱子晚年亦覺其非而未及改修也。按續衽鉤邊四字，釋衽當旁之義。鄭注之意謂衽指裳旁前後兩衽相交接者，屬連前後兩衽如裳之前後兩幅。蓋古人之服，上衣下裳。裳七幅，前三幅後四幅。其兩旁前後兩幅，分開而不相屬。楊氏之説深得鄭注之意，而發明朱子之説爲多，但又以合縫爲續衽，覆縫爲鉤邊者，何也？此不可曉。又按「衽當旁」注「衽屬衣則垂而放之，屬裳則縫之以合前後」。其合縫之説或出於此。然屬連之云非縫合之義，且朱子已有定論矣。愚嘗反覆思之，續衽之義既如鄭注，而鉤邊之説亦猶可疑。朱子以爲左右交鉤，亦似未盡。妄意以爲既兩衽分開，則兩衽之邊斜裁處必有反屈之縫。疑鉤邊二字或指此也。或謂鉤邊則是矣，若今曲裾者是何謂也？曰：曲即屈曲之義。裾，《説文》「衣邊也」，古人於衣邊必反屈以縫之。疑漢時指衣邊反屈以爲曲裾，故鄭以爲緶緝兩衽之邊，如今衣邊之反屈也。豈别有所謂裾哉！不敢自以爲然，姑書之以俟博古者。○以上諸儒所見之異同。又按丘氏十二幅之説甚新奇，與先儒所見不同。今載于左，以備一説。○丘氏曰：「按《朱子語録》『讀書先文勢而後義理』。今以《深衣》此章文勢觀之，則所謂『制十有二幅〔二〕以應十有

〔二〕「幅」，原似作「福」，據抄本改。

二月』一句，似通一衣而言也。若專以爲裳，不應列於袂袷之上。蓋上衣下裳，效法天地，不應顛倒易置如此。況其下文先言袂，次袷，次負繩，而後及於齊，亦自有次第可見。然自漢以來，先儒皆以爲裳，豈敢一朝臆决以爲必然？姑書所見以俟。」又曰：「按白雲朱氏云：『衽，《説文》曰衿，注：交衽爲襟。《爾雅》「衣皆爲襟」。通作衿。《正義》云「深衣外衿之邊有緣」，則深衣有衿明矣。宜用布一幅交解裁之，上尖下闊，内連衣爲六幅，下屬於裳。《玉藻》曰「深衣衽當旁」。王氏謂衿下施。衿，趙氏謂上六幅是也。』又云：『續衽鈎邊，邊謂邊也，縫也。衽邊斜幅，既無旁屬，則裁直布而鈎之，續之衽下，若今之貼邊。經曰「續衽鈎邊」，正以鈎邊續於衽也。後人不察，至有無衽之衣。』朱氏此説與《家禮》不合，蓋欲於衣身上加内外兩衿，如世常服之衣，别裁直布鈎而續之衽下，以爲屬衽鈎邊，如此則便於穿著。但以非《家禮》本制，不敢從，姑存以備一説。」又曰：「深衣制度乃温公據《禮·深衣篇》所新製，非舊相傳者也。愚於《考證》疑其裳制於《禮·深衣篇》文勢不倫，固已著其説。指上一説。後又得吴興敖繼公説，謂衣六幅，裳六幅，通十二幅。吴草廬亦謂裳以六幅裁爲十二片，不可言十二幅。又但言裳之幅而不言衣之幅，尤不可。良以敖説爲是。蓋衣裳各六幅，象一歲十二月之六陰六陽也。愚因參以白雲朱氏之説，衣身用布二幅，袖用布二幅，别用一幅裁領，又用一幅交解裁兩片爲内外襟，綴連衣身則衣爲六幅矣。裳用布六幅，裁十二片。後六片如舊式，前四片綴連外襟，二片連內綴。上衣下裳，通爲十二幅，則於《深衣》本章文勢順矣。舊製無襟，故領微直而不方。今以領之兩端各綴內外襟上，穿著之際，右襟之末斜交於左脅，左襟之末斜交於右脅，自然兩領交會，方如矩矣。」

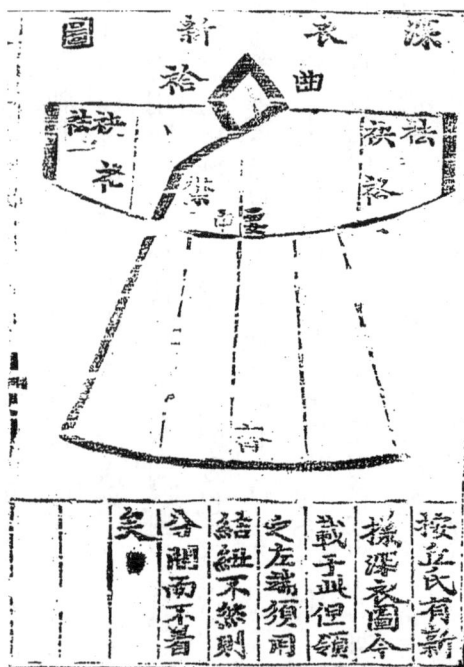

大帶

丘氏曰：「用白絹，闊四寸，夾縫之。或用布。其長圍過腰而結於前，再繚以爲兩耳。垂其餘以爲紳，用皂絹緣紳之兩邊及下其圍腰處不緣。垂下與裳齊。又用五色絲爲小條，廣三分，約其相結之處，長與紳齊。」《玉藻》：「士練帶，率下辟。」鄭氏曰：「率，繂之也。士以下皆禪，不合而繂積，如今作幧頭爲之也。辟，讀如裨冕之裨，裨謂以繒采飾其側也。人君充之，大夫裨其紐及末，士裨其末而已。紐，兩耳也。」陳氏曰：「辟，讀如縞冠素紕之紕，緣也。練，繒也。士以練爲帶，單用之而緶緝其兩邊，故謂之繂。腰及兩耳皆不緣，惟緣其紳，故云下辟。又『并紐用組』，『三寸，長齊于帶』，疏曰：『并，並也。謂天子下至士，其所紐約之物並用組爲之。』」方氏曰：「紐則帶之交結也。合并其紐，用組以約，則帶始束而不可解矣。三寸，其廣也。長齊于帶者，言組之垂適與紳齊也。又士緇辟二寸，再繚四寸。」鄭氏曰：「士禪垂之下，外內皆以緇，是謂緇帶。大夫以上以素，皆廣四寸。士以練，廣二寸，再繚之。」陳氏曰：「士練帶，惟廣二寸，而再繚腰一匝，則亦是四寸矣。」劉氏曰：「《深衣》不言帶之制，《玉藻》所言乃朝祭服之帶也。朱子深衣帶，蓋亦仿佛《玉藻》之文，但禪複異耳。」丘氏曰：「如禮單用爲是。今按再繚之義與禮注不同，謂一繚爲耳，再繚爲兩耳，蓋亦交結之義也。」建安何氏曰：「繚四寸，謂旁兩紐各繚二寸。」率，音律。素，熟絹也。

緇冠

丘氏曰：「糊紙，或用烏紗加漆爲之。裁一長條，其長一尺四寸許，其高寸許，圍以爲武。其圍之兩旁各廣三寸，前後各長四寸。又用一長條，廣四寸，長八寸，長襞積以爲五梁縫，皆向左彎。其中跨頂前後，下著於武。屈其兩端各半寸，自外向内而黑漆之。又於武之兩旁半寸之上爲竅，以受笄。笄用白骨，或象牙爲之。」建安何氏曰：「王普《制度》曰『緇布冠用烏紗漆爲之，不如紙尤堅便』。《雜記》『大白冠、緇布之冠皆不蕤』，鄭注『不蕤，質無飾。大白冠，太古之布冠也』。《家語・冠頌》：『孔子曰：太古冠布，齊則緇之。』注：『唐虞以上曰太古。』疏曰：『將祭而齊，則緇者以鬼神尚幽闇也。』」朱子曰：「緇布冠其制小，僅可撮其髻也。」○武，冠卷也。秦人曰委，齊東曰武。蕤，音耳佳反，纓飾也。

緇冠圖

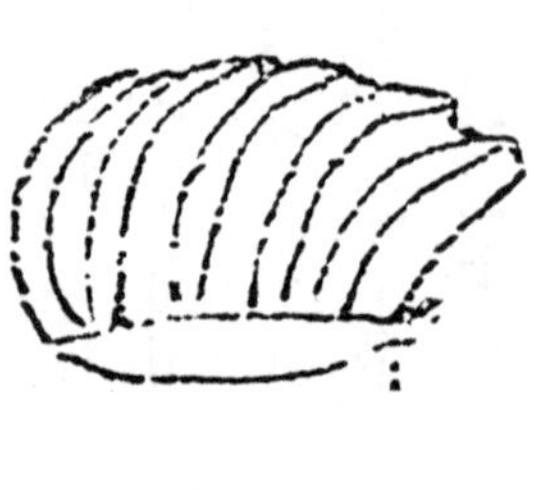

丘氏曰：「按《家禮》『緇冠』下注：『武高寸許，上爲五梁，跨頂前後，下著於武。屈其兩端各半寸，自外向内。武之兩旁半寸之上，竅以受笄。』則是梁之兩頭各蓋武上，而反屈其末於武內也。今卷首舊圖者乃加梁於武之上際。武之前面又鏤形如俗所絛環者，又於武兩旁各增一片以受笄。不知作圖者何所據也？且圖下所注一依本文，而畫以爲圖却不然，殊不可曉。今人家多泥此圖，所作幾與朝服梁冠等。覺得太高，與温公畫像全不相類。今依《家禮》本文尺寸制度，别爲新圖，形制庶幾與温公畫像相合，使與舊圖相質證云。」〇今以本注及丘氏之説考之，則舊圖果誤。故兹載新圖及其説以備證正。

幅巾

丘氏曰：「用皁絹六尺許，當中屈摺爲兩葉，就右邊屈處，摺作一小横輒子。又翻轉從輒子左邊四五寸間，斜縫一路向左圓曲，而下循左邊至于兩末。又將翻轉使所縫餘剩絹藏在裏，却以輒子當額前裹之於對兩耳處。兩邊各綴一帶，帶闊二寸，長二尺，自巾外過頂後，相結而垂之。」朱子曰：「古人戴冠，郭林宗戴巾，温公幅巾，是其類也。古人衣冠如今之道士，道士以冠爲禮，不戴巾。」又按《林宗傳》「嘗行遇雨，巾一角墊，時人乃故爲折巾一角，以爲林宗巾。」注：「周遷《輿服雜事》曰：『巾以白葛爲之，形如帕。本居士野人所服，今國子學生服焉，以白紗爲之。』」又《符融傳》：「融幅巾奮袖，談辭如雲。」注：「以一幅爲巾。」其制若如温公，則無角可以墊矣。是兩人一時名士，而所著亦兩樣巾矣。林宗之巾不知何狀，而幅巾之名實起於偉明矣。又桓帝時韓伯休亦柴車幅巾。又《汝南先賢傳》：「袁閎卒，敕其子著疏布單衣幅巾。」蓋皆一時事也。丘氏曰：「按《禮·深衣篇》無有冠制，而緇布冠古用以爲始加之服。然亦冠而弊之，非常服也。至宋温公始服深衣，冠緇冠而裹以幅巾。朱子效之，亦非古制也。若夫幅巾之制，古者有冠而無巾，巾止以冪尊，疊瓜果之用，不加於首也。至漢去罪人冠而加以黑幪，所謂巾幘者，特爲庖人賤者之服。士大夫以爲首服者，始見于郭林宗折角巾。此後晉人又有接䍦、白葛等巾，於是始人著矣。幅巾固非古制，然世承用已久，姑書于此，使有所考云。」

「黑履」止「白絇繶純綦」

建安何氏曰：「王普云：『用白屨。』」丘氏曰：「按禮，則黑履當作白履爲是。用白布作履，如世俗所謂鞋者，而稍寬大。既成，用皂絲條一條，約長尺三四寸許，當中交屈之，以其屈處綴履頭近底處，立起出履頭一二寸，歧爲二，復綴其餘條於履面上，雙交如舊圖所畫者。分其兩，稍綴履口兩邊緣處，是之謂絇。於牙底相接處，用一細絲條周圍綴於縫扶田反。中，是之謂繶。又於履口納足處，周圍皆緣以皂絹，廣一寸，是之謂純。音準。又於履後跟綴二皂帶以繫之，如世俗鞋帶，是之謂綦音忌。」又曰：「如黑履則用皂布爲之，而以白或青爲絇、繶、純、綦。」又曰：「按『黑履』注下云『白絇、繶、純、綦』，而卷首圖下注云『深衣用白屨』。蓋以屨順裳色，深衣裳既用白，則屨亦合用白矣。又禮，黑履以青爲絇、繶、純，白屨以黑爲絇、繶、純。深衣用白履，則當用黑色爲飾。若黑屨，又裳以青爲飾，不用白也。○「《書儀》『黑履白緣』，自注云：『複下曰舄，襌下曰履。《周禮》履有五色。近世惟赤、黑二舄，赤貴而黑賤。今用黑履白緣，亦從其下。』」又曰：「『夏用繒，冬用皮』，自注云：『古者夏葛屨，冬皮屨。今無以葛爲屨者，故從衆。』」

「劉氏」止「穿貫者也」

《周禮》鄭注：「絇之言拘也。以爲行戒，狀如刀衣鼻，在屨頭。」疏云：「言拘取自拘持。爲行戒者，謂低目不忘顧視也。」吴氏云：「用繒一寸屈爲之頭，著屨頭以受穿貫也。蓋或條，或繒，皆所以受繫者也。」

「繶謂」止「之繶」

《周禮》鄭注：「繶，下緣也。」疏云：「下緣即牙底相接之縫，綴條於其中也。」紃，《雜記》「紃以五采」，注：「紃，施諸縫中，若今時條。」《内則》疏：「『組、紃，俱爲條也。皇氏云：『組，綬也。』然則薄闊爲組，似繩者爲紃。」紃，音馴，條編絲爲之。

純者飾也

《周禮》注：「以絛爲口緣也，廣一寸也。」

「綦」止「繫屨者也」

《禮記》注：「綦，屨繫也。」朱子曰：「綦，鞋口帶也。古人皆旋繫，今人只從簡易，綴之於上，如假帶然。」按禮注，絇爲屨頭鼻，丘氏謂雙交綴屨面上，純用絛。丘氏用皂絹，疑從俗，且取簡易，但非古也。

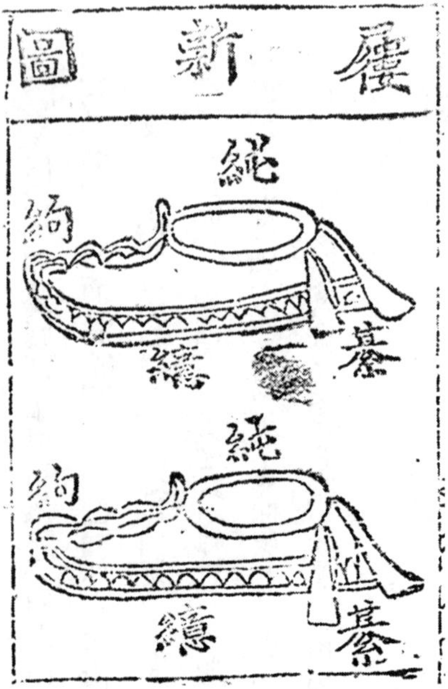

丘氏曰："《家禮》深衣用白，而履用黑。考《儀禮》，玄端則用黑屨，素積則用白屨，屨當順裳色也。今依卷首圖注作白屨。舊圖鶻突，今考《儀禮》等書，别爲圖如上。"今按丘氏此圖比舊圖爲詳，兹載于此，俾得參考。

家禮考證卷之三

司馬氏居家雜儀

「此章本在」止「之後」

蓋指《書儀》中章次如此。

謹守禮法

陳氏曰：「禮，先王之禮；法，國家之法。」

家衆

陳氏曰：「婢，僕輩也。」

「謂使之」止「之類」

倉，穀藏也。廩，米藏也。廏，養馬之閑也。庫，貯財物之舍也。庖，宰殺之所。厨，烹飪之所。舍業，別墅、別業也。樹果木曰園，或曰舍。邸舍，《自警編》「故相李昉家子孫數世至二百餘口，猶同居共爨。田園邸舍所收皆聚之一庫，計口日給餉」是也。按《小學》亦載此語而曰温公云云，則恐邸舍爲是。而注：「陳氏曰：『邸舍，客舍也。』」又《宋書》「趙普多爲邸舍以窺利」，然則非別墅之類也。

「易曰」止「之謂也」

《易·家人卦·彖傳》辭。朱子曰：「所尊嚴之君長也。」

俸禄

徐氏元瑞。曰：「錢帛曰俸，米粟曰禄。」朱子亦有俸錢禄米之語。

「不敢」止「私與」

吴氏曰：「假，借人也。與，與人也。」

内則

《禮記》篇名。疏曰：「閨門之内，軌儀可則，故曰内則。」

「子婦」止「不敢私與」

鄭氏曰：「家事統於尊也。」吴氏曰：「貨，交易之物也。蓄，藏積之物也。」

「婦或賜之」止「藏之以待乏」

鄭氏曰：「或賜之，謂私親兄弟也。」吴氏曰：「佩，如佩用之佩。帨，帨巾也。茝、蘭皆香草也。受而獻諸舅姑者，不敢私受也。新，初也。舅姑受之則喜，如初受兄弟之賜也。反賜之，則舅姑不受，而復與之也。如更受賜者，如重受舅姑之賜也。」陳氏曰：「受之則如新受賜，不受則如更受賜，孝愛之至也。」

鄭康成

名玄，青州北海郡高密縣人，鄭崇之後也。當東漢之末，隱德不仕，注《周禮》《儀禮》《禮記》《詩》

《易》等書。孔融名其鄉曰鄭公鄉。

「待舅姑」止「不見許也」

《内則》本注。

「又曰」止「賜而後與之」

故即前者所獻之物而舅姑不受者，雖藏於私室，今必請於尊者，即許，然後取以與之也。以上《内則》。

「夫人子之身」止「身也」

朱子曰：「父子本同一氣，只是一人之身，分成兩個。」

賈誼

按《誼傳》：「洛陽人也，年十八以能誦《詩》《書》，屬文稱於郡中。河南守吴公召置門下，甚幸愛。及爲廷尉，乃薦之文帝。召以爲博士，是時年二十餘。超遷，一歲中至太中大夫。帝議以誼任公卿之位，絳、灌、東陽侯、馮敬之屬盡害之，帝亦疏之，以爲長沙王太傅。後召入宣室，問鬼神事，帝善之，改爲梁王太傅。卒年三十二〔二〕。」

「借父」止「誶語」

本傳注顔師古曰：「耰，摩田器也。言以耰及鉏借與其父，而容色自矜爲恩德也。」張宴曰：「誶，責讓也。」又按耰，鄱陽王氏曰：「按《韵會》，布種後以此器摩之，使土之開處復合，所以覆種也。鉏、鋤同。箕，斂取糞穢者。箒，鬣也。皆物之至輕者，甚言其俗之偷也。」

「天欲明」止「具冠帶」

按《内則》「子事父母」，「婦事舅姑」下皆云「雞初鳴」。孔疏曰：「盥謂洗手，漱謂滌口也。總者，裂練繒爲之，束髮之本，垂餘於髻後以爲飾也。」馬永卿問：「《内則》，雞鳴而起，適父母之所，不亦太早乎？」元城先生正色曰：「禮，事父與君一體。父召無諾，君命召無諾。父前子名，君前臣名。今朝謁者必以雞鳴而起，適君之所，而人不以爲勞。蓋刑驅其後也。世俗薄惡，故

〔二〕「二」，抄本同，四庫本《史記・屈原賈生列傳第二十四》：「賈生之死，時年三十三矣。」

事父母之禮得已而已焉。若士人畏義如刑，則今人可爲古人矣。」某聞其言，至今愧之。

帽子衫帶冠子背子

義見上注。按《名臣言行録》「王安石子雱手携婦人冠以出」，婦人之有冠明矣。

昧爽

陳氏曰：「昧，晦也。爽，明也。欲明未明之時也。《禮》『未冠笄者昧爽而朝』，注：『後成人也。』此子婦至天欲明而起，昧爽而省問，與禮意不同，豈雞初鳴太早，恐其難行歟。」

丈夫唱喏婦人道萬福

唱喏義見上注。道，言也。萬福，問親夜來平安之意。按温公《書儀》上祖父母、父母書云「伏惟某親尊體起居萬福」，亦此意也。古人於書疏多用萬福字，韓愈《答孟簡書》亦然。又朱子於書疏亦多使此二字。又按《唐書》，義成軍節度使李元素聞遺詔，密告李師古。時告哀使未至諸道，師古曰：「聖上萬福，而元素忽傳遺詔，是反也。」遂發兵爲亂。是萬福之云即保安之辭，而含祈祝之意也。

其或不安節

鄭氏曰：「節謂居處故事。履，蹈地也。」陳氏曰：「不安節謂有疾不能循其起居飲食之節也。」

此即禮之晨省也

鄭氏曰：「省問其安否何如也。」

供藥物

此非必有疾而然。蓋平時奉養之際，察親氣力之何如，虛則補之，乏則益之，使不至於成疾也。

檢數

朱子曰：「點檢數過也。」

點心

按韵書：「白地小黑曰點。」點心，謂暫食少味以點空心。點與煎茶點水之點義同。

易曰在中饋

《家人卦》六二爻辭曰：「無攸遂，在中饋，貞吉。」程子曰：「婦人居中而主饋，故曰中饋。」安城劉氏曰：「婦人於事無所敢自遂，正位乎内事，在饋食之間而已。」漢上朱氏曰「孟母曰『婦人之禮，精五飯，羃酒漿，養舅姑，縫衣裳而已，故有閨門之修，無境外之志』」是也。

詩云惟酒食是議

《詩·小雅·斯干》之篇曰：「無非無儀，惟酒食是議，無父母貽罹。」朱子曰：「儀，善也。罹，憂也。女子以順爲正，無非足矣。有善則亦非其吉祥可願之事也。唯酒食是議，而無遺父母之憂，則可矣。」

親執刀匕

按《禮記》，以匕載鼎實升諸俎。又曰：「割刀之用，而鸞刀之貴。」杜蕢曰：「蕢也，宰夫也。刀匕是供。」宰夫，烹調膳羞之官，其職在刀匕耳。

婦請所欲

《小學》注：「所欲如饘酏、酒醴、飲食之類。」饘酏皆粥也。厚曰饘，薄曰酏。

席地而坐

按《内則》：「父母舅姑將坐，少者執床與坐。」陸氏曰：「床，《説文》云『安身之坐者』，至於恭坐則席。蓋尊者坐床，故餘皆席地而坐耳。」

「丈夫唱喏」止「安置」

安置，猶言安穩。《廣韵》云：「置，安置也。」置字亦有安義，蓋欲親安穩過夜之意。杜子美《簡吴郎司法詩》：「遣騎安置瀼西頭。」亦安之之意也。

禮之昏定也

鄭氏曰：「定，安其床衽也。」疏曰：「冬温夏清，四時之法也。昏定晨省，一日之法也。定，安也。晨，朝也。應卧當整齊床衽，使親體安定之後退。至明朝，既隔夜，早來視親之安否何如也。」東萊吕氏曰：

「孝子以親之心爲心，親之體爲體，故昏晨晦明之變不忘其親，而尤加意於其間。昏時則安其父母，晨時則雞鳴而起，問其安否。」〇或問：「晨省則曰『丈夫唱喏，婦人道萬福』，昏定則曰『丈夫唱喏，婦人道安置』。是婦人獨萬福、安置，而丈夫但唱喏而已乎？」曰：「否，丈夫不言萬福、安置，而婦人不言唱喏者，蓋互文耳。且丈夫唱喏，婦人道萬福、安置。按丘氏《儀節》『出入必告』下注：『男子唱喏，婦人立拜，是婦人無唱喏之禮。』柳西厓曰：『某少時赴燕京，親質於中原人，以爲作揖之時口道萬福、安置，故謂之唱喏。又看雜書，其作揖而無聲者，謂之啞揖。是萬福、安置在唱喏中也。愚嘗疑兩字皆從口，又能言教以唱喏之語，故質之。』又按他訓義：『喏，音人者，反敬言也。』則西厓之言得之。」

不敢涕唾

方氏曰：「涕，鼻液也。唾，口津也。涕唾則聲貌俱爲不恭，故不敢爲也。」

「凡父母有過」止「復諫」

鄭氏曰：「子事父母，有隱而無犯。起，猶更也。」方氏曰：「起敬起孝，言孝敬之心有加而無已也。」馬氏曰：「父母有過，下氣怡聲以諫，所謂幾諫也。諫若不入，起敬起孝，所謂見志不從又敬不違也。」輔氏曰：「下氣、怡色、柔聲，所以自牧也。起敬起孝，所以自策也。自牧則無戾心，自策則無倦意。」

「不悦與其得罪」止「孰諫」

鄭氏曰：「子從父之令，不可謂孝也。《周禮》曰：『二十五家爲閭，四閭爲族，五族爲黨，五黨爲州，五州爲鄉也。』」疏曰：「犯顔而諫，使父母不悦，其罪輕。畏懼不諫，使父母得罪於鄉黨州閭，其罪重。二者之間寧可純熟殷勤而諫，若物之成熟，然不可使父母得罪也。」真氏曰：「熟者，反覆純熟之謂。不諫是陷其親於不義，得罪於州里。等而上之，諸侯而不諫，則使其親得罪於國人。天子而不諫，使其親得罪於天下。是以寧熟諫也。」

「父母怒」止「起敬起孝」

鄭氏曰：「撻，擊也。」東萊吕氏曰：「起敬起孝，蓋我孝敬之心無間斷，隨遏隨起，故雖父母不從吾諫，至於怒，至於撻之流血，亦起敬起孝嘗自若。起非起止之起，只是遏捺不住爾。」真氏曰：「怒而撻之，猶不敢怨，况下於此者乎？」右《内則》。

「是説也」止「論語矣」

《論語·里仁篇》：「子曰：『事父母幾諫，見志不從，又敬不違，勞而不怨。』」真氏曰：「事親者，當合二書而思焉。」

「凡爲人子弟者」止「父兄宗族」

鄭氏曰：「加，猶高也。」

出必告反必面

鄭氏曰：「告、面同耳。反言面者，從外來，宜知親之顔色安否。」陳氏曰：「出則告違，反則告歸。又以自外來，欲省顔色，故言面。」右《曲禮》。

「不敢」止「正廳」

避尊者。

坐於書院

士大夫家私建垣屋於宅側，教子弟其間，謂之書院。如五代時竇諫議禹均嘗於宅南建一書院四十間，聚書數千卷，禮文行之儒，延置師席。無問識與不識，有志於學者，聽其自至，故其子見聞益博。又如富韓公之父謂吕文穆公曰「某兒十許歲，欲令入書院，事廷評、大祝」是也。

「升降不敢由東階」止「當廳」

東階，阼階也，皆避尊者。

倚門倚閭

王孫賈事本出《戰國策》，今又見《通鑑》及《小學》書。門，一家之門。閭，二十五家，一巷之都門也。

告行飲至

按《禮記·曾子問》：「諸侯之出必告於祖，奠于禰。命祝史告于宗廟，反亦如之。」《左傳》：「凡公行，告于宗廟；反行，飲至，舍爵，策勳焉。」○《曾子問》，《禮記》篇名。奠者，奠幣爲禮也。飲至，告至于廟而飲酒也。既飲置爵，而書勛勞于策，速紀有功者也。今楊氏但取告至之義耳。

「親調嘗」止「供之」

《曲禮》曰：「君有疾，飲藥，臣先嘗之。父有疾，飲藥，子先嘗之。」呂氏曰：「『藥不瞑眩，厥疾不瘳』，則攻疾之藥未嘗無毒，好惡或失其性，齊量或失其宜，寒熱補瀉或反其用。小則益甚，甚則至于喪身。爲人臣子者不嘗試而用之，不忠不孝莫大焉。此許世子止以不嘗藥之過，所以被弑君之名也。」徐氏曰：「攻疾之物曰藥，可以服食曰餌。」

「父母有疾」止「疾已復初」

《曲禮》曰：「父母有疾，冠者不櫛，行不翔，鄭氏曰：「憂不爲容。」又曰：「行而張拱曰翔。」陳氏曰：「不櫛，不爲飾也。不翔，不爲容也。」言不惰，鄭氏曰：「憂不在私好。」孔氏曰：「惰者，言語戲劇，華飾文辭。故鄭云不在私好，謂華好也。」陳氏曰：「不惰，不及他事也。」琴瑟不御，鄭氏曰：「憂不在樂。」陳氏曰：「以無樂意也。」食肉不至變味，飲酒不至變貌，鄭氏曰：「憂不在味。」孔氏曰：「猶許食肉，但不多耳。少食則味不變，多食則味變也。」方氏曰：「人有常貌，飲酒過量則或至變貌。」笑不至矧，怒不至詈。鄭氏曰：「憂在心，難變也。齒，本曰矧，大笑則見。」陳氏曰：「齒本曰矧，笑而見矧，是大笑也。怒罵曰詈，怒而至詈，是甚怒也。」疾止復古。鄭氏曰：「自若常也。」」《玉藻》：「親癠，色容不盛，此孝子之疏節也。」疏曰：「言如文王乃爲至孝。今但色容不盛，乃孝子疏簡之節耳。」《文王世子》云：「文王之爲世子，朝於王季日三。其有不安節，則文王色憂，行不能正履。王季復膳，然後亦復初。鄭氏曰：「復膳，飲食安也。」文王有疾，武王不脱冠帶而養。文王一飯，亦一飯。文王再飯，亦再飯。莊氏曰：「子之於親，日而三朝。自三朝之外，冠帶有時而脱。今武王爲親疾，跬步不離，不敢脱冠帶以自適也。人之飲食，或疏或數，時其飢飽。今武王以親疾，志不在於飲食，一飯再飯，惟親之視，不敢如平時私適其欲也。」陳氏曰：「自行不翔，至怒不至詈，亦中人之制，孝子疏節也。文王行不能正履，不特不翔而已。色憂不特言不惰，笑不至矧而已。一飯亦一，再飯亦再，不特食肉飲酒不變味變貌也。」《文王世子》，《禮記》篇名。

○按色不滿容，即色容不盛之謂也。不戲笑，即言不惰，笑不至矧之謂也。不宴遊，即行不翔，琴瑟不御，食肉飲酒不至變味、變貌之類是也。

顔氏家訓

顔氏，名之推，仕北齊，爲黄門侍郎，作《家訓》。

「父母有疾」止「豈可傲忽也」

按顔氏本文云：「梁孝元在江州，嘗有不豫，世子方等親拜醫李猷。」

「凡子事父母」止「而况於人乎」

《内則》曾子之言。

「晉武」止「齊王攸」

按《晉書》：「齊獻王攸，字大猷，少而岐嶷，及長，清和平允，親賢好施，愛經籍，能屬文，善尺牘，爲世所楷。才望出武帝之右，特爲文帝所寵愛。及寢疾，慮攸不安，爲武帝叙淮南王、陳思王事而泣，執齊王攸手以授之。太后王氏臨終，亦流涕謂武帝曰：『桃符性急，而汝爲兄不慈，恐不能相容，以是屬汝，汝勿忘我言。』言訖而崩。武帝嘗疾篤得愈，荀勗、馮紞見朝野之望屬在攸，攸素惡勗、紞傾諂。勗以太子愚劣，恐攸得立，有害於己，使馮紞説武帝曰：『陛下前日疾，若不愈，齊王爲公卿百姓所迫。太子雖欲高讓，其得免乎？宜遣還藩鎮。』帝陰納之，乃出攸爲大司馬，都督青州軍事，遣就國。群臣諫，皆不聽。攸知勗、紞構己，憤怨發病，猶催上道。遂嘔血而卒，年二〔二〕十六。」桃符，攸小字也。

「唐高宗」止「長孫無忌」

按《唐書》：「太宗疾劇，召長孫無忌、褚遂良入卧内，謂之曰：『太子仁孝，善輔導之。』又謂太子曰：『無忌盡忠於我，我有天下，多其力也。我死，勿令讒人間之。』仍令遂良草遺詔。有頃，上崩。太子立，是爲高宗。後欲廢王皇后，立武昭儀，恐大臣不從。帝〔三〕與昭儀幸無忌第，酣飲極歡。拜無忌寵姬子三人皆爲朝散大夫，仍載金寶繒錦十車以賜無忌。帝因從容言皇后無子，以諷無忌。無忌對以他語，帝與昭儀皆不悦而罷。後又召無忌、遂良等入内殿，無忌、遂良又極諫。李世勣、許敬宗等贊立之，武后以無忌受重賜而不助己，深怨之。令許敬宗伺其隙而陷之，敬宗誣奏無忌謀反，詔削無忌官封，黔州安置。敬宗又遣袁公輸再鞫無忌，逼令自縊。」

〔二〕「二」，抄本同，四庫本《晉書》卷三十八齊王攸傳：「辭出信宿，歐血而薨，時年三十六。」

〔三〕「帝」，原作「辛」，據抄本改。

「凡子事父母樂其心」止「以其飲食忠養之」

陳氏曰：「樂其心者，喻父母於道也。不違其志者，能養志也。」方氏曰：「怡聲而問，所以樂其耳也。柔色以温，所以樂其目也。定於昏，所以安其寢也。省於晨，所以安其處也。飲食忠養者，蓋養親之道，雖非即飲食以能盡，亦非捨飲食以能爲。夫養之以物，止足以養其口體。養之以忠，則足以養其志矣。」按陳、方二説與附注劉説，雖或不同，而互相發明，故並録。

「幼事長」止「皆倣此」

《内則》文，但「皆倣此」三字作「共帥時」。吴氏曰：「帥，循時是也。幼之事長，賤之事貴，皆當循是禮也。」今按倣亦循字義。

賾討賾，音士革反。

賾，幽深之義也。討，求也。

堂室

《説文》：「堂，正寢也。」《爾雅》：「古者爲堂，自半已前虚之謂之堂，自半已後實之謂之室。」按堂之爲言當也，謂當正向陽之屋。室之爲言實也，人物實滿其中也。

庭除

《説文》：「庭，宮中也。」按古者門屏之内謂之庭。李氏曰：「堂下至門曰庭。除，階也。」

簟席

簟，篾席。竹曰簟，莞曰席。

氈

以毛之細縟者，緝而爲之。《周禮·掌皮》「供其毳毛爲氈」是也。

褥

夾而著之曰褥，即茵也。

衾

大被曰衾。

帳

幄之總名。

幄

鄭氏曰：「在旁曰帷，在上曰幕，四合象宫室曰幄，乃所居之帳也。平帳曰帟。」蓋在旁施之，象土壁者爲帷。帷上張之，象舍屋者爲幕。幄則帷合之，内設之以象宫室。帟者在幄之内，坐上承塵者也。帷幕皆以布爲之，幄帟皆以繒爲之。

「凡子婦」止「其犯禮也」

《内則》：「子婦未孝未敬，勿庸疾怨，姑教之。若不可教，而後怒之。不可怒，子放婦出，而不表禮焉。」鄭氏曰：「庸之言用也。怒，譴責也。表，猶明也，猶爲之隱，不明其犯禮之過也。」

陳氏曰：「不可怒，謂雖譴責之而不改也。不表禮，示終不絶之也。」按温公之言本此。筶，《説文》「擊也」。

「子甚宜其妻」止「没身不衰」

鄭氏曰：「宜，猶善也。」《大戴禮》：「婦有七出，而不順父母爲先。」此下一節猶《小學》言夫婦之别。

凡爲宫室必辨内外深宫固門

《内則》：「禮始於謹夫婦，爲宫室，辨内外，男子居外，女子居内。深宫固門，閽寺守之。男不入，女不出。」鄭氏曰：「閽，掌守中門之禁者也。寺，掌内人之禁令者也。」陳氏曰：「夫婦，人倫之始。不謹則亂其倫類，故禮始於謹夫婦也。」方氏曰：「《易》始《乾》《坤》，《詩》首《關雎》，皆始於謹夫婦之意。」吴氏曰：「正寢在外，男子居之。燕寢在内，女子居之。深其房室，堅其門户，皆致謹之道也。閽寺，上公之使，掌中門之禁令者。」劉氏曰：「宫不深，則内外之聲可通。門不固，則出入之禁可踰。閽寺守之，不嫌於處内也。」温公之言本此，而按《周禮·掌戮》：「墨者使守門，宮者使守内。」鄭氏曰：「宮者守門，以其人道絶也。」《周禮·閽人》注：「中門者，於内外爲中。王之五門，雉門居中。」鄭鍔曰：「外之二門，臣民皆可得而入。若夫雉門之内則應門、路門，非臣民可得而妄入。故於此特使閽人守之。」蓋中門非指兩寢之間，而所謂兩寢之間，分男女而守其限，則至嚴至密，必閽寺然後可守。劉氏所謂不嫌處内者，恐亦指宮者而言也。康成之説泛言天子諸侯用閽寺之義，非謂以墨者守兩寢之限也。又按《國風》秦詩云：「未見君子，寺人之令。」又《春秋傳》，齊有寺人貂，晉有寺人披。如秦伯爵，齊、晉皆侯爵，而俱有寺人，則非必上公爲然也。

「内外不共井」止「女治内事」

《内則》：「外内不共井，不共湢浴。」鄭氏曰：「湢，浴室也。」劉氏曰：「不共井，嫌同汲也。不共湢浴，嫌相褻也。」《内則》又言：「男不言内，女不言外。」鄭氏曰：「謂事業之有次序。」陳氏曰：「男正位乎外，不當於外而言内庭之事。女正位乎内，不當於内而言梱外之事。」按温公之言亦本此。

「男子晝無故」止「不窺中門」

按《家語》：「孔子適季氏，康子晝居内寢。孔子問其所疾，康子出見之。言終，孔子退。子貢問曰：『季孫不疾而問諸疾，禮歟？』孔子曰：『夫禮，君子不有大故，則不宿於外。非致齊也，非疾也，則不晝夜處於内。是故夜居於外，雖吊之可也；晝居於内，雖問疾可也。』注：大故謂喪憂。」又《大戴禮》：「女及日乎閨門之内，不百里而奔喪。晝不遊庭，夜行以火。」陳氏謂：「及日猶言終日。庭指中庭。」按温公之言本此，而所謂中門者蓋外内之分，有門以限之，非鄭注所云者也。

「男子夜行」止「擁蔽其面」

《内則》：「男子入内，不嘯不指，夜行以燭，無燭則止。女子出門，必擁其面，夜行以燭，無燭則止。」鄭氏曰：「嘯，讀爲叱。叱，嫌有隱使也。擁，猶障也。」孔氏曰：「經言不嘯，與不指連文。指既指物，明嘯是叱人。若其常事，以言語處分，是顯使人也。如有奸私，恐人知聞，不以言語，但諷叱而已。故云嫌有隱使也。」陳氏曰：「嘯，謂蹙口出聲。指，謂用手指畫。不嘯不指，謂聲容有異，駭人視聽也。」劉氏曰：「無燭則止，行則涉於不明也。」按孔氏曰：「古者未有蠟燭，惟呼火炬爲燭，蓋束葦爲之。」又賈氏曰：「燭在門内曰庭燎。燎者以葦爲中心，以布纏之，飴蜜灌之，若今蠟燭。」然則雖無蠟燭，而亦權輿於此矣。

蓋頭

王氏曰：「按《唐會要》云：『唐初宫人著羃羅而全身障蔽，雖起自戎夷，王公之家亦用之。永徽之後惟戴皂羅，方五尺，亦曰幞頭。』即今之蓋頭也。」今按《喪服章》丘氏以爲凡三幅，長與身齊，則古制疑亦如此。

面帽

以紗冒面者，凡帽用紗。

繕

補葺也。

鈴下

蓋懸鈴以代傳呼，如翰苑之爲者。《晉・羊祜傳》：「鈴閣之下侍衛十數人。」《楊方傳》：「初爲郡鈴下威儀。」山谷《贈林爲之詩》：「爲之街南居，時通鈴下謁。」李白《猛虎行》：「昨日方爲宣城客，掣鈴交通二千石。」

蒼頭

《漢書・蕭望之傳》「蒼頭廬兒」注：「漢謂奴爲蒼頭者，服純黑以别於良人也。」鈴下蒼頭，蓋小豎通内外之令者。歐陽修賦所謂蒼頭、丫鬟是也。《周禮》亦有以童豎掌内外之通令。

尊長

按朱子《增損吕氏鄉約》云：「尊幼輩行，凡五等。曰尊者，謂長於己三十歲以上，在父行者。曰長者，謂長於己十歲以上，在兄行者。曰敵者，謂年上下不滿十歲者。長者爲稍長，少者爲稍少。曰少者，少於己十歲以下者。曰幼者，謂少於己三十歲以下者。」

「經再宿以上」止「從尊長之命」

按程子曰：「今人事生，以四拜爲再拜之禮者，中間有問安之事故也。」蓋經宿以上則再拜者，卑幼見尊長之禮然也。五宿以上四拜者，加問安一節。正至六拜者，比朔望加賀一節。朔望四拜者，特以朝望，故比平時加再拜。

冬至

獨言冬至者，文不具也。

臨時從宜

若西向則以南爲左，北爲右。北向則以西爲左，東爲右。東向則以北爲左，南爲右是也。

「丈夫處左」止「家長」

「共」字、「各」字皆指男女而言。按丘氏曰：「先設主人、主婦坐席於廳事正中。男女各就位，男左女右。男西上，女東上。主人之弟、弟媳並妹爲一行，子姪及其婦並女子爲一行，孫男、孫婦、孫女爲一行。俟主人、主婦坐定，皆拜。蓋朔望則四拜，正至則六拜。」

「畢長兄」止「以次拜」

「就主人諸弟中推其最長者一人，立主人右，其妻立主婦右，弟姪以下依前行次序立拜之。」

按丘說，「主人右」之「右」，當作「左」。「其妻」下恐當有「及姊」二字。

「訖各就列」止「同列共受之」

拜訖，諸弟、弟婦及妹各就列。男西上，女東上，皆南向，共受卑幼拜。丘氏曰：「拜訖，又以次推其長者出，就次拜之，如前儀。」按丘說與本儀不同，若宗族少者，如丘說可也。

「受拜訖先退後輩」止「之儀」

後輩指子姪及其婦并女子也，共受孫行之拜。丘氏曰：「推出長者拜遍，諸子姪輩行同者分班對立，男左女右，互相再拜。拜訖，諸孫行拜其諸父，如就次儀。其自相拜，如分班儀。」按丘說亦與本儀不同。至於分班相拜之說，本儀無之。今俱載之，以待好禮者，但諸弟妹行中亦當有之。

「寒暄」止「起居」

暄，暖也。謂叙寒暖之候，如冬寒春暄是也。起居，猶言動静，蓋先叙寒暖之候，而問動静安否也。以温公家書式言，則「孟春猶寒」是叙寒暄，「伏惟尊體起居萬福」是問起居。

「晨夜」止「安置」

謂丈夫唱喏，婦人萬福、安置。此不具，承上文也。

「若尊長」止「避煩也」

每人再拜，或至十。一則十，再拜所以煩也。

立而扶之

少俛首接之曰扶。此一節言接女壻、外甥、外孫之禮。

搊策

搊策二字，不見他書，亦恐是俗語。按小垂手揖之謂之扶。扶者，扶起人之義也。搊，以手拘執之意。策即扶策之義，謂以手拘執而扶策以起。蓋不敢安然受拜而辭之之義。此一節猶《小學》言長幼之序。

節序

如正至之類。

上壽

顔師古曰：「凡言爲壽者，謂進爵於尊者，而獻無疆之壽也。」如淳曰：「上酒爲壽，非大行酒也。」

盛服

見上《祠堂章》。

「先再拜」止「與卑幼皆再拜」

五福，《書·洪範》：「九，五福：一曰壽，二曰富，三曰康寧，四曰攸好德，五曰考終命。」丘氏曰：「是日行拜賀。禮訖，子弟修具畢。請家長夫婦並坐于中堂，諸卑幼皆盛服。序立，世爲一行，男左女右。再拜訖，子弟中最長者一人進立于家長之前，幼者一人執盞立於其左，一人執注立於其右。長者及二幼者俱跪，長者受盞，幼者執注。斟酒訖，二幼者起，長者舉手奉盞，祝曰：『伏願尊親履兹長至。正朝則改『長至』爲『歲端』，生朝則改云『對兹爲度』。備膺五福，保族宜家。』祝畢，家長受盞。飲訖，以盞授幼者，反其故處。長者俯伏，興，復位與卑幼俱四拜。」按本儀云「某官」，丘氏改云「尊親」。愚意有官則以尊親加某官，無則但云尊親可也。拜數，當從本儀再拜。

「家長命諸卑幼坐」止「還復就坐」

酢，《爾雅》云「報也」，既獻酢以報之。丘氏曰：「拜訖，侍者注酒于盞，授家長。家長命長者至前，親以酒授之。長者受酒，置于席端，再拜取酒，跪飲之。畢，興，長者命侍者以次酢，諸卑幼皆出位，跪飲。畢，執事者舉食卓入擺，列男席于外，女席于内。婦女辭拜，入内席。家長命諸卑幼坐，惟未冠及冠而未婚者，不得坐。諸卑幼俱拜而後坐，各就席，乃以次行酒，或三行，或五行。子弟迭起勸侑，隨宜。畢，各出席再拜，禮畢。」按丘説與本儀不同，然曲折詳細，情文備盡。故俱載于此，以待好禮者。此一節，家宴上壽之儀。

「必擇良家」止「亦類之」

良家，謂非醫巫、商賈、百工之家。按《内則》：「凡生子擇於諸母與可者，必求其寬裕、慈惠、温良、恭敬、慎而寡言者，使爲子師。」鄭氏曰：「諸母，衆妾也。可者，傅御之屬也。」朱子曰：「可，《列女傳》作阿，即所謂阿保也。《後漢書》有阿母。詳此經文，鄭作注時，字猶未誤也。」孔氏曰：「此雖人君養子之禮，其實亦兼大夫士也。」又按《内則》：「大夫之子有食母，士妻自養其子。」鄭氏云：「士賤，不敢使人也。食母即乳母也。」乳母，《儀禮》注，鄭氏曰：「養子者有他故，賤者代之慈己。」疏云：「慈母有疾病，或死，則使此賤者代之養子，故云乳母也。」程子曰：「買乳婢，多不得已。或不能自乳，必使人。然食己子而殺人之子，非道。必不得已，用二子乳養三子，足備他虞。」然則乳母固賤者爲之，而擇之誠如温公，慮之誠如程子，然後兩得其宜也。

「子能食飼之」止「訶禁之」

方氏曰：「教以右手，取其强而已。是男女之所同也。」吴氏曰：「取其便也。」今按强字，如賈疏所謂從其强之强，謂右强於左。自名者，教以自稱必以名也。恭敬，恭以容言，敬以心言。朱子曰：「恭見乎外，敬主乎中。」按《内則》：「子能食食，教以右手；能言，男唯女俞。」食食，上如字，下音嗣。鄭氏曰：「俞，然也。」吴氏曰：「唯，應之速。俞，應之緩。剛柔之義也。」

古有胎教

按《大戴禮》：「《青史氏記》：古者胎教之道，王后腹之七月而就宴室。太師持銅而御户左，太宰持升而御户右，升，賈誼《新書》作「斗」。太卜持蓍龜而御堂下，諸官皆以其職御於門内。比三月，若王后所求聲音非禮樂，則太師撫樂而稱不習；所求滋味者非正味，則太宰荷升不敢煎調，而曰不敢以待王大子。」又按《列女傳》：「古者婦人妊子，寢不側，坐不邊，立不蹕，不食邪味，割不正不食，席不正不坐，目不視邪色，耳不聽淫聲，夜則令瞽誦詩，道正事。如此則生子形容端正，才過人矣。」又曰：「太任者，文王之母，摯任氏之中女也，王季娶以爲妃。太任之性端一誠莊，惟德之行。及其娠文王，目不視惡色，耳不聽淫聲，口不出敖傲同。言。生文王而明聖，太任教以一而識百，卒爲周宗。君子謂太任爲能胎教。」吴氏曰：「列女猶言諸女，漢劉向采其事以爲傳。寢，卧也。側，側其身也。邊，偏其身也。蹕，當作跛，謂偏任一足於地也。

瞽，無目者，樂師也。詩，二南之詩。道，言也。」陳氏曰：「正事，事之合禮者，令瞽誦詩，以其精於聲也。」李氏曰：「人之有生，以天命之性言之，純粹至善，本無有異。以氣質之性言之，則不能無清濁美惡之殊。清乃智而濁乃愚，美乃賢而惡乃不肖。妊娠之初，感化之際，一寢一坐，一立一食，一視一聽，實清濁美惡之機括，智愚賢不肖之根柢也。爲人親者，其可忽慢而不敬畏哉。」吴氏曰：「摯，國名。任，姓也。端一，端正而純一。誠莊，誠實而莊嚴。蓋太任天性備此四德，故見於躬行者皆本於德性之自然。」今所引三條，《大戴記》則天子之事，《列女傳》首條通言胎教之事，「大任」以下則胎教之實事。今俱載于此者，欲人知教子之道上下一也。

舉以禮

如《内則》「子生，男子設弧於門左，女子設帨於門右」，「擇日見於父，父執子之右手，咳而名之。母遂左旋授師」等事。及《詩·斯干篇》「男子寢之床，衣之裳，弄之璋；女子寢之地，衣之裼，弄之瓦」是也。鄭氏曰：「弧者，示有事於武也。帨，事人之佩巾也。」方氏曰：「左者，天道所尊。右者，地道所尊。」朱子曰：「寢之以床，尊之也。衣之以裳，服之盛也。弄之以璋，尚其德也。裼，褓也。瓦，紡塼也。寢之以地，卑之也。衣之以裼，即其所用而無加也。弄之以瓦，習其所有事也。」

「孔子」止「如自然」

見《大戴禮·保傅篇》及賈誼疏。但《大戴》無「天」字，「如自然」作「之爲常」。貫、慣同。鄭氏曰：「言人之性本或有所不能，少教成之，若天性自然也。《周書》曰：『習之爲常，自氣血始。』」顔師古曰：「貫，亦習也。」

嬰孩

《釋名》：「人始生曰嬰。嬰，胸前也。投之胸前乳養，故曰嬰孩。」《說文》：「小兒笑聲也。」

毆

相擊曰毆。

殘忍

指父言。

悖逆

指子言。

杜漸

杜，塞也。事之由來曰漸。

「六歲」止「誦之」

按《内則》：「六歲教之數與方名。」按應邵〔二〕《風俗通》曰：「千生萬，萬生億，億生兆，兆生京，京生秭，秭生垓，垓生壤，壤生澗，澗生正，正生載。載，地不能載矣。」鄭氏曰：「方名，東西南北。」書字，書即是字。以著言曰書，以孳言曰字。《説文》：「書之言著，著於竹帛曰書。字之言孳，形聲相孳乳而生曰字。」《周禮·外史》：「達書名于四方。」書之一名爲一字，古者謂字爲名。蓋不可教以文義，故姑教字之意及模畫音聲也。工、功同。《漢書·景帝紀》：「錦繡纂組

〔二〕「邵」，抄本同，應作「劭」。

害女紅。」顔師古曰：「紅，讀曰功。」

「七歲」止「食無時」

按《内則》：「七年，男女不同席，不共食。」又曰：「孺子早寢晏起，唯所欲，食無時。」鄭氏曰：「蚤其别也。孺子，小子也，又後未成人者。後，疑復。」陳氏曰：「坐不同席，食不共器，教之有别也。始誦《孝經》《論語》，先之《孝經》，欲其立孝以爲之本。如朱子五歲始誦《孝經》，曰『若不如此，便不成人』是也。次及《論語》，欲其知操存之方。雖然嘗觀朱子之言曰：『某要人先讀《大學》以定其規模，次讀《論語》以立其根本。』又曰：『《大學》一篇，有等級次第，總作一處，易曉，宜先看。《論語》却實，但言語散見，初看亦難。』《大學》必十五歲以上成童所受，則《論語》又豈七歲小子所能領略者！其所以教之者，不過欲其觀聖人警教之嚴，及群弟子問難而策勵之意。以啓其純一未發之心，而起其嗜學向善之端而已。女子亦誦之，亦使知孝之爲本及操存之方。孺子，幼小之稱。食無時，唯所欲，不拘時也。」

「八歲出入」止「中門」

按《内則》：「八年，出入門户，及即席飲食，必後長者。始教之讓。」鄭氏曰：「示以廉耻。」陳氏曰：「耦曰門，奇曰户。」方氏曰：「出入門户，則欲其行之讓也。即席，則欲其坐之讓也。飲食，則欲其食之讓也。《尚書》者，載帝王政事之書。莊周所謂『書以道事』是也。欲其知男子事業之大，而有以自期也。」張子曰：「《尚書》難看，蓋難得胸臆如此之大。」朱子曰：「他書却有次第，《尚書》只合下便大。若不得大底心胸，如何看得。」謂之「尚書」者，漢孔氏曰：「以其上古之書也。」夏氏曰：「此上代之書爲後世所慕尚，故曰尚書。」唐孔氏曰：「尚字乃伏生所加也。尚訓爲上。」張子曰：「尚，奉上之義，如尚衣、尚食。」中門者，内外之限。《内則》：「女子十年不出。」鄭氏曰：「恒居内也。」陳氏曰：「常居閨門之内也。」按閨者，内之小門，則非但不出中門而已。

「九歲」止「義理」

《春秋》者，所以辨邪正、定名分之書。《穀梁》云：「《春秋》定天下之邪正。」莊周亦云「《春秋》以道名分」是也。欲其知是非邪正之分，而有以自厲也。司馬温公聞講《左氏春秋》大愛之是也。程子曰：「夫子作《春秋》，爲百王不易之大法。後世以史視《春秋》，謂褒善罰惡而已。至於經世之大法則不知也。」又曰：「《春秋》乃制事之權衡、揆道之模範也。」又曰：「聖人之用全在《春秋》。」又曰：「學《春秋》者，必優游涵泳，默識心通，然後能造其微也。」次及諸史，則亦有以知其得失也。始爲之講解，使曉義理者，以前使誦之略曉文義而已，至此方及義理也。

「女子」止「大意」

《列女傳》，漢劉向所編。《女戒》，班固女弟昭所作。按「戒」本傳作「誡」，蓋戒、誡通。

「古之賢女」止「非所宜也」

圖，圖書也。規畫曰圖，著述曰書。曹大家姓班氏，名昭，字惠姬，彪之女，固之妹，扶風曹世叔妻也。博學高才，世叔早卒，有節行法度。兄固著《漢書》，其八表及《天文志》未及竟而卒。和帝詔昭就東觀藏書閣踵而成之。帝數召入宮，令皇后諸貴人師事焉，號曰大家。時《漢書》始出，多未能通者，同郡馬融伏於閣下，從昭受讀。永初中，太皇后兄大將軍鄧騭以母憂上書乞身，太后不欲許，以問昭。昭上疏曰：「今四舅深執忠孝，引身自退，而以方垂未静，拒而不許。如後有毫毛加於今日，誠恐推讓之名不可再得。」太后從而許之。作《女誡》七篇。有助内訓，馬融善之，令妻女習焉。年七十卒，太后素服舉哀。按大家，《漢書》注：「家，讀曰姑。」《離騷經》「浞又貪夫厥家」，朱子注：「婦謂之家。家，叶音古胡反。」以作歌詩，伊川先生曰：「先妣侯夫人好文而不爲辭章，見世之婦女以文章筆札傳於人者，則深以爲非。」執俗樂，胡安定曰：「鄭衛音樂，導淫之具，以教女子，非所宜也。」按俗樂，世俗妖淫之樂也。真氏曰：「今世所用，大抵鄭衛之音，雜以夷狄之聲而已。」

「十歲男子出就外傅」止「文辭」

按《内則》：「十年，出就外傅，居宿於外，學書計，衣不帛襦袴，禮帥初，朝夕學幼儀，請肄簡諒。」鄭氏曰：「外傅，教學之師也。不用帛爲襦袴，爲太温傷陰氣也。禮帥初，遵習先日所爲也。肄，習也。諒，信也。請習簡，謂所書篇數也。請習信，謂應對之言也。」疏曰：「請，謂請於長者。肄，習也。簡，謂篇章簡策也。諒，信也，謂言語信實也。」方氏曰：「出就外傅，《曾子問》所謂『古者男子外有傅』是也。書，即《周官·保氏》所謂六書是也。計，即所謂九數是也。以數必計其多少，故又謂之計焉。自學書計以下，皆就外傅所學之事也。禮帥初，遵習先日所爲而不敢變也，慮其妄有所改爲故也。朝夕學幼儀者，至此乃可以責事長之禮故也。若昧爽而朝之類，則朝之所當學也。若日入而夕之類，則夕之所當學也。簡，策也。謂古先之事必書於策，必請而後習之者，則以不敢專故也。」輔氏曰：「朝夕學幼儀者，則至是不容有暇也。有暇則又請習簡諒也。詩欲其發好善惡惡之心，禮欲其知恭敬辭遜之節。」○按《内則》：「十三學樂誦詩，二十始學禮。」蓋樂有五聲十二律，更唱迭和以爲歌舞。八音之節則固非十歲稚齒所可能也。必待稍長至十三以上，然後教之。而詩者，樂歌之章也，所必相須。至於後世樂既缺亡，而所用以養性情之具，不過曰詩之教而已。則諷咏興起者，十歲之兒固已能之矣。矧乎詩之得力，貴在學者之初也。禮則有節文度數之詳，其經至於三百，其儀至於三千，則亦非童幼之所能盡也。朱子曰：「禮之小者，自爲童子而不可闕焉。至於成人，然後及其大者。」則如《内則》所謂十歲學幼儀，亦是禮也。

仁義禮智信

五者，人性之固有而得之有生之初者也。蓋天有陰陽五行，而氣以成其形，理以賦其性，故人之所禀有此五者。林隱程氏所謂禀木之秀而具愛之理，其端則惻隱之心；禀火之秀而具敬之理，其端則恭遜之心；禀金之秀而具宜之理，其端則羞惡之心；禀水之秀而具别之理，其端則是非之心；禀土之秀而具實之理，其端則誠實之心者是也。雖然，理本無不善，而氣質之清濁粹駁不齊，故有生而知之者鮮，知而全之者爲尤難。所以當純一未發之蒙，而爲之講解，使知也。

孟

孟子，名軻，字子輿，鄒人也，受業子思之門人。

荀

荀子，名況，時人相尊而號爲卿，趙人也。仕楚，終於蘭陵令。

楊子

名雄，字子雲，成都人。漢成帝時奏賦爲郎，給事黄門。王莽簒位，以耆舊拜爲大夫。

精要

精微而要切者。

禮記

指《小戴記》。按《漢書·儒林傳》：「漢興，魯高堂生傳《士禮》十七篇。授瑕丘蕭奮，蕭奮授東海孟卿，孟卿授同郡后蒼，后蒼授梁戴德延君、戴聖次君。德號大戴，聖號小戴。由是《禮》有大戴、小戴之學。」盧氏曰：「《周禮》《儀禮》皆周公所作，而《周禮》雖得之於河間獻王，時無有傳之者。武帝以爲末世瀆亂書，何休以爲六國陰謀之書，至于漢末乃行於世。惟《儀禮》之書漢初已行，故高堂生傳之蕭奮，奮傳之孟卿，卿傳之后蒼，蒼傳之戴德、戴聖。二戴日習《儀禮》而録《禮記》。」按《士禮》即《儀禮》也。朱子曰：「所謂《士禮》者，特略舉首篇以名之耳。」聖，德兄子也。《大戴禮》八十五篇，《小戴禮》四十九篇。

學記大學中庸樂記

皆《禮記》中篇名。程子曰：「《禮記》雖雜出於漢儒，然其間傳聖門緒餘及格言甚多。如《學記》之類，無可議者。」又曰：「《禮記》除《中庸》《大學》，唯《樂記》爲最近道。學者深思自得之。」按此數篇拈出精要者。

「異端」止「其志」

朱子曰：「異端，非聖人之道而別爲一端者。」胡氏曰：「楊子雲云非堯舜文王者爲他道，故凡非聖人之道者皆異端也。」程子曰：「佛氏之言比之楊墨尤爲近理，所以其害爲尤甚。學者當如淫聲美色以遠之，不爾則駸駸然入於其中矣。」○吴氏曰：「愚謂書之精要，今則莫過於文公《小學》《四書》，讀之精熟，然後讀六經以及子史諸書，則庶乎其不差矣。」按荀楊之學，程子以爲大駁。朱子以爲荀子全是申韓，楊子全是黄老。然則豈初學所宜讀。夫楊之比荀又特甚焉，而温公尊信雄書，故取之。朱子未及删定。要之，《家禮》未成之書故也。

觀書皆通始可學文辭

《内則》：「十有三年，學樂，誦詩，舞勺。成童，舞象，學射御。二十而冠，始學禮，可以衣裘帛，舞大夏，惇行孝悌。博學不教，内而不出。」鄭氏曰：「先學勺，後學象，文武之次也。成童，十五以上。」熊氏曰：「勺，籥也。籥，文舞也。成童，謂十五以上。舞象，謂用干戈之小舞也。以其年尚幼，故習文武之小舞也。」鄭氏曰：「大夏，樂之文武備者也。内而不出，謂人之謀慮也。」疏曰：「二十成人，血氣强盛，無慮損傷，故可以裘帛也。大夏是禹樂，禪代之後，干戈之前，文武具備，故二十習之也。博學不教者，唯須廣博學問，未可爲師教人。内而不出者，唯蘊蓄其德於内，未可出言爲人謀慮也。」朱子曰：「勺即酌也。以此詩爲節而舞也。」陳氏曰：「象，文王之舞，歌《維清》爲節也。内而不出，不自表見其能也。」周子曰：「文辭，藝也。道德，實也。篤其實而藝者書之，不知務道德而第以文辭爲能者，藝而已矣。」又曰：「聖人之道，入乎耳，存乎心，藴之爲德行，行之爲事業。彼以文辭而已者，陋矣。」然則所謂通而學文辭者，非獵取英華而發爲葩藻之謂也。

「女子」止「及女工之大者」

按《内則》：「女子十年不出，姆教婉娩聽從，執麻枲，治絲繭，織紝組紃，學女事以供衣服。觀於祭祀，納酒漿、籩豆、菹醢，禮相助奠。」鄭氏曰：「婉，謂言語也。娩之言媚，媚謂容貌也。紃，絛也。當及女時而知。」朱子曰：「納，謂奉而入之。」輔氏曰：「婉有委曲之意，娩有遲緩之意。」方氏曰：「聽謂有所受，從謂無所違。執麻枲，績事也。治絲繭，蠶事也。」陳氏曰：「姆，女師也。紝，繒帛之屬。組亦織也。紃，古人以置冠服縫中者。」按「婉娩聽從」以上，教以女德也。「共衣食」以上，教以女事，即女工之大者也。「觀於祭祀」以下，教以祭祀之禮也。

「女工」止「不必習也」

蠶桑，養蠶以桑，故曰蠶桑。織，《爾雅》：經緯相成曰織。績，《詩詁》「緝麻也」。裁，《説文》「制衣也」。縫，《説文》「以鍼紩衣也。」飲膳，注見上。纂，顔師古曰「赤組也」，《説文》「似組而赤」，《漢書》所謂「錦繡纂組害女工」是也。

「未冠笄者」止「酒食」

「男女未冠去聲笄者，雞初鳴，咸盥漱，櫛縱，拂髦，總角，衿纓，皆佩容臭。昧爽而朝，問何飲食矣。若已食則退，若未食則佐長者視具。」鄭氏曰：「總角，收髮結之。容臭，香物也，以纓佩之。爲迫尊者，給小使也。」疏曰：「女子笄乃著纓，此未笄而有纓者，以佩容臭與彼異也。臭爲芬芳，庾氏云臭物可以修飾形容，故曰容臭。」朱子曰：「注言佩容臭爲迫尊者，蓋爲恐身有穢氣觸尊者，故佩香物也。具，饌也。」陳氏曰：「總角，總聚其髮而結束之爲角，童子之飾也。」方氏曰：「男角女羈，此兼男女而止曰角者，舉男以該之也。不佩用而止佩臭者，示未能即事也。幼者於視膳之事未能專之，特可以佐助長者而已。」按冠指男，笄指女，祭祀則佐執酒食，所謂納酒漿、籩豆、菹醢是也。但彼獨指女而言，此則兼男女而言也。

「若既冠笄」止「不得復言童幼矣」

「未冠笄」以下一節，言教男女之道、成人之禮云者，冠禮。

「凡内外僕妾雞初鳴」止「各從其事以供百役」

按《内則》：「凡内外，雞初鳴，咸盥漱，衣服，斂枕簟，灑掃室堂及庭，布席，各從其事。」鄭氏曰：「斂枕簟者，不欲人見己褻者。簟，席之親身者也。」吴氏曰：「此内外婢僕之輩也。」陳氏曰：「斂枕簟者，古人枕席之具夜則設之，曉則斂之，不以私褻之用示人也。席，坐席也。」方氏曰：「布席所以待尊者之行事。各從其事，若女服事于内，男服事于外之類是矣。」按吴説以爲婢僕，今考《内則》文，則連下「孺子蚤寢晏起」之文。此孺子恐非婢僕之子，然則非但指婢僕，合言一家卑幼男女，而婢僕亦當如是也。僕，《説文》：「給事者。」男曰僕，女曰妾。又男女之通稱。妾，鄭氏曰：「妾之言接也。聞彼有禮，走而往焉，以得接見於君子。」許慎曰：「有罪女子，給事之得接見於君者。」陰氏曰：「禮，奔則爲妾，不待父母之命，是亦有罪也。」按古者男女有罪而不入於刑者，則没爲奴婢而僕使之，故許氏云然。

灑掃灑水於地，從以箒掃之也。

庭外庭門之内，廳事之前也。

中庭中門之内，内寢之前也。

堂即内寢。

拂拭也。

牀卧牀也。

疊摺也。

閒去聲，隙也。下同。

浣澣同。

紉以線貫針曰紉。

姨母之姊妹曰姨。

雍睦和親也。

杖搖也。

忠信可任以德言。

能幹家事以才言。

背音佩。

資資裝也。

間隔也。

骨肉骨肉謂親屬，言相親附，猶骨之於肉。

放蕩不拘檢也。

家禮考證卷之四

冠禮

冠

《禮》注，孔氏穎達曰冠之所起：「按《略説》云『古人冒而勾領』，注云『謂三皇時以冒覆頭，勾領繞頸』。《世本》云『黄帝造旒冕』。蓋前此以羽皮爲冠，至是乃用布也。」又按《後漢·輿服志》：「聖人見鳥獸有冠角髯胡之制，乃作冠冕纓蕤，以爲首飾。」

大功未葬亦不可行

按《曾子問篇》：「曾子問曰：『將冠子，冠者至，揖讓而入，聞齊衰、大功之喪，如之何？』孔子曰：『内喪則廢，外喪則冠而不醴，徹饌而掃，即位而哭。如冠者未至，則廢。如將冠子而未及期日，而有齊衰、大功、小功之喪，則因喪服而冠。』」注：「冠者，賓與贊禮之人也。大門内之喪則廢而不行，吉凶不可同處也。大門外之喪則喪在他處，可以加冠。徹饌而掃者，徹去所設醴及饌具，而掃除加冠之位，使净潔更新，乃爲位而哭也。因喪服而冠者，因著喪之成服而加喪冠，除喪不更行吉冠之禮。因喪服而冠，謂齊衰以下，斬衰則不可。」○《禮記·雜記》：「以喪冠者，雖三年之喪可也。既冠於次，入哭踴三者三，乃出。」疏：「每哭一節而三踴，如此者三，凡爲九踴。非其冠月，必待變除卒哭而冠。蓋冠必用二月，假令正月遭喪，則二月不得因喪而冠，必待變除受服之節，乃可冠矣。」「大功之末，可以冠子，可以嫁子，可以取婦。已雖小功，既卒哭，可以冠，取妻。下殤之小功則不可。」「末謂卒哭。下殤小功，齊衰之親，除喪而後可爲也。」司馬公曰：「因喪而冠，恐於今難行。」按陳氏之説則三年之喪謂齊衰三年也。

古禮筮日

《儀禮·冠禮》：「筮于廟門。」注：「筮者以蓍問日吉凶於《易》也。冠必筮日於廟門者，重以成人之禮成子孫也。」疏：「不筮月者，《夏小正》曰：『二月綏多士女，冠子娶妻時也。』既有常月，故不筮也。」○按此則古人二月冠子，而今《家禮》用正月者，疑取首月之義也。

戒賓

《儀禮》注：「戒，警也，告也。賓，主人之僚友也。」

古禮筮賓

《儀禮》：「前期三日，筮賓，如求日之儀。」注：「前期三日，空二日也。筮賓，筮其可使冠子者，賢者恒吉。筮日、筮賓，所以敬冠事也。」疏：「前所戒賓之中，筮取吉者爲加冠之正賓也。」朱子曰：「前已廣戒衆賓，此又擇其賢者，筮之吉則宿之以爲正賓，不吉則仍爲衆賓，不嫌於預戒也。蓋先戒後筮。」

加冠

《儀禮》作「加布」，注：「謂初加緇布冠也。」

吾子

《儀禮》注：「吾子，相親之辭。吾，我也。子，男子之美稱。」疏：「古者稱師曰子。《公羊傳》云『名不若字，字不若子』。」

以病

《儀禮》注：「病猶辱也。」

宿賓

《儀禮》注：「宿，進也。非正賓不宿。」《少牢禮》注：「宿之爲言肅也。肅，進也。」按《儀禮》「主人宿賓」，今《家禮》遣子弟者以從簡。

莅之

《儀禮》注：「莅，臨也。」

帟幕

《周禮》：「幕人掌帷、幕、幄、帟、綬之事。」注，鄭氏曰：「在旁曰帷，在上曰幕，四合象宫室曰幄。帷幕皆以布爲之。帟，鄭司農云『平帳也』，玄謂帟，幄中坐上承塵也，皆以繒爲之。」《禮》注：「帟，幕之小者。」

堊

白土也。丘氏《儀節》用石灰。○按丘氏以戒賓辭作書，其説曰「按《家禮》戒賓辭乃《儀禮》本文。語意簡奥，非今世所宜。又按《書儀》『使者不能記其辭，則爲書如儀中之辭，後云某上一辭爲一紙，使者以次達之賓，答亦然』。今檃括其辭爲書」云云。又作宿賓書，并見《儀節》。

士冠禮

《儀禮》篇名。

「設洗直」止「水在帨東」

注：「洗，承盥洗者，棄水器也。士用鐵，大夫用銅，諸侯用白銀，天子用黄金。榮，屋翼也。水器尊卑皆用金罍，而大小異。」疏：「屋翼即今之搏風也，在屋棟兩頭。云榮者，與屋爲榮飾。言翼者，與屋爲翅翼

也。謂如鳥之有翼也。南北以堂深者，堂深謂從堂廉北至房屋之壁，堂下洗北去堂遠近深淺，取於堂上深淺。假令堂深二丈，洗亦去堂二丈，以此爲度。」

罍洗

《儀禮》注：「設水用罍，沃盥用枓。」《鄉飲酒義》：「洗在阼，水在洗東，祖天地之左海也。設洗於東，榮必在東者，示主人以此自潔而事賓也。」罍，《詩傳》：「酒器，刻爲雲雷之象，以黄金飾之。」按罍有二。一酒器，一盥器，皆畫爲雲雷之象。酒則取其陽氣發達，盥則取其雷震之威，以起敬也。

「分其中央」止「西者爲賓階」

即上文以至畫分者。

東北爲房

即禮東房西室之制，鄭氏所謂士無西房者。

冠義

《禮記》篇名。

「公服」止「大帶履」

注見上。

櫛纚掠

丘氏曰：「櫛是梳子，頭纚是總。《禮》注所謂『裂練繒以束髮』是也。掠頭，今無其制。考《喪禮篇》解免字，謂『裂布或縫絹廣寸，自項向前交於額上，却繞髻後如著掠頭』，則其制亦可以意推矣。今皆不用，擬以時制網巾代之。」○按丘説缺「垂餘於髻後以爲飾」八字，掠頭即掠頭編子。

東領北上

疏：「喪禮服，或西領，或南領。此東領者，嘉禮異於凶禮也。冠時先用皁服，北上便也。」

冠

緇布冠。

巾

幅巾。

帕

帊，同今之袱也。

一人守之

禮，三人各執其一。今一人守之，從簡也。

「長子」止「南向」

《儀禮》注：「庶子不於阼階，非代也。不醮於客位，成而不尊。」疏：「《記》云『適子冠於阼，以著代也』，明庶子不於阼，非代故也。又《記》云『醮於客位，加有成也』，是適子於客位，成而尊之，庶子成而不尊，故因冠之處遂醮焉。」少北者，主人之位在東序端，避主人也。著代者，父老則傳之子，所以著其傳付之意也。

儐

亦作「擯」。出接賓曰擯，入詔禮曰相，儐相一也。因事而異其名也，蓋贊主人之禮者。

紒

髻同。丘氏曰：「《書儀》注『童子髻似刀環』，疑是作兩圓圈子也。」

四䙆衫

丘氏曰：「不知其制。考《玉篇》《廣韵》等書，并無䙆字。惟《車服志》史炤釋文曰：『䙆音睽桂反。衣裾分也。』李廌《師友談記》有云：『國朝面賜緋即四䙆義襴衫。』《事物紀原》『衫』下注云：『有缺骻衫，庶人服之，即今四袴衫也。』《事物紀原》，宋高承作，所謂今者指宋時言也。

豈四袴衫即此四䙆耶？又按《書儀》，始加，適房服四䙆衫，無四䙆衫即服衫，則是四䙆衫亦可無也。況此服非古制，殊非深衣之比，隨時不用可也。」

勒帛采屐

丘氏曰：「《書儀》無采屐，而於『勒帛』下有『素』字。自注云：『幼時多躡[一]采，將冠可以素。』謂之躡，意勒帛乃用以裹足者也。屐是木履，今云采屐，疑是以采帛代木爲之。謂之勒帛采屐，似是以帛裹足納屐中也。此蓋當時童子服，今不必深泥，便隨時用。童子所常服者，代之似亦無害。」

「賓自擇」止「贊冠者」

《儀禮》注：「佐賓爲冠事者。」按禮，主人親宿贊冠者，此云賓自擇子弟習禮者爲之，蓋亦從簡。

[一]「躡」，原作「攝」，抄本同，據四庫本《書儀》改。

「入門」止「至階」

按禮，入門每曲揖。曲者，指堂塗之曲處。入廟門分路處有曲，主東行，賓西行，各分背時一揖。既行而北向處又有曲，轉向北面，與賓相見。故又揖碑者，庭中之大節，故當碑又揖。此所以三揖而至階，今但曰「揖讓而至階」者，恐或立文太簡而然歟？

筵于東序少北西面

《儀禮》注：「筵，席也。」疏：「敷陳曰筵，籍之曰席。然散言則筵席通矣。」此即長子冠位，《記》所謂「冠於阼」者。

「吉月」止「景福」

吉、令皆善也。元，首也。既冠爲成德。祺，祥也。介、景皆大也。因冠而戒，且勸之也。

「棄爾」止「成德」

戒也。

勸也。○丘氏曰：「按《記》：『孟懿子問：「始冠必加緇布之冠，何也？」孔子曰：「示不忘古，冠而弊之可也。」』今亦拂時而難服，冠畢而藏之，亦恐其可也。」

「壽考」止「景福」

「帽子」止「繫鞋」

按丘氏以時様帽子、直領衣、絲條、布鞋或皮鞋代之。其説曰：「所謂帽子、皂衫者，其制不可考。惟文公《語録》有云『前輩士大夫家居常服紗帽、皂衫、革帶』，又云『温公冠禮先裹巾，次裹帽』，又云『今來帽子做得恁地高硬，既不便於從事，又且費錢。皂衫更費重。向疑其必廢，今果人罕用也』。由是數言推之，則帽子必是以紗爲之。温公時猶以軟幅裹頭，至文公時始爲高硬之制，後帽、皂衫俱不用於世也。然此亦非古服，乃是一時之制。在當時已不用，今不用之亦可。故擬代以時制，但今世所戴帽子有二等。所謂大帽者，乃是笠子，用以蔽雨日之具，是決不可用。惟所謂小帽者，以皴紗或羅或段爲之。此雖似褻服，然今世之人通貴賤以爲燕居常服。今世除此二帽之外，别無他帽。必不得已，用以再加。其紗制似亦可用。」○按初加用履，再加用鞋。今考訓義，兩字皆通釋，恐其制未必相遠也。然而其用有初加、再加之異者，蓋履無系而鞋有系。則疑有綦有絇以寓戒之之意，故爲重也。又按「綦屨」注，朱子曰：「綦，鞋口帶也。」是屨即鞋也。頃年島夷之變，天朝遣兵來救。觀其所著帽子，如國俗所謂笠子者，謂之大帽子。有桶頂，無檐，如國俗所著在笠子裏者，謂之小帽子。皆以毛爲之。以此推之，則丘説可知。

「吉月」止「胡福」

《禮》注：「辰，子丑也。申，重也。胡，猶遐也，遠也。」丘氏曰「舊本作胡，今本作遐，誤。故改之」云。按《儀節》有「贊者徹巾冠」一節。

「幞頭」止「納靴」

按丘氏以爲生員者儒巾、襴衫、皂絲縧、皂靴，餘人平定巾、盤領袍、絲縧、皂靴。其説曰：「按此三加用幞頭公服，而温公《書儀》亦云幞頭、靴、笏。則是幞頭在宋時上下通服也。今惟有官者得用幞頭，而襴衫專爲生員之服。且世未有既官而後冠者，其幞頭、公服、革帶、靴、笏不可用，故擬代以時制如此云。」〇按宋時朝官或郊祀覃恩，或遺表恩澤子孫，雖在襁褓而得以授官，故有既官而冠者。今丘説如此，則是今聖朝無此恩例也。

「以歲」止「之慶」

《禮》注：「正，猶善也。黄，黄髮也。耇，凍梨也。皆壽徵也。」疏：「其面如凍梨之色。」

乃醮

《禮》：「若不醴，則醮用酒。」注：「謂國有舊俗可行，聖人用焉不改者也。酌而無酬酢曰醮。」疏：「用醴，周法也。醮用酒，夏殷法也。醴亦無酬酢而不名醮者，但醴太古之物，自然質無酬酢。此醮用酒，酒本有酬酢，故無酬酢得名醮也。盡爵曰醮，取醮盡之義。」○朱子曰：「國有舊俗，謂當時國俗不同有如此者，非謂夏殷也。恐疏義非。」○如魯人之祔合之非周禮，而孔子善之。

「長子」止「少西南向」

所謂「醮於客位，加有成也」。

「旨酒」止「不忘」

《禮》注：「嘉，善也。嘉薦，謂脯醢芬香也。不忘，長有令名。」

賓復位東向答拜

《禮》注：「冠者南向拜，賓東向拜者，明成人與爲禮，異於答主人。」疏：「『東面』止『異於答主人』者，按《鄉飲酒》《鄉射禮》，賓於西階，北面答主人拜。今此以西階東面拜，故云異於答主人。」○按凡拜在門外，則賓主東西相向；拜在堂上，則賓主皆北面拜。○丘氏補「薦脯醢」一節，其説曰：「按《家禮》本《書儀》，略去《儀禮》『薦脯醢』一節。然温公以人家無醴，既改『甘醴惟厚』作『旨酒既清』矣。而下文『嘉薦令芳』，古注謂『脯醢芳』也，若去脯醢一節，則是此一句爲虚説矣。故今補入，若從簡省，不用亦可。」

「進席前」止「跪啐酒」

《禮》注：「啐，嘗也。」疏：「入口爲嘗。」按《鄉飲酒義》：「啐酒於席末，言是席之正，非專爲飲食，爲行禮也，所以貴禮而賤財也。」疏：「於席末，謂席西頭也。若此席專爲飲食，應於席中啐酒。今乃席末啐酒，此席之設本不爲飲食，是主人敬重於賓而設席耳。祭薦、祭酒、嚌肺，敬主人之物，故在席中。啐酒入於己，故在席末也。於席上祭薦、祭酒，是貴禮。席末啐酒，是賤財也。」○按禮，席南向北向者，以西爲上。然鄉飲酒禮，賓南向而以西爲下者，注以爲統於主人也。是則醮子之席，雖曰南向，而當以西爲下也。禮，升由下，降由上。冠者就席，右再拜，升席受盞，是升由下也。席前者以向背言也，席末者以上下言也。知然者，《鄉飲酒禮》主人「自席前適阼階」，注：「啐酒席末，因從席北頭降，由便也。」西向東向之席，以南爲上，則北爲下。是席末者指下也。

古者用醴或用酒

古者用醴，用酒，非有異義也。聖人制禮，亦或因俗而不改故也。

「醴則」止「二醮」

疏：「醴重而醮輕。醴是古之酒，故爲重。醮用酒，後代之法，故爲輕。所以三加之後，總一醴之。每一加而行，爲一醴也。今謂一獻者，總一醴之。三醮者，一加一醮。」

「今私家」止「代之」

謂今用醴禮而無醴，故以酒代用。酒宜三醮而但用一獻，所以從簡。

賓字冠者

《禮》："冠而字之，敬其名也。"注："名者質，所受於父母；冠成人，益文，故敬之。"疏："《内則》：子生三月，父名之。今云受於父母者，夫婦一體，受父即是受於母，故兼言也。名者，受於父母爲質；字者，受於賓爲文。故君父之前稱名，至於他人稱字，是字敬其名也。"

"爰字孔嘉"止"伯某甫"

《禮》注："爰，於也。髦，後也。于，猶爲也。甫者，丈夫之美稱，或作父。"朱子曰："甫，美稱，助辭也。"

"賓或别作"止"之意"

如屏山劉先生作朱子字辭是也。〇《儀節》補"冠者拜賓不答"一節，按《儀禮》本無冠者再拜之文。故《家禮》從之，恐不可添補。

出就次

《禮》注：「次，門外更衣處，以帷幕簟席爲之。」疏：「帷幕皆以布爲之，士卑，或以簟席爲之。」

應答拜者答

謂兄弟姊嫂也。

見於母母拜之

《禮》：「冠者北面見于母，母拜。句。受子拜，句。送，句。母又拜。」注：「婦人於丈夫，雖其子，猶俠拜也。」朱子曰：「重成人也。」

見於兄弟

《禮》：「見於兄弟，兄弟再拜，冠者答拜。」疏：「兄弟先拜。」

今則難行

謂母拜子，兄先拜弟之禮，不可行也。朱子曰：「冠者見母與兄弟，而母與兄弟皆先拜，此一節亦差異。昏禮亦然。婦始見舅姑，舅姑亦拜。」

「一獻者」止「禮成」

主人進酒於賓曰獻。獻，進也。賓卒爵，又自酌以答主人曰酢。酢，報也。主人既卒酢爵，又酌自飲卒爵，復酌進賓，猶今俗人勸酒。蓋欲以勸賓而先自飲以導之，故曰：「酬，勸酒也。」又曰：「導飲也。」此所以賓主人各兩爵而禮成也。見《疏義》。

酬賓

《禮》注：「飲賓客而從之以財貨曰酬，所以申暢厚意也。」

十端

十端即五兩，一兩即一匹，四十尺。每匹從兩端卷至中，則五匹爲五個兩卷子矣。每卷二丈謂之匹，指匹偶之云也。束帛十端，禮之通例。凡言束者皆以十爲數。十個爲束，貴成數也。見《疏義》。

儷皮

按禮有幣則有庭實。束帛，帶也。儷皮，庭實也。國君朝聘用虎豹之皮，君於臣，臣於君，及卿大夫以下交際皆用麋鹿之皮。如聘禮私覿，使用乘馬，介用儷皮。又使問卿用乘皮，介面卿用儷皮。是儷皮，庭實之輕者。

贊者皆與

《禮》注：「贊者，衆賓也。皆與，亦飲酒爲衆賓也。」

「介賓之輔」止「其次爲介」

「鄉飲酒禮，賢者爲賓，其次爲介，又其次爲衆賓。彼據將貢以爲優劣之次。此雖不貢，以飲酒之禮立賓主，亦以優劣立介以輔也。『以贊爲之，尊之也』者，謂賓之贊冠者。故遣以爲介，所以尊之也。」

歸賓俎

《禮》注：「一獻之禮，有薦，有俎，其牲未聞。使人歸諸賓家也。薦脯醢。」丘氏曰：「有俎，則是古人用牲矣。今擬富家用之亦可，貧無力者，不用可也。」

笄

《説文》：「女子許嫁，笄。笄，簪也。」其端刻雞形。

雖未許嫁亦笄

《雜記》：「雖未許嫁，年二十而笄，禮之。婦人執其禮。」注：「朱子曰：『許嫁笄，則主婦當戒外姻爲女賓，使之著笄而遂禮之。未許嫁笄，則不戒女賓，而自以家之諸婦行笄禮也。』」陳氏曰：「婦人執其禮，無禮賓，不備儀也。」〇今按《家禮》，年十五，則未許嫁亦笄也。

如上儀

指「於中堂」三字。

親姻

親謂己之親，姻謂夫之親。《爾雅》：「婿之黨爲姻兄弟。」

屬

或姑或姊之類。

黨

如丘氏所稱「辱交某氏」「啓某氏」「某封」者是也。

冠笄

今按笄禮而曰「冠笄」，婦人不冠，不知冠字何義？或曰冠如冠禮之冠，謂所冠之笄，然文義未穩。愚謂婦人亦首有所著者如副次，謂之冠。蓋冠而笄之也。婦人冠子之説已見上。

雙紒

按《内則》：「男角女羈。」注：「夾囟曰角，午達曰羈。」此謂子生三月剪髮爲鬌者。《詩·氓篇》：「總角之宴。」疏，孔氏曰：「總角，結其髮爲兩角也。」然則既長而髺，男女皆作雙髺歟！

魯襄公十二而冠

《左傳·襄公九年》：「十二月，晉悼公伐鄭而還，公送晉侯。晉侯問公年，季武子對曰云云。晉侯曰：『十二年矣，是謂一終，一星終也。國君十五而生子。冠而生子，禮也。君可以冠矣。』公還，及衛，冠于成公之廟，禮也。」

家禮考證卷之五

昏禮

鄭氏曰：「士娶妻之禮，以昏爲期，因而名焉。必以昏者，陽往而陰來，日入三商爲昏。」疏：「三商者，商謂商量，是漏刻之名。譙周曰：『太昊制嫁娶以儷皮爲禮，是昏禮所起也。』」朱子曰：「今按《周禮·媒氏》：『凡男女自成名以上，皆書年月日名焉。令男三十而娶，女二十而嫁。』而又按孔子曰：『霜降逆女，冰泮殺止。』《媒氏》又言『仲春之月，令會男女』。此昏禮之大期也。《左傳》云『國君十五而生子』，是人君早娶，所以重繼嗣也。」○又按孔子曰：「群生閉藏乎陰而爲化育之始。故聖人因時而合偶，霜降而嫁娶行焉，冰泮而昏禮殺止。」

議昏

「男三十而娶」止「而嫁」

《家語》：「哀公問於孔子曰：『禮，男必三十而有室，女必二十而有夫，豈不晚哉？』孔子曰：『夫禮言其極也，不是過也。男子二十而冠，有爲人父之端。女子十五許嫁，有適人之理。於此而往，則爲昏矣。』」又按《説苑》：「管子曰：『丈夫二十而室，女子十五而嫁。』」

今令文

指當時法令之文。

今爲此説

指男子年十六至三十，女子年十四至二十之説。

「大功未葬」止「主昏」

按《曾子問篇》：「曾子問曰：『婿親迎，女未至，而有齊衰、大功之喪，則如之何？』孔子曰：『男不入，改服於外次。女入，改服於內次。然後即位而哭。』」注：「不聞喪即改服者，昏禮重於齊衰以下。」疏：「男謂婿也。不入大門，改其親迎之服，服深衣於門外之次。女謂婦也。入大門，改其嫁服，亦服深衣於門內之次。然後就喪位而哭，謂於婿室。皇氏以爲就喪家也。然曾子不問小功者，《雜記》曰：『小功可以冠子，娶婦。』明小功輕，不廢昏禮。待昏禮畢，乃哭也。若女家齊衰、大功之喪，皇氏曰：『女不反歸，其改服即位，與男家親同也。』此謂在塗聞齊衰、大功廢昏禮。若婦已揖遜入門，內喪則廢，外喪則行昏禮，約上冠禮之文，然昏禮重於冠，故《雜記》云大功之末可以冠子，小功之末可以娶妻也。」曾子又問曰：「除喪則不復昏禮乎？」孔子曰：「祭，過時不祭，禮也。又何反於初？」疏：「曾子以初昏遭喪，不得成禮。除喪之後，不可更爲昏禮乎？過時不祭，謂四時常祭也。謂祭重而昏輕，重者過時尚廢，輕者不復可知。」陳氏曰：「禘祫大祭，過時猶追也。」

「但宗子自昏」止「之長而主」

《禮》：「宗子無父，母命之。親皆没，己躬命之。」注：「命之，命使〔二〕者。母命之，在《春秋》『紀裂繻來逆女』是也。躬，猶親也。親命之，則『宋公使公孫壽來納幣』是也。宗子有有父者，禮，七十老而傳，八十齊喪之事不及。若是者，子代其父爲宗子，其娶也父命之。」疏：「命使者，謂納采以下至請期五者之使者也。《公羊傳》曰：『裂繻，紀大夫。何以不稱使？昏禮不稱主人。』何休曰：『爲養廉遠耻也。』又曰：『然則曷稱？稱諸父兄師友。宋公使公孫壽來納幣，則其稱主人何？辭窮也。辭窮者何？無母也。』何休又曰：『禮，有母，母當命。諸父兄師友稱諸父兄師友以行。宋公無母，莫使命之，辭窮，故自命之。自命之，則不得不稱使。』又曰：『然則紀有母乎？曰有。有則何以不稱母？母不通也。』休注又曰：『禮，婦人無外事，但得命諸父兄師友以行耳。母命不得達，故不得稱母通使文，所以遠别也。』此注之文似母親命，蓋略言之也。其實，但使子之父兄師友命之也。」《禮》又云：「支子則稱其宗，弟則稱其兄。」注：「支子，庶昆弟也。稱其宗子命使者。」疏：「謂命使者，當稱宗子以命之。以大小宗皆然也。弟則稱其兄者，弟，宗子母弟也。」○李孝述問曰：「孝述議親十年，轉展牽制，尚未成畢。老母欲令今冬

〔二〕「使」，原作「侍」，抄本同，據四庫本《儀禮注疏》改。

畢親，但先兄几筵未徹，老母乃齊衰三年之服，復有妨礙。然主昏却是叔父，欲姑從鄉俗就親，不知可否？若就畢挈婦，凡百從殺，衣服皆從淡素，不知可否？」朱子曰：「若叔父主昏，即可娶婦無嫌，禮律皆可考也。但母在而叔父主昏，恐亦未安。可更詳考。」孝述又問曰：「按禮，婿將親迎，父醮而命之。今孝述父兄俱沒，上有母在，旁尊有叔父。不知往迎之時，當受母命耶？爲復受叔父之命耶？」朱子曰：「當受命於母。然母既有服，又似難行。記得《春秋》隱二年《公羊傳》有母命其諸父兄，而諸父兄以命使者之説。恐可檢看。爲叔父稱母之命以命之否？更詳之，更以上條並考之。」孝述又問曰：「按禮，婦盥，饋舅姑。若舅已沒，不知可以叔父受盥饋禮否？」朱子曰：「叔父無盥饋之文。蓋與姑受禮，禮相妨也。母若有服，則亦難行此禮。要是本領未正，百事俱礙耳。」○按所問三條，先生皆無判語者，蓋母方有服則不可命諸父兄，而父兄亦不敢自主之也。至於盥饋之禮，尤非父兄所敢當也。○又按禮文曲折如此，而國俗妄行無據，世亦無覺其非者。故詳録于此，使有所考云。

昏姻

「男曰昏，女曰姻者，義取婿昏時而往娶，女則因之而來。及其親則女氏稱昏，男氏稱姻，義取送女者昏時往，男家因得見之故也。」

先察其婿與婦之性行

程子曰：「人多慎於擇婿，而忽於擇婦。其實，婿易見，婦難知，所繫甚重，豈可忽哉！」

指腹爲婚

兩家方孕子而預約，或生男生女，則當與爲昏也。

先祖太尉

按温公世系，公曾祖名政，長子曰炳。炳二子浩、沂，沂生里，里生完，完生林。次子曰炫，炫生池，池生光。又按温公《葬説》云「昔者吾諸祖之葬也，家甚貧，不能具棺槨。自太尉公以下始有棺槨」云云。則先祖太尉云者，疑指政而言也。

納采

《禮》："昏禮，凡行事必用昏昕。"注："用昕使者，用昏婿也。"疏："納采、問名、納吉、納幣、請期五者皆用昕。昕即明之始。君子舉事尚早，故用朝朝也。昏，親迎時也。"又《禮》注："昏必由媒交接設紹介，皆所以養廉恥也。"疏："昏禮必媒以通言，使使往來，皆所以養成男女，使有廉恥也。"○丘氏曰："禮，納采用雁，而《書儀》亦同：『使者盛服摯雁。』《家禮》削去不用，從簡也。"朝也之朝，本字日下一。

夙興奉以告祠堂

丘氏曰："陳設如常儀，用盤子盛書，置香案上。"

伉儷

伉，對也。儷，偶也。

乃使子弟爲使者

丘氏曰：「按《儀禮》用賓，而《家禮》本温公《書儀》用子弟爲使者。恐與女氏主人非敵，難於行禮。今擬兩家通往來者一人，如世俗所謂保親者，用以代賓。」

主人出見使者

《禮》：「主人迎于門外，再拜，賓不答拜。」注：「不答拜者，奉使不敢當其盛禮也。」

「吾子有惠」止「請納采」

《禮》注：「貺，賜也。室，猶妻。某也之某，婿名也。使某之某，使者名也。」今按「某之」之「某」，亦使者名也。

吾子命之

《禮》注：「吾子謂使者。」

「遂奉書」止「祠堂」

丘氏《儀節》曰：「使者至女家門外，媒氏先入，告于主人。執事者陳禮物于大門内，用盤子盛書函置卓子上。及使者升堂，執事者舉書案于廳上，禮物陳庭中，有幣帛則以置階前卓子上。主人受書以授執事者，北向再拜，以盤盛之置香案上，禮物陳案前或庭中。後倣此。」○今按丘説則納采亦有幣物也。詳見《儀節》。

主人出迎使者升堂

前既升堂，以書授主人。禮畢，出就次，故復迎升堂。

納幣　問名

《禮》：「賓執雁，請問名，其辭云：『某既受命，將加諸卜。敢請女爲誰氏。』」注：「誰氏者，謙也，不必其主人之女也。」疏：「問名者，問女之姓氏，不問三月之名。名有二種。一者是名字之名，三月之名是也。一者是名號之名，若以姓氏爲名是也。」婦人不可名行，故不問三月之名也。

謙不敢必其主人之女者，或是所收養外人之女也。此一使兼行納采、問名，二事相因也。

納吉

《禮》：「納吉用雁，如納采禮，其辭曰：『吾子有貺，命某加諸卜，占曰吉，使某也敢告。』」「貺命，謂許以女名也。某加之某，婿父名也。」問：「納吉若卜不吉，則如何？」朱子曰：「便休也。」○按丘氏曰：「按古有六禮，《家禮》略去問名、納吉、請期，止用納采、納幣、親迎，以從簡省。今擬以問名併入納采，而以納吉、請期併入納幣，以備六禮之目。然惟於書辭之間略及其名而已，其實無所增益也。」詳見丘氏《儀節》。

「幣用色繒」止「多不踰十」

《禮》：「納徵，玄纁束帛、儷皮，如納吉禮。」注：「徵，成也。使使者納幣以成昏禮。用玄纁者，象陰陽備也。束帛，十端也。《周禮》曰：『凡嫁子娶妻，入幣，純即緇字。帛無過五兩。』儷，兩也。執束帛以致命，兩皮爲庭實。皮，鹿皮也。」疏：「此納徵無雁者，以有束帛爲贄故也。納此則昏禮成，故云徵也。『用玄纁者，象陰陽備也，束帛，十端也』者，鄭注《周禮》曰：『納幣用緇，婦人陰也。凡於娶禮必用其類也。五兩，十端也。必言兩者，欲得其配合之名。十者，象五行十日相成也。士大夫乃以玄纁束帛，天子加以穀圭，諸侯加以大璋。』《雜記》：『納幣一束。束，五兩。兩，五尋。』然則每端二丈。彼據庶人但用緇色，無纁，故云用緇。婦人陰，此玄纁俱有，故云象陰陽備也。玄纁束帛者，合言之則陽奇而陰偶，三玄而二纁也。」又按《周禮》疏：「則五兩十端者，二端相向卷之，共爲一兩。五兩故十端也。十者象五行十日相成者，五行各有二日，東方木爲甲乙，南方火爲丙丁，中央土爲戊己，西方金爲庚辛，北方水爲壬癸，是十日。言相成者，木八爲金九妻，火七爲水六妻，土十爲木八妻，金九爲火七妻，水六爲土十妻。所剋者爲妻。是夫妻相成之數也。尋，八尺。則一兩四十尺。五兩，四五二十，總二百尺，故云『然則每端二丈』。若餘行禮，則用制幣丈八尺，取儉易供此昏禮。每端二丈，取誠實之義，故取二丈整數爲之也。」《雜記》「納幣」注：「十個爲束，貴成數。」制幣，《周禮》「純制」注，鄭氏謂「純制，《天子巡狩禮》所云制幣丈八尺、純三尺」云云。亦見上。鄭氏鍔曰：「《記》言男女無幣，不交不親。昏禮可必用幣。幣以將厚意，亦禮之所寓也。緇帛五兩，富者無過乎此，貧者亦可以及焉。禮之中制也。」問：「古人納幣五兩，只五匹耳。恐太簡難行否？」朱子曰：「計繁簡則是以利言矣，且吾儕無望於復古，則風俗更教誰變？」曰：「温公用鹿皮，如何？」曰：「大節是了，小小不能皆然，亦没緊要。」〇按此少不過兩，謂二匹非五兩之兩。多不踰十，謂十匹非十端之十。然必言兩，必言十者，亦取此義也。〇按鄭氏五行十日相成之説太拘，姑存于此。

「今人」止「之屬」

釵，婦人歧笄，或玉或金爲之。古人賦婦人詩，有「一股金花兩臂釵」之句。兩臂即歧釧、臂環，以金爲之。《自警編》「彭公思永始就舉時，家貧無貲，惟持金釧數隻」是也。蓋時人用此等物爲禮，故《家禮》從俗。

但不告廟

丘氏曰：「《家禮》納幣不告廟。按《儀禮》納徵辭曰：『有先人之禮，儷皮束帛。』夫禮之行必稱先人，恐亦當告。」〇按《家禮》之意，納采已告，故納徵不告。今丘氏之説亦爲有理，故取録于此。

「吾子順先典」止「使者避之」

吾子謂使者。典，常也，法也。避之拜命，故避也。

某既申受命矣

《禮》疏：「申，重也，謂前納采已後，每度重受主人之命也。」〇丘氏曰：「按《家禮》於昏之六禮，止用其三。愚合問名於納采，而以納吉、請期附納幣以備六禮之數。若是人家納幣未即親迎者，遽以期日爲請，失之太早，宜如附注別行請期一節爲是。」解見《儀節》。

親迎迎，去聲。

伊川之説

程子曰：「先儒説親迎甚可笑。且如秦君娶於楚，豈可越國親迎耶？所謂親迎者，迎於館耳。」

帳幔

覆幬曰帳。小帳謂之斗帳，形如覆斗也，幔帷之屬。

文中子

姓王氏，名通，字仲淹，龍門人，居河汾。教授門人取《易·坤》六五「黄裳元吉，文在中」之義，私謚爲「文中子」。

「是乃駔儈」止「之法」駔，子朗切。

《呂氏春秋》：「段干木，晉國之駔。」郭泰亦曰：「段干木，晉國之大駔，卒爲魏之名賢。」注：「《説文》曰：『駔，會也。』謂合兩家之賣買，如今之度市也。」顔師古曰：「駔者，其首率。」嵇康《高士傳》：「王君公明易爲郎，數言事不用，乃自污。與官婢通，免歸。詐狂儈牛，口無二賈也。」《後漢·獨行傳》：「王君公遭亂，獨不去，儈牛自隱。」注：「儈，平會兩家賣買之價也。」又按《史記·食貨傳》：「子貸千錢，節駔儈。」注：「徐廣曰：『駔，馬儈也。』《漢書音義》曰：『節，節物貴賤也。』」又按《自警編》：「鍾離權爲德化令，將嫁女。買婢，見婢悲泣。問其所由，則前令之女也。權大驚，呼平儈問之，果然。遂嫁之。」然則奴婢通買賣，亦駔儈所爲也。

至有不舉其女者

謂不舉乳其女也。《史記》：「田文以五月五日生，其父嬰令勿舉，其母竊舉生之。」注：「上舉，謂初誕而舉之。下舉，謂浴而乳之。」又按《自警編》「閩人生子多者，三四子則率皆不舉。若女則不待三，往往臨蓐以器貯水，纔産即溺之，謂之洗兒。又岳鄂間田野小民例只養二男一女，過此則輒殺之。尤諱養女，初生輒以冷水浸殺。其父母亦不忍，率常閉目背面，以手按之水盆中，咿嚶良久乃死」云云。

勺

挹取器，所以沃盥者。用以斞酒者，亦曰勺。或作杓。

匏

陸佃曰：「長而瘦上曰瓠，短頸大腹曰匏。」

初昏

程子曰：「禮雖云初昏，然當居之遠近。」

帶花勝擁蔽其面

《山海經》：「昆崙之丘有人戴勝，虎齒，有尾，穴處，名曰西王母。」勝，世傳西王母冠名。《漢書·司馬相如傳》：「西王母皬然白首，戴勝而穴處。」注：「顏師古曰：『勝，婦人首飾也。

漢代謂之華勝。』」杜子美《人日詩》：「樽前柏葉休隨酒，勝裏金花巧耐寒。」注：「《荆楚歲時記》：『人日剪彩爲花勝以相遺，起於晉代。或鏤金薄爲人勝，以像瑞圖之形。』」賈充《李夫人曲》云：「像瑞圖金勝之形。」蘇子瞻《元日詩》亦曰：「年年幡勝剪宫花。」注：「《荆楚歲時記》：『正月七日爲人日，鏤金薄爲人，以貼屏風，亦戴之頭鬢。又造花勝相遺。』」又按子瞻《春日賜幡勝詩》亦曰：「鏤銀錯落翻斜月，剪彩繽紛舞慶霄。」是宋時以賜群臣，而其制亦略可想見矣。蓋以西王母之故，而至於君臣以爲慶。世俗又轉以爲新婿之慶者歟？

命服

大夫服也。按《周官・大宗伯》：「一命受職，下士、中士。再命受服，上士。」注：「謂受玄冕之服。」又《典命》：「子男之國，其大夫一命，士不命。」蓋小國之大夫一命，比天子之下士，而同是玄冕之服。故大夫之服謂之命服。士而命服，即攝盛也。「士而未仕而昏，用命服，禮乎？」程子曰：「昏姻重禮，重其禮者，當盛其服。况古亦有是，今律亦許假借。」曰：「無此服而服之，恐僞。」曰：「不然。今之命服，乃古之下士之服也。古者有其德則仕，士未仕者也，服之其宜也。若農商則不可，非其類也。」或問：「正月欲行親迎，欲只用冠帶，如何？」朱子曰：「昏禮用命服，乃是古禮。如士乘墨車而執雁，皆大夫之禮也。冠帶只是燕服，非所以重正。昏禮不若從古之爲正。」

墨車

《禮》：「主人乘墨車。」注：「婿爲婦主，故曰主人。墨車，漆車。士而乘墨車，攝盛也。」疏：「《周禮·巾車》：『大夫乘墨，士乘棧車。』注：『墨車，革鞔而漆之。棧車，但漆而已。』」

執雁

大夫贄用雁，士用雉。

冠帶

如當時幞頭、革帶之類。

「儀禮」止「之文」

《白虎通》亦曰：「娶妻不先告廟者，示不必安也。」

「左傳」止「莊共之廟」

昭公元年春，楚公子圍聘于鄭，且娶于公孫段氏。將入館，鄭人惡之，知楚懷詐，故惡之。使行人子羽與之言，乃館于外。既聘，將以衆逆。兵衆也。逆，子産患之，使子羽辭曰：「以弊邑褊小，不足以容從者，請墠聽命。」墠，欲於城外除地而爲墠。公子圍命伯州犁對曰：「君辱貺寡大夫圍，謂圍將使豐氏撫有而汝也。室。圍布几筵，告於莊共之廟莊王，圍之祖。共王，圍之父。而來，若野賜之，是委君貺於草莽也，是寡大夫不得列於諸卿也。不寧唯是，又使圍蒙欺也。其先君，將不得爲寡君老，大臣稱老。其蔑以復矣。復，復歸也。惟大夫圖之。」子羽曰云云。請垂櫜而入，許之。

「左氏」止「後祖之説」

隱公八年夏四月，鄭公子忽如陳逆婦嬀。陳鍼子送女，先配而後祖。鍼子曰：「是不爲夫婦，誣其祖矣，非禮也。何以能育？」注，杜氏曰：「鍼子，陳大夫。禮，逆婦必先告祖廟而後行，故楚公子圍稱告莊共之廟。鄭忽先逆婦而後告廟，故曰『先配而後祖』。」疏：「先配後祖，諸儒多異説而不通，故杜引楚公子圍事以明之。然此時忽父莊公見在，告廟當是莊公之事。而譏忽者，圍亦人臣而自告廟，不言禀君之命。知逆者雖受父命，當自告廟，故忽後祖亦自告也。」○朱子曰：「今按此説與《儀禮》及《白虎通義》不同。疑左氏不足信，或所據者當時之俗禮而言，非先王之正法也。」

從古爲正

古謂古禮，指《儀禮》。

布几筵告廟而來之説

即上公子圍之説也。

「恐所謂後祖者」止「失此禮耳」

謂世俗信先配後祖之説，婦入門即廟見者，非是。疑所謂後祖者，譏其將逆時，不告廟而行也。〇按此説與上所謂非先王之法者不同，未詳。

「往迎」止「宗事」

相，助也。宗事，宗廟之事也。

「勉帥」止「有常」

「敬」下有「先妣之嗣」四字，《禮》「勉」作「勗」，注：「勗，勉也。若猶汝也。勉帥婦道，以敬其先妣之嗣。汝之行則當有常，深戒之。」疏：「以『敬其爲先妣之嗣』者，謂婦人入室，使之代姑祭也。」

以燭前導

《禮》「執燭前馬」，注：「使徒役持炬火，居前照道。」蓋燭即炬火也。古人呼火炬爲燭，古未有蠟燭，凡言燭者皆火炬也，但《家禮》所稱則未必然耳。程子曰：「今用燭四或二。」

姆相之

《禮》注：「婦人年五十無子，出而不復嫁，能以婦道教人者，若今時乳母。」疏：「七出之中，餘六出是無德行，不堪教人，故無子出能以婦道教人者，以爲姆。既教女，因從女向夫家也。《喪服》，大夫子有三母：子師、慈母、保母。其慈母闕，乃令有乳者養子，謂之爲乳母。死，爲之服緦麻。師教之，乳母直養之而已。漢時乳母則選德行有乳者爲之，并使教子，故引以證姆也。」司馬公曰：「乳母必擇良家婦人稍温謹者，乳母不良，非惟敗亂家法，兼令所飼之子性行類之。」

敬之戒之

《禮》「戒之敬之」，恐《家禮》誤倒也。

「夙夜」止「之命」

《禮》但曰「夙夜毋違命」，無「舅姑」字。注：「夙，早也，早起夜卧。命，舅姑之教命。」疏：「父戒之，使無違舅命。母戒之，使無違姑命。此注『姑』字，傳寫誤也。」

整冠斂帔

《禮》：「母施衿結帨。」程子曰：「今謂之整冠飾。帔，裙也。」胡德輝《蒼梧雜志》「婦人禮服有横帔、直帔」者是。陳魏之間，謂裙爲帔。

無違爾閨門之禮

《禮》：「無違宮事。」疏：「宮事，謂姑命婦之事。」〇今按此以命爲舅姑之命，宮事爲閨門之禮。是以本注爲是，而不取疏義也。

諸母

《禮》作「庶母」。注：「父之妾也。」

婿入奠雁

「昏禮有六，五禮用雁。納采、問名、納吉、請期、親迎是也。唯納幣不用雁，以其自有幣帛可執故也。《周禮·大宗伯》『以禽作六贄，卿執羔，大夫執雁，士執雉，庶人執鶩，工商執雞』。此昏禮無問尊卑，皆用雁，故鄭注其意云『取順陰陽往來』也。順陰陽往來者，木落南翔，冰泮北徂。夫爲陽，婦爲陰，亦取婦人從夫之義也。」丘氏曰：「昏禮六禮皆用雁。《家禮》惟用之親迎者，從簡省也。」問：「昏禮用雁，婿執雁。或謂取其不再偶，或謂取其陰陽往來之義。」朱子曰：「《士昏禮》謂之攝盛，蓋以士而服大夫之服，乘大夫之車，則當取大夫之贄。前説恐附會。」

「主人」止「揖讓以入」

《禮》：「主人迎于門外，西面再拜，賓東面答拜。」今《家禮》無此一節。丘氏曰：「按楊氏謂今不立廟制，雖不親迎于廟，而勉齋定龔氏親迎禮：『主人迎于門外，西面再拜，賓東面答拜。主人揖入，三揖三讓。主人升，西面，賓升，北面，奠雁。』此似亦可從。」

「凡贄用生雁」止「交絡之」

按「士相見禮，贄用雉，左頭奉之」，注：「左頭，頭陽也。」又曰：「大夫相見以雁，飾之以布，維之以索。」注：「飾之以布，謂裁縫衣其身也。維，謂繫聯其足。」又按《曲禮》：「執禽者左首。」疏：「左，陽也。首亦陽也。左首，謂横捧之也。」又曰：「飾羔雁者以繢。」注：「繢，畫也。諸侯大夫以布，天子大夫以畫。」疏：「飾，覆也。畫布爲雲氣以覆羔雁爲飾，以相見也。」又《士昏禮》：「贄不用死。」注：「贄，雁也。」疏：「凡贄亦有用死者。士贄雉。雉，死贄也。用死亦是士禮，恐用死雁，故云『不用死』也。」今《家禮》「贄用生雁」，即不用死之義。「左首」，即左頭奉之之義。「以色繒交絡之」，即飾以布，維以索之義。生如所謂生綃、生絹之生。生色，繒未熟而染之者。必用生者，贄生之義。必用色者，疑亦以繢之義，即所謂攝盛者。不言其色者，皆可用也。《性理大全補注》：「首作手，生作五者，非是。」或曰黄魯直詩：「誠堪婿阿巽，買紅纏酒缸。」注：「今人定昏者多以紅彩纏酒壺云。」疑此亦用紅也，然未可知。

無則刻木爲之

丘氏曰：「按《白虎通》：『昏禮，贄不用死雉，故用雁也。』刻木爲雁，近於死。無則代以皂鵝。蓋鵝形色類雁，足皆腕屬，故借以代之。或謂交絡爲兩雁，非是。」又曰：「李涪《刊誤》曰：『雁非時莫能致，故以鵝替之。《爾雅》云：「舒雁，鵝。」鵝亦雁之屬也。』按涪，唐人，則唐時已用鵝替雁矣。或者不當用鵝，當替以巾帕，無所據。」

「婿舉轎簾」止「不足與爲禮也」

《禮》：「婿御婦車，授綏，姆辭不受。」注：「婿御者，親而下之。綏，所以引升車者。」疏：「今婿御車，即僕人。禮，僕人合授綏，姆辭不受，謙也。」〇《書儀》：「今無綏，故舉簾代之。」轎，程子所謂擔子是也。《漢書·嚴助傳》：「輿轎踰領。」注：「薛瓚曰：『轎，竹輿車。今江表作竹輿以行。』」

「壻至家」止「導以入」

《禮》：「壻揖入，升自西階。」注：「升自西階，導婦入也。」疏：「尋常賓客，主人在東，賓在西。今主人與妻俱升西階，故云導婦入也。」主人即壻也。

「壻盥于南」止「壻從者沃之」

《禮》：「媵御沃盥交。」注：「媵，送也，謂女從者也。御，當爲訝。訝，迎也，謂壻從者也。媵沃壻，盥於南洗。御沃婦，盥於北洗。夫婦始接，情有廉耻。媵御交導其志。」疏：「媵，姪娣也。御，夫家之賤者也。」程子曰：「沃盥，以水濯手也，於坐席之南北。」

「女子與丈夫」止「俠拜」

或問：「昏禮，温公儀，婦先拜夫。程子儀，夫先拜婦。或以爲妻者齊也，當齊拜。不知何者爲是？」朱子曰：「古者婦人與男子爲禮，皆俠拜。每拜以二爲禮。昏禮，婦先二拜，夫答一拜。婦又二拜，夫又答一拜。」今按俠拜之禮，冠禮，子見于母，母拜受，子拜送，母又拜。昏禮，壻見于婦之母，母一拜，壻答再拜，母又拜。然則凡俠拜者，婦人先二拜，然後男子再拜，婦人又二拜。此正禮也。今昏禮婦二拜，壻答一拜，婦又二拜，婿又答一拜者，疑亦齊拜之義也。

祭酒

婿婦各傾酒少許于地。

舉餚

婿婦各以餚少許置卓子上空處。朱子曰：「古人飲食，每種各出少許，置之豆間之地，古人席地而坐，置豆於地，故置祭物於豆間之地，然有版以盛之。酒則直傾之於地也。以祭先代始爲飲食之人，不忘本也。」〇今按「舉」如《禮》「舉肺」之「舉」，謂舉而祭之也。餚，解其骨肉使可食者。《春秋傳》「宴有折俎」是也。《禮》：「三飯，卒食。贊洗爵，酳主人，主人拜受，贊答拜。酳婦亦如之。皆祭。」注：「酳，漱也。酳之言演也，安也。漱所以潔口，且演安其所食也。主人，婿也。」又曰：「贊以肝從，皆振祭。嚌肝，卒爵，皆拜。贊答拜，受爵。」注：「肝，肝炙也。飲酒宜有餚以安之。」今《家禮》「斟酒設饌」以下，即酳之禮也。已去三飯之文，從簡也。祭酒，即所謂拜受皆祭者是也。舉餚，即所謂「以肝從，皆振祭」者是也。獨「嚌肝，卒爵」一條，《家禮》無舉飲之文。蓋文不具也。或曰丘氏《儀節》亦無此條，疑奠爵不舉者非是。

不祭無餚

《禮》：「再酳如初，無從。三酳用巹，亦如之。」注：「亦無從也。巹，破匏也。」按無從，無肴也。「從」字即「以肝從」之「從」。〇丘氏《儀節》曰：「婿揖婦，婦起答拜。」按禮則婿婦受爵，皆與贊者相拜，無婿婦自相拜飲之文。程子昏禮亦曰：「贊者進爵，姆助婦舉而已。」今《家禮》婿揖婦者，但導飲之義耳。婦起答拜者，恐非。

「婿從者」止「婿之餘」

《禮》疏：「亦陰陽交接之義也。」

「婿在西東面」止「且從俗」

《禮》：「媵布席在奧，夫入于室即席。」「御布對席，婿揖婦，即對筵，皆坐。」按奧即室西南隅也。婦席在東，可知今人尚左，則亦尊之也。

儀禮疏

即《昏義》疏也。

巹謂牢瓢

《郊特牲》曰：「器用陶、匏，尚禮然也。」注：「此謂太古之禮器。」疏曰：「共牢之時，俎以外，但用陶、匏而已。三王作牢，用陶、匏。言太古無共牢之禮，三王之世作之而用太古之器，重夫婦之始也。唐虞以上曰太古。」程氏復心曰：「半用爲瓢，全用爲匏。」

「巹謂牢瓢」止「合巹而酳」

以上《昏義〔二〕》「合巹而酳」一句疏義全文。牢瓢，疏作「半瓢」。

〔二〕「義」，原作「儀」，抄本同，據阮刻《禮記正義》改。

昏義

《禮記》篇名也。

共牢而食

疏：「同食一牲，不異牲也。」

合巹而酳

義見上。

「所以合體」止「以親之也」

以上皆《昏義》全文。疏欲使婿之親婦，婦亦親婿，所以體同爲一，不使尊卑有殊也。方氏曰：「共牢則不異牲，合巹則不異爵。合巹有合體之義，共牢有同尊卑之義。體合則尊卑同，同尊卑則相親而不相離矣。」○按同牢者，蓋牛羊豕皆謂之牢。牢，閑也。以其繫於牢而養也。凡用牲祭祀則升右胖，周人所貴也，不用左胖。昏禮則合升。合升者，以夫婦各一，故左右胖俱升於鼎也。左右各一，亦夫婦半合之義也，故謂之同牢也。見《疏義》。

「婿脱服」止「婿從者受之」

《禮》疏曰：「與沃盥交同，亦是交接有漸之義也。」

「古詩」止「爲夫婦」

漢蘇武詩：「結髮爲夫婦，恩愛兩不疑。」

「李廣」止「與匈奴戰」

《漢書》：「李廣，隴西成紀人，猿臂善射，歷上谷、上郡、右北平太守。匈奴避不入界，號曰漢飛將軍。大將軍青出塞，問知單于所居。自以精兵趣之，令廣出東道。廣辭曰『臣結髮而與匈奴戰，迺今一得當單于，臣願居前先死單于』云云。不聽，及出迷失道。青責上簿廣，自剄。」顔師古曰：「結髮，謂始勝冠即在戰陣也。」

「今世俗」止「結髮之禮」

蒙齋蔡氏曰：「蘇子卿詩『結髮爲夫婦』，曹子建詩『結髮辭嚴親』，後世於昏姻遂有結髮之舉。」

「謬誤」止「勿用可也」

程子曰：「昏姻結髮無義理，欲去久矣而不能也。言結髮爲夫婦者，只是指其少小也。如言結髮事君、結髮事匈奴，只言初上頭時也。豈謂合髻子耶？」黄直卿舉今人結髮之説爲笑。朱子曰：「若娶用結髮，則結髮從軍，皆先用結了頭髮後，方與番人厮殺邪？」○按李太白詩「自從結髮日未幾」，白居易詩：「與君結髮未五載」，皆言初嫁時合髻也。張乖崖守蜀，有得罪逃亡者，拘母十日不出，拘妻一夜而來。公判曰：「禁母十夜，留妻一宵。倚門之望何疏？結髮之情何厚？」是結髮之俗其來遠矣。又按《性理大全集覽》至今未能革云云，習俗之難變如此。

「男賓於外廳」止「中堂」

《禮》：「舅饗送者以一獻之禮，酬以束錦。」注：「送者，女家有司也。束錦，所以相厚。」

疏：「大夫遣臣送之。士無臣，故有司送之也。」又曰：「姑饗婦人送者，酬以束錦。」注：「婦人送者，隸子弟之妻妾。」疏：「《左傳》云：『士有隸子弟。』士卑無臣，故自以其子弟爲僕隸。但尊無送卑，故知婦人送者，是隸子弟之妻妾也。」〇有司，主人之吏，所自辟除，府史以下也。

「曾子問」止「思嗣親也」

《曾子問》，篇名。孔子曰：「嫁女之家三夜不息燭，思相離也。」注：「親骨肉也。」「取婦之家三日不舉樂，思嗣親也。」注：「重世變也。」疏：「所以不舉樂者，思念己之取妻，嗣續其親，則是親之代謝，所以悲哀感傷，重世之改變也。」

「今俗」止「非禮」

「裴嘉有婚會，薛方士預焉。酒中而樂作，方士非之而出。子聞之，曰：『薛方士知禮矣。』」見《文中子》。子指文中子。丘氏曰：「以理言則幽陰之禮不可用樂，以情言則代親之感不忍用樂。今舉世用之，不以爲怪，何也？知禮君子，不用可也。」

婦見舅姑〔一〕

「舅姑」止「東西相向」

按《禮》，舅席在阼西面。姑席在房户外之西，南面。今《家禮》舅姑東西相向，非古也。丘氏又曰「按《集禮》『舅姑并南面坐堂中』，今人家多如此，或從俗亦可」云。○此論禮之變。

「舅撫之」止「姑舉以授侍者」

《禮》疏：「舅尊，直撫之而已，姑則親舉之。」○按《士冠禮》注：「婦人於丈夫，雖其子猶俠拜。」男子再拜，婦人俠拜，即陽奇陰偶之義。陽以一爲一，陰以二爲一故也。《家禮》本注：「凡拜，男子再拜，則婦人四拜，謂之俠拜。其男女相答拜亦然。」是婦人俠拜不獨與丈夫爲禮而已。又按《士昏禮》「婦見于舅，進拜，奠贄，舅答拜，婦還又拜。見于姑，進拜，奠贄，姑舉以興，拜」云

〔一〕「婦見舅姑」，底本無，據《家禮》補。

云，其下無婦又拜之文。注：「還又拜者，還於先拜處拜。婦人與丈夫爲禮則俠拜。」是於姑但再拜而已。婦人之於婦人，雖姑之尊，亦再拜而止也。今《家禮》：婦拜舅，升，奠贄，降又拜。拜姑，升，奠贄，降又拜。是於舅姑皆俠拜，蓋古人以爲男女相與之禮，而後世遂以爲婦人之定禮歟？或曰：「丘氏《儀節》：『婦四拜，升奠幣，降又四拜。』是四拜非俠拜乎？」曰：「丘氏拜例，男子亦四拜，恐非《家禮》意耳。」○《禮》：「婦執笲棗栗，升自西階，進拜，奠于席。降階，受笲腶脩。進拜，奠于席。」按男女之贄不同。《春秋·莊公二十四年》：「秋八月丁丑，夫人姜氏入。戊寅，大夫宗婦覿用幣。」《左傳》：「公使宗婦覿用幣，非禮也。御孫曰：『男贄，大者玉帛，小者禽鳥，以章物也。女贄不過榛栗棗脩，以告虔也。今男女同贄，是無别也。』」《公羊》曰：「宗婦者何？大夫之妻也。覿者何？見也。用者何？不宜用也，見用幣，非禮也。然則曷用？棗栗云乎？腶脩云乎？」何氏曰：「腶脩，脯也。禮，婦見舅以棗栗爲贄，見姑以腶脩爲贄。棗栗取其早自謹敬，腶脩取其斷斷自脩。」然則婦人之贄，其取義亦深，而《家禮》用幣，非古人之意，恐或從俗而然也。笲，音煩，竹器也。

舅姑禮之

即醴之之禮也。婦道新成，親厚之也。

小郎

按《晉書》："王澄，衍之弟也。衍妻郭性貪鄙，欲令婢路上擔糞。澄年十四，諫郭以爲不可。郭大怒，謂澄曰：『昔夫人臨終，以小郎屬新婦，不以新婦屬小郎。』因捉衣裾，將杖之，澄争得脱，踰窗而走。"又《晉·列女傳》："謝道藴，王凝之之妻也。凝之弟獻之嘗與賓客談議，詞理將屈。道藴遣婢白獻之曰：『欲爲小郎解圍。』乃施青綾步障自蔽，申獻之前議，客不能屈。"衍妻謂衍弟澄爲小郎，王凝之妻謂凝之弟獻之爲小郎。是小郎者，夫之弟也。

小姑

按《玉臺新咏·焦仲卿詩》："新婦初來時，小姑如我長。"又李太白《去婦詞》："憶昔初嫁君，小姑纔倚床。今日妾辭君，小姑如妾長。回頭語小姑，莫嫁如兄夫。"又王仲初《新嫁娘詩》："三日入厨下，洗手作羹湯。未諳姑食性，先遣小姑嘗。"謂夫爲小姑之兄，是小姑者，夫之妹也。

如舅姑禮

是有贄也。

「若家婦」止「舅姑」

《禮》：「舅姑入于室，婦盥饋。」注：「饋者，婦道既成，成以孝養也。」《禮》：「庶婦則使人醮之，婦不饋。」注：「庶婦，庶子之婦也。使人醮之，不饗也。酒不酬酢曰醮。適婦酌之以醴，尊之也。庶婦酌之以酒，卑之也。其儀則同。不饋者，供養統於適也。」疏：「使人醮之不饗者，醴婦，雖適，使贊者爲之，饗者，舅姑親之。謂使人醮之如醴禮，而當饗節，更不行饗禮也。」○禮，適婦則有醴婦、饗婦之禮。

「洗盞斟酒」止「婦降拜」

按此一節立文太簡，故語意未瑩。當曰：「洗盞斟酒，置舅卓子上，降拜。俟舅飲畢，又拜，遂獻姑。洗盞斟酒，進姑受，降拜。飲畢，又拜。」如此則其節文備矣。《禮》：「婦執贄，拜奠于席。」注：「奠之者，舅尊，不敢授也。」疏曰：「姑亦奠于席，而云舅尊不敢授者，舅直撫之已，至姑則親舉之，若親授然也。」今舅則云置于卓子上，姑則云受飲者，疑即此義也。按丘氏《儀節》「婦斟酒奉之，詣舅位前，再拜，進酒。跪，俟飲訖，受盞復位。四拜，又斟酒奉之，詣姑位前，再拜，進酒，跪，俟飲訖。受盞復位，四拜」云云。丘氏蓋取當時世俗之禮，非《家禮》節文之正也。

婦就餕姑之餘

《禮》疏：「不餕舅餘者，以舅尊，嫌相褻也。」

「婦從者」止「又餕婦之餘」

《禮》疏：「謂沃盥交之義也。」

特豚合升側載

《禮》疏：「特，猶一也。合升，合左右胖升於鼎也。」「右胖載之舅俎，左胖載之姑俎，異尊卑也。」疏：「載胖，故云側。異尊卑者，以周人尚右也。」

舅姑饗之

《禮》：「舅姑共饗婦，以一獻之禮。」注：「以酒食勞人曰饗。舅獻爵，姑薦脯醢。」《家禮》如禮婦之義，則非親之也。

「舅姑先降」止「婦降自阼階」

《禮》注：「授之室，使爲主，明代己。」疏：「《曲禮》云，子事父母，『升降不由阼階』。阼階是主人尊者升降之處。今舅姑降自西階，婦降自阼階，是授婦以室之事也。」《郊特牲》曰：降自阼階，以著代也。

廟見[一]

「古者三月而廟見」止「改用三日」

《禮》疏：「必三月者，三月一時，天氣變，婦道可以成故也。」《白虎通義》曰：「三月一時，物有成者，人之善惡可得知也，然後可得事宗廟之禮。」按《春秋·成公九年》：「春二月，伯姬歸于宋。夏，季孫行父如宋致女。」程子曰：「女既嫁，父母使人安之，謂之致女。古者三月而廟見，始成婦也。」何氏曰：「古者婦人三月而後廟見，稱婦，父母使人操禮而致之。必三月者，取

[一]「廟見」，底本無，據《家禮》補。

一時足以別貞信。貞信著，然後成婦禮。」或問：「古者婦人三月廟見，而今有當日即廟見者，如何？」朱子曰：「古人是從下做上。其初且是行夫婦禮，次日方見舅姑，服事舅姑已及三月，不得罪於舅姑，方得奉祭祀。」又曰：「古人三月而後見，未知得婦人性行如何。三月之久，則婦儀亦熟，方成婦矣。然今也不能到三月，只做個節次如此。」

婿見婦之父母〔一〕

婿往見婦之父母

《禮》：「婦入三月，然後婿見。」疏：「一時天氣變，婦道成，故見于外舅姑。」

拜即跪而扶之

《涑水記聞》：「种放以處士召見，真宗待以殊禮，名動四海。後謁歸終南山，恃恩驕倨。王嗣

〔一〕「婿見婦之父母」，底本無，據《家禮》補。

宗知長安，放至，通判以下群謁，放小俯垂拜接之而已。嗣宗内不平，放召姪出拜嗣宗，嗣宗坐受之。放怒，嗣宗曰：『向者通判以下拜君，君扶之而已。此白丁耳，嗣宗狀元及第，名位不輕，胡爲不得坐受其拜。』」按此則跪而扶之者，跪而小俯垂手接之，蓋不敢受拜而半答之也。

「婦母闔門左扉」止「婿拜于門外」

《禮》：「闔扉，立于其内。」注：「闔扉者，婦人無外事。扉，左扉。」疏：「婦人無外事者，婦人送迎不出門，見兄弟不踰閾，是無外事也。」朱子曰：「古人常闔左扉。」○《禮》：「婿奠贄，再拜，主人再拜，受。主婦一拜，婿答再拜，主婦又拜。」《家禮》，婦父跪而扶之，婦母立而受之而已。○《禮》注：「必先一拜者，婦人於丈夫必俠拜。」

婦女相見如上儀

指闔門左扉，立于門内也。

「親迎之夕」止「未見舅姑故也」

程子《昏禮》曰「賓至大門之外，擯揖入門，主人揖賓。及階，主人揖升，賓升，就位，東面，再拜。主人肅賓而先，賓從之。見于廟，至于中堂，見女之尊者，遍見女之黨於東序。贊者迎賓，出就位，卒食。興，辭。主人請入戒女氏」云云。朱子之意蓋指此等儀文也。

「程子曰昏禮」止「幽陰之義」

《郊特牲》文。注：「幽，深也。欲使婦深思其義，不以陽散之也。」疏：「陽是動散，用樂則令婦志意動散，不能深思陰静之義以修婦道也。」方氏曰：「孔子曰：『取婦之家三日不舉樂，思嗣親也。』彼言思嗣親，此言幽陰之義者，蓋有所思者，固欲其幽陰也。經云『齋之玄也，以陰幽思也』是矣。」陳氏曰：「樂由陽來，而聲爲陽氣。禮由陰作，而昏爲陰義。古之制禮者，不以吉禮干凶禮，不以陽事干陰事，則昏禮不用樂，幽陰之義也。」玄，玄冠、玄衣。

嚴肅其事不用樂也

按程子此説，則與思嗣親義不同，别是一義。

昏禮不賀人之序也

注：「序猶代也。」陳氏曰：「謂相承代之次序。」方氏曰：「昏姻之禮，在子則有代父之序。在婦，則有代姑之序。所以不賀則一也。」

質明

《禮》注：質，平也，又正也。

家禮考證卷之六

喪禮

初終

「凡疾」止「正寢」

《禮》注：「疾甚曰病。」陳氏曰：「總言曰疾，甚言曰病。《禮》『死于適室』注：『適室，正寢之室也。』穀梁子曰：『寢疾居正寢，正也。男子不絶于婦人之手，以齊終也。』」丘氏曰：「所謂遷居正寢者，惟家主爲然，餘人則各遷於其所居之室中。」

「男子不絶」止「男子之手」

《禮》注：「備褻也。」疏曰：「按《喪大記》注：『君子重終，爲其相褻。』《春秋·僖公三十三年》『冬，公薨于小寢』，《左氏傳》曰：『即安也。』注：『小寢，夫人寢也，譏其近女室。』是男子不絶于婦人之室，備褻也。」馬氏曰：「君子於其生也，欲内外之有别；於其死也，欲終始之不褻。則男女之分明，夫婦之化興！」按丘氏於遷居正寢後補入書遺言、加新衣、撤褻衣，加新衣。屬纊、廢牀寢地、揳齒以筯代之揩口中。五節。其説曰：「禮，廢牀在屬纊之前，而高氏禮則屬纊在廢牀之前。今從高氏，恐有妨於將死者也。」

孫宣公

名奭，字宗古，博平人。以九經及第，位至翰林侍講學士。公舉動方重，議論有根柢，不肯詭隨雷同。晚節勇退，終始全德，謚曰宣公。

廢牀寢於地注

注，自注。《喪大記》：「疾病寢東首於北牖下，廢床。」注：「廢，去也。人始生在地，去牀庶其生氣反。」陳氏《集説》曰：「古人將死則廢牀而置病者於地，以始生在地，庶其生氣復而得活。及死則復舉而置之牀上。」《士喪記》「設牀第當牖下」注：「病卒之間廢牀，至是設之。」今按「廢牀」二字，《喪大記》文；「寢於地」三字，注文。

屬纊以俟氣絶

此《儀禮·士喪記》文，但《記》「絶」字在「氣」字上。注：「爲其氣微難節也。纊，新綿。」疏曰：「《喪大記》注云：『纊，今之新綿，易動摇，置口鼻之上以爲候。』二注相兼，其義乃具。」陳氏曰：「觀其動否，以驗氣之有無也。」

「侍者一人」止「右執要」

《士喪禮》：「復者一人以爵弁服，簪裳于衣，左何上聲。之，扱領于帶。」《記》又曰：「招而左。」注：「復，招魂復魄也。爵弁服，純衣纁裳，禮以冠名服。簪，連也。」疏：「招魂復魄者，出入之氣謂之魂，耳目聰明謂之魄。死者魂神去離於魄，今欲招取魂來，復歸于魄。士用爵弁服者，按《雜記》云『士弁而祭於公，冠而祭於己』，是士服爵弁助祭於君，玄冠自祭於家廟。故士復用助祭之服也。簪，連也者，若常時衣服衣裳令各别，此招魂取其便，故連裳於衣也。招而左者，以左手執領，還以左手以領招之。必用左者，招魂所以求生，左陽，陽主生，故用左也。」○按助祭服是士上服也。又按賈氏曰：「《雜記》云復者升屋北面而西上，則皆依命數。天子十二人，公九人，侯伯七人，子男五人，大夫士亦依命數。」人執一領西上，陽長左也。

「自前榮升屋」止「某人復」

《禮》又曰：「升自前東榮，中屋，北面招以衣，曰皋某復。三，降衣于前。」注：「北面招，求諸幽之義也。皋，長聲也。某，死者之名也。復，反也。降衣，下之也。」《喪大記》曰：「男子稱名，婦人稱字。」疏：「復聲必三者，禮成於三也。云求諸幽之義者，《檀弓》文，以其死者必歸幽暗之方，故北面招之。」《喪大記》注：「三號者，一號於上，冀魂自天而來；一號於下，冀魂自地而來；一號於中，冀魂自天地四方之間而來也。」按榮説見上。中霤者，《月令》注：「古者陶復陶穴，皆開其上以漏光明，故雨霤之，後因名室中爲中霤。」朱子曰：「上世人居土室，中間開一天窗，此便是中霤。後人易爲屋，不忘古制，相承亦有中霤之名。今以家禮言，則蓋室上屋脊也。」又曰：「古人穴居，當土室中開一竅取明，故謂之中霤。而今人以中堂名曰中霤者，所以存古之義也。」或問：「復，男子稱名。然諸侯薨，復曰皋某甫復。恐某甫字爲可疑。又周人命字，二十弱冠皆以甫字之，五十以後乃以伯仲叔季爲别。今以諸侯之薨，復云甫者，乃生時少者之美稱，而非所宜也。」朱子曰：「此等所記異詞，不可深考。或是諸侯尊，故稱字，大夫以下皆稱名也。但五十乃加伯仲，是孔穎達説。據《儀禮》賈公彦疏，乃是少時便稱伯某甫，至五十乃去某甫而專稱伯仲，此説爲是。如今人於尊者不敢字之，而曰幾丈之類。」

畢卷衣降覆尸上

《禮》：「受用篚，升自阼階，以衣尸。復者降自後西榮。」注：「受者，受之於庭也。衣尸者，覆之，若得魂反之。不由前降，不以虛反也。」疏：「覆之若得魂反之者，此復衣浴而去之，不用襲斂。故《喪大記》云：『始死，遷尸于牀，幠用斂衾，去死衣。』鄭注云：『死衣，所加新衣及復衣也。』彼又云：『復衣不以衣尸，不以斂。』鄭注云：『不以衣尸，謂不以襲也。』斂謂小斂、大斂，而云覆之，直取魂魄反而已。不由前降，不以虛反者，凡復者緣孝子之心，望得魂氣復反，復而不蘇，則是虛反。今降自後，是不欲虛反也。」《喪大記》「卷衣投於前」注：「卷，斂此衣自前投而下也。」

哭擗

《禮》注：「拊心曰擗。」

呼某人者從生時之號

按古人質，惟天子崩，則曰皋天子復，諸侯薨，則曰皋某甫復，大夫以下皆稱名而已，婦人稱字，則尊卑同。今曰從生時之號者，有官封則某官某封，無官封則當時所稱者。

「高氏曰」止「復之餘意歟」

朱子曰：「後世招魂之禮，有不專爲死者，如杜子美《彭衙行》云：『暖湯濯我足，剪紙招我魂。』蓋當時關陝間風俗，道路勞苦之餘，則皆爲此禮，以祓除而慰安之也。近世高抑崇作送終禮，有淮南風俗之說。以此言之，又見古人於此，誠有望其復生，非徒爲是文具而已。」

立喪主

按立字義至「司貨」上。喪主有二：親者，主饋奠主人是也；尊者，主賓客同居之親是也。《喪服小記》亦曰：「男主必使同姓，女主必使異姓。」注：「立男主以接男賓，立女主以接女賓。」《家禮》「立喪主」云者，專爲主人言，而兼及主賓客者。丘氏《儀節》則分別言之，於「立喪主」條下但言長子或長孫承重者而已，不及主賓客者。至補入條「立主賓」下方言「用同居之親且尊者一人爲之，如無同居者，擇族屬之親賢者。又無族屬，則用親戚。又無親戚，則用執友亦可。專主與賓客爲禮」云云。此爲明證矣。或者以爲主人則已素定，何必更立？立者擇同居之親且尊者立之者，非是。

「奔喪曰」止「從父昆弟之喪也」

《記·奔喪》曰：「凡喪，父在，父爲主。父没，兄弟同居，各主其喪。親同，長者主之。不同，親者主之。」陳氏《集説》曰：「此言父在而子有妻子之喪，則父主之，統於尊也。」朱子曰：「凡妻之喪，夫自爲主。以子爲喪主，未安。」又曰：「父存，子無主喪之理。父没之後，兄弟雖同居，各主妻子之喪矣。同宫猶然，則異宫從可知矣。」「『親同，長者主之』，謂父母之喪，長子爲主，其同父母之兄弟死，亦推長者爲主也。『不同，親者主之』，謂從父兄弟之喪，則彼親者爲之主也。」按陳氏此説可疑，此所謂主喪，專爲與賓客爲禮者耳。父母之喪，長子爲主，豈與賓客爲禮者？蓋陳氏之意並指饋奠而言耳。《奔喪》，《禮記》篇名。

「雜記曰」止「里尹主之」

《雜記》曰：「姑姊妹，其夫死而夫黨無兄弟，使夫之族人主喪。妻之黨雖親，不主。夫若無族矣，則前後家、東西家。無有，則里尹主之。」陳氏《集説》曰：「此明姑姊妹死而無夫無子者，喪必有主。婦人於本親降服，以其成於外族也，故本族不可主其喪。里尹，蓋閭胥里宰之屬也。」○按此説亦并主饋奠而言也。朱子曰：「古法既廢，鄰家里尹决不肯祭他人之親，則從宜而祀之别室，其亦可也。」《雜記》，《禮記》篇名。

「喪大記」止「無無主」

《喪大記》曰：「喪有無後，無無主。」陳氏《集説》曰：「無後不過己自絶嗣而已，無主則闕於賓禮，故可無後不可無主也。」○按此説亦并主饋奠而言也。方氏曰：「有後無後存乎天，有主無主存乎人。存乎天者，不可爲也，故喪有無後者。存乎人者，可以爲也，故無無主者。」

「若子孫有喪」止「祖父拜賓」

丘氏曰：「親者主饋奠，尊者主賓客，凡喪皆然。然以陳説觀之，則主喪者雖曰拜賓，而其饋奠之事宜，亦統於尊者。主人若長子或長孫承重者，而傍尊主喪則未必然耳。」

司書

丘氏曰：「以子弟知書者爲之。」疑考禮文、通書疏。

司貨

丘氏曰：「主財貨出入，親賓賻襚祭奠。」

或吏僕爲之

謂有官者也。

「妻子婦妾」止「扱上衽徒跣」

《問喪》曰：「親始喪，笄纚，徒跣，扱上衽，交手哭。」注：「親始死，孝子先去冠，惟留笄纚也。徒，空也。徒跣，無屨而空跣也。」又曰：「徒跣者，未著喪屨，吉屨又不可著也。上衽，深衣之前襟也。以號踊履踐爲妨，故扱之於帶也。交手哭，謂兩手交以拊心而哭也。」○丘氏本注曰：「笄，以骨爲笄也。纚，韜髮之繒也。蓋謂親始死，去其冠，露出笄纚而未及去，至括髮乃去之也，非謂以之爲喪服也。歷考古禮，并無有所謂被髮者，惟唐《開元禮》有男子易以白布衣被髮，女子易以青縑衣被髮之説。温公謂笄纚今人平日所不服，被髮尤哀毁無容，故從《開元禮》。」按《士喪記》注：「始死，去冠而笄纚，服深衣。《檀弓》曰：『親始死，羔裘玄冠者易之。』」疏曰：「引《檀弓》者，以證服深衣，易去朝服之事也。」又按《記》「疾病，男女改服」，注「爲賓客來問病，亦朝服」云云。蓋至此始易去也。《問喪》，《禮記》篇名。「皆」字并指男女。扱、插同。

「爲人後者」止「皆不被髮徒跣」

禮，爲人後者爲本生父母降服，齊衰，不杖，期；女子已嫁者爲其父母亦降服，不杖，期。故如此。

「諸子三日不食」止「再不食」

《禮記·喪大記》文。

「親戚鄰里」止「少食可也」

《問喪》曰：「惻怛之心、痛疾之意傷腎，乾肝，焦肺。水漿不入口，三日不舉火，故鄰里爲之糜粥以飲食之。」注：「糜厚而粥薄。薄者以飲之，厚者以食之。」山陰陸氏曰：「傷，傷而已，乾於是爲甚。乾猶可也，焦又甚矣。」

珠翠

翠，玉名，歐陽公所謂翡翠銷金是也。又古書有翠碧、瑟瑟之語，皆玉名也。《韵會》：「翡翠，碧玉，能屑金。」或曰：「翠，翠羽，即青雀羽也。」《漢書·揚雄傳》：「後宫却翡翠之飾。」又《宋鑒》：「永康公主衣貼繡鋪翠襦，太祖責之。對曰：『此用翠羽幾何。』」亦以翠羽爲飾也。

「油杉爲上」止「土杉爲下」

按《説文》「杉，似松而材良」。蓋杉有二種，有脂者爲油杉。柏，陸氏曰：「柏性堅緻，有脂。」程子論柏木之堅，曰：「聞有人伐東漢時墓，柏棺尚在。又有因城圮得柏木，皆堅潤如新。諺有『松千柏萬』之説，於是知柏最可以久。」人求堅，莫如柏。欲完，莫如漆。禮，天子用柏。

虚檐高足

其制未詳。疑虚檐旁飾，高足施之棺下者。蓋當時世俗之制如此。

瀝青

松脂也。

秫米灰

按《韵會》：「秫，稉也，稻之粘者，可爲酒。」徐廣曰：「稉，懦也。粘者其性柔懦，今作糯。」故丘氏《儀節》作「糯米」。古人嗜酒者好種之，如陶潛、种放所種者即是也。或者謂黍之粘者，誤矣。士禮用稻，稻之粘者爲秫，秫之性又柔。

七星板

丘氏曰「用板一片，其長廣棺中可容者，鑿爲七孔」云云。蓋七星者，象北斗也。○《喪大記》：「君裏棺用朱緑，用雜金鐕。大夫裏棺用玄緑，用牛骨鐕。士不緑。」疏曰：「裏棺謂以繒粘棺裏也。朱繒粘四方，緑繒粘四角。鐕，釘也。用金釘以琢朱緑著棺也。大夫四面玄，四角緑。士不緑者，悉用玄也，亦用大夫牛骨鐕。」臨川吴氏曰：「按定本近是。蓋裏棺兼用緑色，無義。疏説分二色貼四邊四隅，亦無義。若依定本以緑爲琢字，則朱、玄句絶，琢字屬下句。士用玄，裏棺與大夫同，但不用釘琢之爲異耳。」

孔子葬鯉有棺而無槨

見《論語·先進篇》，蓋貧不能具也。

還葬

《檀弓》：「子路曰：『傷哉貧也！生無以爲養，死無以爲禮也。』孔子曰：『啜菽飲水，盡其歡，斯之謂孝；斂首足形，還葬而無槨，稱其財，斯之謂禮。』」陳氏《集説》曰：「世固有三牲之養而不能歡者，亦有厚葬以觀美而不知陷於僭禮之罪者。知此，則孝與禮可得而盡矣。又何必傷其貧乎？還葬，謂斂畢即葬，不殯而待日月之期也。」

「雜書」止「琥珀」

張華《博物志》：「松脂入地千年爲茯苓，又千年爲琥珀，又千年爲瑿。」又《唐本草》注：「二物燒之皆有松氣。」

少蚌粉

蚌粉即蚌蛤之灰。少猶言少許也。如顏魯公《乞米帖》「惠及少〔二〕米」，范文正公「煮粟米作粥，入少鹽」，嵩山董五經「買少茶果以奉待」之類。古人下語如此。

蔡氏兄弟

西山先生元定之子。兄淵，字伯静，節齋先生。弟沈，字仲默，九峰先生。皆朱子門人。

彭止堂作訓蒙

名龜年，字子壽，臨江軍清江人。從朱張學，乾道五年登進士。歷官吏部侍郎，以僞學追官勒停。再起，除集英殿修撰，卒。自號止堂。《訓蒙》，其所著也。

〔二〕「少」，原作「小」，據抄本改。

「江南」止「蟻房」

南方地卑濕故也。

「古者國君」止「歲一漆之」

《記·檀弓》疏曰：「人君無論少長，體存物備。即位即造爲親尸之棺，蓋杝棺也。漆之堅剛甓甓然，故名椑。每年一漆，示如未成也。」方氏曰：「椑即所謂櫬也。」

自爲壽器

《後漢·光武紀〔二〕》：「初作壽陵。」注：「壽陵，蓋取久長之義。」《綱目集覽》：「帝生前豫作陵墓，故曰壽陵。」以次觀之，則壽器之義自有來矣。

〔二〕「紀」，原作「記」，據抄本改。

豫凶事

《禮》：「凶事不豫。」《家語》：「桓魋自爲石棺，孔子譏之。」《左氏》亦曰：「豫凶事，非禮也。」

「前人葬墓」止「其厚尺餘」

此灌於槨外者，或作棺字誤也。

訃

《禮》作「赴」，注：「走告也。」疏曰：「言赴，取急疾之意。《雜記》作赴者，義取以言語相通也，亦一塗也。」

僚友

同官曰僚，同志曰友。

沐浴　襲　奠　爲位　飯含

執事者以幃障卧内

《禮》「帷堂」疏：「以其未襲斂也。」《檀弓》，曾子曰「尸未設飾，故帷堂，小斂而徹帷」云云。蓋始死未襲斂，故設帷於堂。入死，斯惡之矣，所以遮蔽之。至小斂則設飾矣，故徹去焉。

「施簀」止「設席枕」

簀，簟也。草曰薦，莞曰席。《禮》「襢笫」注：「襢，袒也。袒簀去席，盝水便也。」盝，音禄，亦作濾，歷也，竭也。《喪大記》亦曰：「設牀，襢笫，有枕。」此使冰之寒氣得通，然舉席安尸于簟，皆有爲也。疑《家禮》「席」字，衍字也。襢，之善反，袒露也。

南首

《禮》「商祝執巾入，當牖北面，徹枕設巾」，注：「當牖北面，值尸南也。設巾覆面，爲飯之遺落米也。如商祝之事位，則尸南首明矣。」疏：「《既夕記》『設牀第，當牖，遷尸於上』，是尸當牖。今言當牖北面，故知值尸南也。爲飯之遺落米者，士之子親含，發其巾，不嫌穢惡。今設巾覆面者，爲飯時恐有遺落米在面上，故覆之也。如商祝之事位，則尸南首明矣者，舊有解云遷尸於南牖時北首。若北首則祝當在北頭而南向，以其爲徹枕設巾，要須在尸首便也。今商祝事位以北面，則尸南首明矣。若然，未葬已前，不異於生，皆南首。《檀弓》云：『葬于北方。』北首者，從鬼神尚幽暗，鬼道事之故也。惟有喪，朝廟時北首，順死者之孝心，故北首也。」朱子曰：「按《士喪禮》飯章鄭注云『尸南首』，至遷柩于祖，乃注云『此時柩北首』，及祖，又注云『遷柩向外』，則是古人尸柩皆南首，惟朝祖之時爲北首耳。非温公創爲此説也。」值猶當也。

掘坎于屏處潔地

《禮》：「掘坎于階間少西，爲垼于西墻下，東向。」注：「垼，塊竈。西墻，中庭之西。」疏：「垼，塊竈者，《既夕禮》『垼用塊』，是以塊爲竈名。爲垼用之，以煮沐浴者之潘水。」《既夕禮》「掘坎南順，廣尺，輪二尺，深三尺，南其壤」，注：「南順，統於堂也。輪，從也。」疏：「沐浴餘水及巾櫛、浴衣皆棄埋之於此坎也。」今曰屏處，則不必階間也。然沐湯必有煮處，疑當在中庭之西。

「以卓子陳于堂前」止「西領南上」

《禮》：「陳襲事于房中，西領南上。」疏：「所陳之法，房户之内於户東，西領南上。知户東陳之者，取之便故也。」西領南上者，按《士冠禮》「東領北上」，疏：「《喪大記》與《士喪禮》服或西領，或南領。此東領者，此嘉禮異於凶禮故也。士之冠特先用卑服，北上，便也。」以此觀之，則西領者，凶禮然也。南上者，恐亦取便也。

幅巾

制見上。

「充耳二」止「塞耳者也」

《禮》：「瑱用白纊。」注：「瑱，充耳。纊，新綿。」疏曰：「下記云『瑱，塞耳』，《詩》云『充耳』，充即塞也。生時人君用玉，臣用象。又《著》詩云『充耳以素』『以黄』之等，注云『所以懸瑱者』，生時爲之，示不聽讒。今死者直用纊塞耳而已，異於生也。曰纊，新綿者，對緼，是舊絮也。」

「幎目」止「覆面者也」

《禮》：「幎目用緇，方尺二寸，赬裏，著，組繫。」注：「幎目，覆面者也。幎讀若《詩》曰『葛藟縈之』之『縈』。赬，赤也。著，充之以絮也。組繫，爲可結也。」疏：「以其葛藟縈于樹木，此面衣亦縈於面目，故讀從之也。以四角有繫，於後結之，故有組繫也。」按《説文音義》引《周禮·冪人》，《周禮·冪人》注：「以巾覆物曰冪。」疑音冪者爲是。

「握手」止「裹手者也」

《禮》：「握手用玄纁裏，長尺二寸，廣五寸，牢中旁寸，著，組繫。」注：「牢，讀爲樓，樓爲削約握之中央以安手也。」疏：「名此衣爲握，以其在手，故言握手。不謂以手握之爲握手。云『樓爲削約握之中央以安手』者，經云『廣五寸，牢中旁寸』者，則中央廣三寸。廣三寸，中央又容四指而已。四指，指一寸，則四寸。四寸之外，仍有八寸，皆廣五寸也。讀從樓者，義取摟斂狹少之意。削約者，謂削之使約少也。」又曰：「設決，麗于掔，自飯持之，設握乃連掔。」注：「麗，施也。掔，掌後節中。飯，大擘指本也。決有彄，彄内端爲紐，外端有横帶，設之以紐，擐大擘本也。因沓其彄，以横帶貫紐結於掔之表也。設握者，以繫鈎中指，由手表與決帶之餘連結之。此謂右手也。」今按決者，生時所用，故與握同結。《詩》「決拾既次」注，朱子曰：「決以象骨爲之，著於右手大指，所以鈎弦開體者。」《士喪禮》用棘木。《既夕記》曰：「設握裏親膚，繫鈎中指，結于擥。」注：「擥，掌後節中也。」以握繫一端，繞擥還從上自貫，反與其一端結之。」疏曰：「上文設握連擥者，據右手有決者，不言左手無決者，故記之。令裏親膚，據從手内置之，長尺二寸，中掩之，手纔相對也。兩端各有繫，先以一端繞擥一匝，還從上自貫。又以一端向上鈎中指，反與繞擥者結於掌後節中。」○頃時嘗見一士人語及《家禮》「握手」，固執以爲兩手用一云云。蓋未見《儀禮》所云，而惑於手纔相對之説。及《家禮》但云握手而不記其數，如充耳二、履二云者，此甚可笑。手纔相對者，手與握手相對，非謂兩手相對也。不記其數者，文字間詳略偶不同耳。不然，則「襪」字下何以又無「二」字，豈以一襪而納兩足故歟？且兩手用一，則非獨兩手側立未安，亦且交手束縛如莊子所稱「交臂歷指」者，然此豈孝子所忍爲哉！

深衣大帶履

并見上。大帶，即《禮》「緇帶」是也。履，禮，夏用葛屨，冬用皮屨，其色皆白。

袍

按《後漢·禮儀志》：「三老五更皆服都紵大袍單衣，皂緣領袖中衣。」又《輿服志》：「袍，單衣。皂緣領袖中衣爲朝服。」又按《喪大記》：「袍必有表。」注：「袍，衣之有著者，乃褻衣也。」朱子亦曰：「袍有著者，蓋漢時單衣名袍，而後世所謂緑袍、紫袍之類，亦皆單衣也。」然則袍之名，於單複俱有。而此與襖并稱，則指有著者明矣。

襖

横渠先生解襦袴義曰：「袴則今之袴也。襦則今之襖子也。」是今之襖即古之襦。襦有著者，亦褻衣也。黄魯直爲宫教，有五開府者，酒餘脱淺色香羅襖，衣之。公醉中作詩曰「疊送香羅淺色衣，著來春氣入書帷」云云。襖蓋當時世俗所常服者。見《山谷集》。

汗衫

按《唐·車服志》，凡祀天地之服皆有白紗中單。又《炙轂子》曰：「朝燕衮冕中有白紗中單，又有明衣，皆汗衫之象。至漢高祖與項羽戰，汗透中單，改名汗衫。貴賤通服之。」以此觀之，則汗衫者蓋親身之單衣也。

勒帛裹肚

俗謂腹爲肚，勒帛裹肚以丘氏之説推之，以帛裹尸腹者也。歐陽公以朱抹劉幾試卷，謂之紅勒帛。蘇子瞻詩：「青綾衲衫暖襯甲，紅線勒帛光繞脅。」觀此，則凡所謂勒帛者，其形與容亦可想見矣。

「士喪」止「三稱」

《士喪禮》，《儀禮》篇名。一單一複謂之一稱。單複具曰稱，杜預説。

「三稱者」止「緣衣」

《禮》：「爵弁服、純衣、纁裳。」注：「謂生時爵弁所衣之服也。古者以冠名服，死者不冠。」疏：「士助祭之常服，蓋上服也。死者不冠，而經曰爵弁服者，直取以冠名服而已，非爲用冠也。」純如《論語》「今也純」之「純」，絲也。

皮弁服

注：「皮弁所衣之服，朝服也。其服白布衣、素裳也。」疏：「亦直取以冠名服而已。」

褖衣

注：「黑衣裳赤緣之謂褖。褖之言緣也，所以表袍者也。《喪大記》曰：『衣必有裳，袍必有表，不襌，謂之一稱。』」疏：「此褖衣玄端，私朝之服也。玄端有三等裳，此喪禮質略同玄裳而已。但此玄端連衣裳，與婦人褖衣同，故變名褖衣也。蓋連衣裳者，以其用之以表袍，袍連衣裳故也。」襌、單同。

設冒櫜之

注：「櫜，韜盛物者，取事名焉。」疏：「此本名冒而云櫜，櫜是韜盛之名。今以冒櫜盛尸，故名爲櫜，是取盛物之事名焉。」櫜，古刀反。

「冒韜尸者」止「齊手」

《禮》：「冒，緇質，長與手齊，赬殺，掩足。」注：「冒，韜尸者，制如直囊。上曰質，下曰殺。質，正也。

其用之，先以殺韜足而上，後以質韜首而下，齊手。上玄下纁，象天地也。」經，尺貞反。

「君錦冒黼」止「殺三尺」

此《喪大記》文，鄭氏引入「冒」下注中。本注：「君質用錦，殺畫黼文，故曰『錦冒黼殺』也。其制縫合一頭，又縫連一邊，餘一邊不縫，兩囊皆然。綴房七者，不縫之邊，上下安七帶，綴以結之也。上之質從頭而下，其長與手齊。殺則自下而上，其長三尺也。」

「古者人死不冠」止「結於項中」

《禮》：「鬠笄用桑，長四寸。」注：「長四寸，不冠故也。」疏：「笄有二種，一是安髮之笄，一是冠笄。冠笄長，安髮之笄短。今此笄長四寸，僅能入鬠而已，以其男子不冠也，冠則笄長矣。」《既夕記》：「其母之喪，鬠無笄。」注：「無笄，猶丈夫之不冠也。」疏：「笄，安髮之笄也。生時男子冠而婦人笄故也。鬠，即髻也。義取以髮會聚之意。」掩若今人幞頭，但死者以後二脚於頤下結之，與生人爲異也。先結頤下，既瑱幎目，然後乃還結項中也。

磊嵬

高大貌。

幞頭帽

并見上。

暖帽

當時所著者，劉氏目見，故引而況之也。

衫

即上汗衫也。

腰帶

即革帶也。

錢三實于小箱

《禮》：「貝三實于笄。」注：「貝，水物，古者以爲貨。」《既夕記》曰：「實貝拄右齻左齻。」注：「象齹[一]堅也。」疏：「齻牙，兩畔最長者，象生時齹堅也。」今《家禮》以錢代之，後世不用貝也。此即含也。齻，丁千反。

「米二升」止「實于盌」

《禮》：「稻米一豆，實於筐。」注：「士用稻豆四升。」《既夕記》：「祝淅米，差盛之。」注：「淅，沃[二]也。差，擇之也。」此即飯也。○按「飯含」疏曰：「此云貝三，下云稻米，則士飯含用米貝。故《檀弓》云『飯用米貝』亦據士禮也。君沐粱，大夫沐稷，士沐稻，而飯亦同。但士飯用稻，不言兼有珠玉。大夫以上飯時兼用珠玉也。」又按《周禮·典瑞》「大喪共飯玉、含玉」注：「飯玉，碎玉以雜米也。含玉，柱左右齻及在口中者。《雜記》曰『含者執璧將命』，則是璧形而小者耳。分寸大小未聞。」疏曰：「飯玉者，天子飯用黍，諸侯飯用粱，大夫飯用稷。天子之士飯

[一]「齹」，抄本同，四庫本《儀禮注疏》作「齒」。本段下「齹」字同。

[二]「沃」，抄本同，四庫本《儀禮注疏》作「汏」。

用粱，諸侯之士飯用稻。其飯用玉，亦與米同時。此即《禮記·檀弓》云『飯用米貝，不以食道』，鄭云『食道褻，米貝美』是也。含玉則有數有形。《雜記》云：『天子飯九貝，諸侯七貝，大夫五貝，士三貝。』鄭云『夏時禮』，以其同用貝故也。周天子諸侯皆用玉，亦與飯同時行之。其用玉以《雜記》差之，則天子用九玉，諸侯用七玉，大夫用五玉，士用三玉。若然，大夫以上不徒柱左右及在中央耳。《雜記》『含者執璧』云云者，彼是諸侯薨，鄰國遣大夫來吊，行含襚賵之禮。諸侯用璧，天子雖用玉，其形無文，故取諸侯法以況之。以其入口，故知形小也。」又按《春秋傳》，公羊曰：「含者何？口實也。」何氏曰：「天子以珠，諸侯以玉，大夫以璧，士以貝。」今觀士喪用貝，無用玉之文，恐何說近是。蓋天子又有珠耳。○《檀弓》曰：「飯用米貝，不忍虛也。不以食道，用美焉爾。」注，陳氏《集說》曰：「實米與貝于死者口中，不忍其口之虛也。此不是用飲食之道，但用此美潔之物以實之焉耳。」方氏曰：「不忍虛則無致死之不忍，不以食道則無致生之不智。」共、供同。

侍者以湯入

《禮》：「祝淅米于堂，南面，用盆。管人盡階，不升堂，受潘，煮于垼。」注：「淅，沃〔二〕也。潘，米汁也。盡階，三等之上。管人，有司主館舍者。」

「主人以下皆出帷外北面」止「拭以巾」

《禮》：「主人皆出户外，北面。」注：「象平生沐浴裸裎，子孫不在旁也。」又曰：「乃沐櫛，挋用巾。」注：「挋，晞也，清也。」疏：「櫛訖，又以巾拭髮訖，又使清淨無潘糷也。」又曰：「浴用巾，挋用浴衣。」注：「浴衣，已浴所衣之衣，以布爲之。」《既夕記》曰：「御者四人，抗衾而浴，襢笫。」注：「抗衾，爲其裸裎蔽之也。」「襢笫」注見上。《喪大記》曰：「管人汲，盡階，不升堂，授御者。御者二人浴，浴水用盆，沃水用枓，浴用絺巾，挋用浴衣，如他日。」注：「枓，酌盆水以沃尸者，以絺爲巾，蘸水以去尸之垢。浴衣，生時所用以浴者，用之以拭尸，令乾也。如他日，如生時也。」疏：「枓，酌水器，方有柄。」今用水瓢，不方。○按浴巾，禮本意以巾拭而去垢，以浴衣拭

〔二〕「沃」，抄本同，四庫本《儀禮注疏》作「汏」。

之令乾，故曰浴用巾，挋用衣。今《家禮》但曰「拭以巾」，無浴衣，從簡也。四人抗衾，二人浴之。挋，之慎反，拭也。糷，音欄，飯糜相著也。疑作「瀾」，米汁也。

剪爪

《禮》：「巾、柶、鬊、蚤埋于坎。」注：「巾，沐巾，浴巾。柶，角柶。鬊，亂髮。蚤，爪，同所剪手足之爪甲。」《喪大記》：「君大夫鬊爪實于角中，士埋之。」注：「生時積而不棄，今死，爲小囊盛之，而實于棺内之四隅，故曰角中。士則以物盛而埋之耳。」今所剪爪不隨巾櫛而埋者，爲將與平生所積者實于棺角也。愛惜遺體，不忍棄埋也。鬊，音舜。

去病時衣及復衣

按病時褻衣及復衣，古人不言所置處。疑亦同在藏衣之内，而不以爲奠衣服也。《周禮》「奠衣服」，鄭氏謂今坐上魂衣，而疏家以爲大斂之餘衣，祭時設之者也。今世俗以復衣置于魂帛箱者，無據。

「執事者」止「當肩巾之」

《禮》：「奠脯醢、醴酒，升自阼階，奠于尸東。」注：「鬼神無象」云云。疏曰：「小斂一豆一籩，大斂兩豆兩籩。此始死俱言脯及醢，亦無過一豆一籩而已。」《既夕記》云：「即牀而奠，當腢，若醴若酒。」鄭注：「腢，肩頭也。或卒無醴，用新酒。」此雖俱言醴及酒，亦科用其一，不並用也。小斂方具有，此其差也。○《檀弓》：「曾子曰：『始死之奠，其餘閣也歟？』」注：「不容改新也。」陳氏《集説》曰：「始死以脯醢醴酒就尸牀而奠于尸東，當死者之肩，使神有所依也。閣所以庋置飲食，蓋以生時庋閣所餘脯醢爲奠也。」方氏曰：「人之始死，以禮則未暇從其新，以情則未忍易其舊也。」腢，右口反。庋，舉履切。閣，藏食物也。《綱目》注：「守藏史，藏庋書之所。庋或作攱。」《史·梁孝王傳》「義格」注：「如淳曰：『攱閣不得下。』」格字義攱閣也。《檀弓》：「始死之奠，其餘閣也歟？」注：「閣，庋藏也。」

復者降楔齒綴足

《禮》：「楔齒用角柶。」注：「爲將含，恐其口閉急也。」《既夕記》：「楔貌如軛，上兩末。」注：「事便也。」疏：「角柶，其形與扱醴角柶制别，故屈之如軛，中央入口，兩末向上，取事便也。以其兩末向上，出入易故也。軛，謂馬鞅，軛馬頷，亦上兩末。令以屈處入口，取出時易，故云事便也。」又曰：「綴足用燕几。」注：「綴，猶拘也。爲將屨，恐其辟戾也。」《既夕記》：「綴足用燕几，校在南，御者坐持之。」注：「校，脛也。尸南首，几脛在南以拘足，則不得辟戾矣。」疏：「古者几兩頭各施兩足。今則豎用之，一頭以夾兩足。尸南首，足向北，故以几角向南以夾足。恐几豎而傾側，故使生存侍御者一人坐持夾之，使足不辟戾，可以著屨也。自天子以下至於士，其禮同。燕几者，燕安也。當在燕寢之內，常憑之以安體也。角柶長六寸，兩頭屈曲。」

開元禮

唐開元中張説以《顯慶禮注》前後不同，宜加折衷，以爲唐禮。乃詔蕭嵩等撰定，號《大唐開元禮》。

正尸

指徙尸牀置堂中間是也。

「主人坐於牀東奠北」止「無服在後」

「藉以藁」者，禾莖爲藁，去皮爲秸。按《禮》「寢苫」注：「編藁曰苫。」此不編者，故但曰藁而已。「藉以席薦」者，莞曰席，草曰薦。或薦，或席，以服之輕重而不同也。○丘氏曰：「自是以後，凡言爲位哭，皆如此儀。」○《士喪禮》：「主人坐于牀東，衆主人在其後，西面。婦人俠牀，東面。」注：「衆主人，庶昆弟也。婦人，謂妻妾子姓也。亦適妻在前。」疏：「衆主人直言在其後，不言坐，則立可知。婦人雖不言坐，婦人無立法也。俠牀者，男子牀東，婦人牀西，以近而言也。妻妾子姓，據死者妻妾子姓而言。」又曰：「親者在室。」注：「謂大功以上，父兄姑姊妹子姓在此者。」疏：「此據主人之父兄姊妹子姓而言，父謂諸父，兄謂諸兄，從父昆弟，姑謂主人之姑，姊妹謂從父姊妹。姓猶生也。子姓，子所生，謂主人之孫，於死者謂曾孫、玄孫。曾孫爲曾祖、高祖齊衰三月，當在大功親之内，故云子姓在此者。」又曰：「衆婦人户外，北面。衆兄弟堂下，北面。」注：「衆婦人、衆兄弟，小功以下。」疏：「同是小功以下而男子在堂下者，以其婦人有事，自堂及房，不合在下，故男子在堂下，婦人户外堂上耳。」按此哭位以尸牀在室中，故有在室、在堂之别。又《喪大記》：「大夫之喪，主人坐于東方，主婦坐于西方。其有命夫、命婦則坐，無則皆立。士之喪，主人父兄子姓皆坐于東方，主婦姑姊妹子姓皆坐于西方。」注：「士賤，同宗尊卑皆坐。」疏：「大夫之喪，尊者坐，卑者立。蓋君與大夫位尊，故坐者殊其貴賤。士位卑，故坐者等其尊卑。」按此尊卑以爵位而言，若以屬與齒而言，則大夫、士一也。○今按古人位列之詳如此，亦載于此，以備參考。

「若內喪」止「北向東上」

丘氏曰：「若內喪，則親男及婦女皆如上儀。同姓丈夫不分尊卑，皆坐于幃外之東，北向，西上。異姓丈夫皆坐于幃外之西，北向，東上。」

藉藁枕塊

塊，土塊。詳見下「寢苫枕塊」注。

「主人哭盡哀」止「腰之右」

《禮》：「主人出，南面，左袒，扱諸面之右。」疏：「面，前也。謂袒左袖，扱於右腋之下帶之內，取便也。」按此袒恐與袒括髮之袒不同。《記·內則》曰：「不有敬事，不敢袒裼。」《郊特牲》曰：「肉袒割牲，敬之至也。」蓋古人有敬事則袒也。

「盥手」止「以入」

《禮》：「盥于盆上，洗貝，執以入。」今《家禮》但曰「執箱以入」，無洗錢之文。錢乃轉貨之物，豈可不洗，恐文不具也。

「侍者一人」止「由足而西」

幎巾覆面，《禮》注：「爲飯之遺落米也。」「由足而西」，《禮》注：「不敢從首前也。祝受貝米奠之，口實不由足也。」「祝受主人貝奠之，并受米奠于尸西，故主人空手由足過，以其口實，不可由足，恐褻之故也。」按錢即古之貝也。箱即盛錢者也。主人執箱以入，侍者并受而置之尸西也。

「以匙抄米」止「亦如之」

《禮》：「主人左扱米，實于右，三，實一貝。左、中亦如之。又實米唯盈。」注：「于右，尸口之右。唯盈，取滿而已。」疏：「尸南首云右，謂口東邊也。左右及中各三扱米，更云實米唯盈，則九扱恐不滿，是以重云唯盈也。」按《家禮》不言扱數，又不言盈否，恐亦文不具也。

主人襲所袒衣

《禮》：「主人襲，反位。」注：「襲，復衣也。」疏：「以其鄉袒則露形，今云襲，是復著衣也。」

○朱子曰：「未殯以前，如何恁地得一一子細。如飯含一節，教人從那裏轉，那裏安頓，一一各有定所。須是有人相，方得。」

束以絞紟

絞義，詳見下文。紟，《禮》「絞紟用布」注：「紟，今之單被也。」《喪大記》：「紟五幅，無紞。」陳氏《集説》曰：「紟，一説在絞下，用以舉尸。一説在絞上，未知孰是。」按《士喪禮》皆先言絞，後言紟，大斂有司布席，商祝布絞、紟、衾、衣。先絞次紟，次衾，次衣者，所布之序也。《喪大記》：「小臣鋪席，商祝鋪絞、紟、衾、衣。」亦所鋪之序也。《大記》又曰：「斂衾，踊；斂絞、紟，踊。」是紟亦斂也，其在絞上明矣。前説恐非。

韜以衾冒

《禮》：「設冒櫜之，幠用衾。」注見上。幠，覆也。衾，斂衾也。斂衾，大斂所并用之衾也。小斂之衾陳之。又曰：「緇衾赬裏，無紞。」注：「紞，被識也。斂衣或倒，被無別於前後也。凡衾制同，皆五幅也。」疏：「被本無首尾，生時有紞爲記識前後，恐前後互换。死者一定，不須別其前後可也。」《喪大記》：「君錦衾，大夫縞衾，士緇衾。」其説見上。幠，火具反。

「大夫五稱」止「公九稱」

《雜記》鄭注文。蓋鄭因士襲三稱而推之也。又曰：「諸侯七稱，天子十二稱也。」

「小斂」止「十九稱」

《禮》：「凡十有九稱。」注：「小斂衣數，自天子達。」疏：「必十九者，按《喪大記》『小斂衣十有九稱，君陳衣于序東，大夫士陳衣于房中』，注云：『衣十有九稱，法天地之終數也。』則天子以下皆同十九稱。言法天地之終數者，天地之初數天一地二，終數則天九地十。人在天地之間而終，故取終數爲斂衣稱數。尊卑共爲一節也。」又曰：「法天地之終數者，按《易·繫辭》生成之數，從天一地二、天三地四、天五地六、天七地八、天九地十，是十九爲天地之終數也。」

「大斂士三十稱」止「君百稱」

《喪大記》文。疏：「不依命數，是亦喪數略。則上下之大夫及五等諸侯各同一節，則天子宜百二十稱也。」

襚

《禮》注：「襚之言遺也。衣被曰襚。」《春秋·隱公元年》：「秋七月，天王使宰咺來歸惠公、仲子之賵。」《穀梁傳》曰：「乘馬曰賵，衣衾曰襚，貝玉曰含，錢財曰賻。」

「子羔」止「五稱」

見《禮記·雜記篇》。子羔即高柴，孔子門人。

「孔子之喪」止「加朝服一」

見《禮記·檀弓篇》及《家語》。公西赤，孔子門人。

「雜記」止「九稱」

士字，公字之誤也。

人死斯惡之矣

子游語，答有子之言，見《禮記·檀弓篇》。

祫 祫同。

「古人遺衣裳」止「藏於廟中」

《禮》：「大斂，衣服不必盡用。」疏曰：「《周禮·守祧職》云：『掌守先王先公之廟，祧其遺衣服藏焉。』鄭注：『遺衣服，大斂之餘也。』即此不盡用者也。」今按「守祧」注：「遷主所藏曰祧。先公之遷主藏于太祖后稷之廟，先王之遷主藏于文武之廟，群穆於文，群昭於武。」疏曰：「《士喪禮》曰：『小斂十九稱，不必盡用。』則小斂亦有餘衣，但小斂之餘至大斂更用之，大斂之餘乃留之，故知其遺衣服無小斂餘也。」《守祧職》又曰：「若將祭祀，則各以其服授尸。」鄭注：「尸當服卒者之上服，以象生時。」又按朱子曰：「凡廟之制，前廟以奉神主，後寢以藏衣冠。」安城劉氏曰：「廟之後別有寢，以藏遺衣服。祭則授尸以服之。」然則祧之所藏，蓋先王先公之遺衣服歟？

親者襚

《禮》注：「大功以上有同財之義也。」

靈座　魂帛　銘旌[一]

庶兄弟襚

《禮》注：「即衆兄弟。」是小功以下。

椸

《内則》：「楎椸。」注：「竿謂之椸。楎，杙也。」「植曰楎，横曰椸。」孔氏曰：「在墻者謂之楎，横者曰椸，以竿爲之。」蓋置衣服之具也。

[一]「靈座魂帛銘旌」，底本無，據《家禮》補。

帕

《韵會》："衣襆也。"即今之袱也。

結白絹爲魂帛

丘氏曰："魂帛，以白絹爲之，如世俗所謂同心結者，垂其兩足。按魂帛之制，本注引温公説，謂用束帛依神。而朱子本文則又謂用結白絹爲之。古束帛之制，用絹一匹，卷兩端相向而束之。結之制無可考。近世行禮之家，有摺帛爲長條，而交互穿結如世俗所謂同心結者，上出其首，旁出兩耳，下垂其餘爲兩足。有肖人形，以此依神，似亦可取。雖然用帛代重，本非古禮。用束用結，二者俱可。"按《儀節》有"束帛""結絹"二圖可考。

頮

顧同，洗面。○丘氏《儀節》曰："尸前設衣架，架上覆以帕或錦被。架前置倚，倚上置坐褥，褥上置衣服，衣服上置魂帛。倚前設卓子，卓子上設香燭、香合、酒盞、酒注、茶甌、果盤、菜楪之類。侍者朝夕設櫛頮奉養之具，皆如生時。"衣服蓋大斂之餘也。

古者鑿木爲重以主其神

《禮》：「重，木刊鑿之，置于中庭。三分庭，一在南。」注：「木也，懸物焉曰重。刊，斲治。鑿之，爲懸簪孔也。士重木長三尺。」疏云曰：「重者，以其木有物懸於下相重累，故得重名。懸簪孔者，下云繫用靲，用靲納此孔中。謂之簪者，若冠之簪，使冠連屬於紒，此簪亦相連屬於木之名也。士重三尺，大夫五尺，諸侯七尺，天子九尺。」方氏曰：「始死而未葬，則有柩矣。有柩而又設重，所以名重也。」《禮》又曰：「祝粥餘飯，用二鬲于西墻下。」注：「餘飯以飯含，餘米爲粥也。鬲，瓦器也。」疏：「煮粥於鬲而仍盛之也。」《禮》又曰：「冪用疏布灸之，繫用靲，懸于重。冪用葦席，北面，左衽。帶用靲，加之，結于後。」注：「灸謂蓋塞鬲口也。靲，竹䈼也。以席覆重，辟屈而反，兩端交於後。左衽，西端在上也。」疏：「灸，塞義，謂直用麤布蓋鬲口爲塞也。䈼，竹之青，可以爲繫者。『以席覆重，辟屈而反，兩端交於後，左衽，西端在上』者，據人北面，以席先於重，北面南掩之，然後以東端爲下向西，西端爲向東〔二〕，是爲辟屈而反，兩端交於後，爲左衽，左衽然後以䈼加束之，結於後也。」灸音久，辟，襞衣也。古人用重，其義至矣。而今人且莫識其何狀，故詳録于此。○《雜記》曰：「重既虞而埋。」注：「虞祭畢，埋於祖廟門外之東。」《檀弓》

〔二〕「西端爲向東」，抄本同，四庫本《儀禮注疏》作「西端爲上向東」。

曰：「重，主道也。殷主綴重焉，周主重徹焉。」陳氏《集説》曰：「始死作重以依神，雖非主而有主之道，故曰主道也。殷禮始殯時，置重于殯廟之庭，暨成虞主則綴此重而懸於新死者所殯之廟。周人虞而作主則徹重而埋之也。」方氏曰：「殷雖作主矣，猶綴重以懸於廟，不忍棄之也。周既作主矣，重遂徹而埋於土，不敢瀆之也。」《晉・禮志》：「蔡謨曰：『以二瓦器盛始死之祭，繫於木，裹以葦席，置庭中近南，名爲重。禮，既虞而作主，今未葬未有主，故以重當之。《禮》稱爲主道，此其義也。』」張子曰：「重，主道也。謂人所嗜者飲食，故死以飲食依之。既葬然後爲主，未葬之時棺柩尚存，未可爲主，故以重爲主。今人之喪既爲魂帛，又設重，則是兩主道也。」○按張子之説則宋時或有設重依神者。○程子曰：「重，主道也。士大夫得有重，應當有主。既埋重，不可一日無主，故設苴。及其已作主，即不用苴。」○按《士虞禮》「抈茅，五寸，束之」，祭食于其上，名爲苴。或曰：「苴，主道也。」鄭氏以爲苴猶藉也，用以藉祭，非主道也。今張子、程子皆云無重故設苴依神，蓋從或人之説。

令式

指當時之敕令格式。

「用束帛依神」止「亦古禮之遺意也」

《禮》：「以其班祔。」鄭注：「凡祔，已復于寢，如既祫，祭主反諸廟。」疏：「《曾子問》云天子諸侯既祫，祭主各反其廟。今祔于廟，祔已復于寢。若大夫士無木主，以幣主其神。天子諸侯有木主者，以主祔祭。訖，主反于寢如祫祭訖主反廟相似。」鄭注又曰：「《曾子問》曰：『天子崩，國君薨，則祝取群廟之主而藏諸祖廟，禮也。卒哭成事，而後主各反其廟。』然則士之皇祖於卒哭亦反其廟，無主則反廟之禮未聞。」疏曰：「引《曾子問》者，按彼鄭注云『象有凶事者聚也』。云卒哭成事而後主各反其廟者，至祔須得祖之木主，以孫祔祭故也。天子諸侯有木主，可言聚與反廟之事。大夫無木主，祭而反之，故云無主則反廟之禮未聞。」○按注疏則大夫士無木主，以幣帛依神。程子曰：「有廟即當有主。」張子亦曰：「士大夫得有重，應當有主。」夫大夫士既得有重，重主道也。又得有廟，廟無虛主，故兩先生疑之而有此説。

輜軿

《後漢·輿服志》：「皇后乘紫罽軿車。」注：「《字林》曰：『軿車有衣蔽，無後轅者謂之輜也。』《釋名》：『軿，屏也，蔽也。』《傅子》曰：『輜車即輂也。』」

訾相

《國語·齊語》："訾相其質。"注："訾，量也。相，視也。"《楚詞》曰："無伯樂之善相，今誰使乎訾之？"朱子曰："訾，相度之義。"相，去聲。度，入聲。

三禮圖

何氏曰："阮諶有《三禮圖》。"

無主

無木主也。

銘旌

《禮》："爲銘，各以其物，亡則以緇，長半幅，經末，長終幅，廣三寸。書銘于末曰：『某氏某之柩。』"注："銘，明旌也。亡，無也。無旗，不命之士也。半幅一尺，終幅二尺，在棺爲柩。"疏曰："銘書死者名，故曰銘。各以其物者，天子諸侯大夫士各以生時所建之物爲銘。物指旌旗也。析羽注於旗干之首者，名爲旌。凡旗皆有，故曰旌旗，而單言則曰旌。凡旗之帛皆用絳。日月爲常，天子建之，故銘用大常。交龍爲旂，諸侯建之，故銘用旂。全帛爲旜，孤卿建之，故銘用旜。雜帛爲物，大夫士建之，故銘用物。子男之士不命，故無旗。生時無旌旗，故用緇，長一尺，以赬爲末，赬，赤色繒也。長二尺，總長三尺而廣三寸。古者凡布幅廣二尺二寸，而鄭除邊幅各一寸而言，故曰一尺二尺。書名于末者，書死者之名于赬末之上。某氏某者，某氏是姓，下某是名。」《禮》又曰：「竹杠三尺，置于宇，西階上。」注：「杠，銘橦也。宇，梠也。」疏：「按《禮緯》云：『天子之旌旗，其杠九仞，諸侯七仞，大夫五仞，士三仞。』今士三尺，則天子九尺，諸侯七尺，大夫五尺，皆以尺易仞也。其旌身亦以尺易仞也。旌與杠長短本同。置于西階上者，始死作銘，訖，且置於宇下西階上。待爲重訖，倚於重。卒塗，置於肂東。此時未用，權置於此也。大夫士同用物，而其杠之長短不同，故有別也。」黄氏曰：「雜帛爲物，必有以爲大夫、士之别也。」○《喪服小記》曰：「復與書銘，自天子達於士，其辭一也。男子稱名，婦人書姓與伯仲。」注：「此殷禮也。殷質，不重名，復則臣得以名君。周之禮，天子崩，復曰皋天子復。諸侯薨，復曰皋某甫復。其餘及書銘則同。」疏：「復則除天子、諸侯之外，男子皆稱姓名。書銘則天子、諸侯、大夫並與士同。」○「銘，明旌也。以死者爲不可别已，故以其旗識之。愛之，斯録之矣。敬之，斯盡其道焉耳。」疏：「銘明旌也者，謂神明死者之旌也。」陳氏《集説》曰：「愛之而録其名，敬之而盡其道。曰愛，曰敬，非虚文也。」方氏曰：「夫愛之則不忍亡，故爲旌以録死者之名。敬之則不敢遺送終之禮，故所以爲盡也。」○或疑温公之制，朱子曰：「古者旌既有等，故銘亦有等。今既無旌，則如温公之制亦適時，宜不必以爲疑也。」○雜帛，本注：「中央赤，旁邊白。」梠，音吕。屋梠，檐下。肂，以二反。推棺之坎也。温公之制即《家禮》所云者，按《荀子》「書其名置于重，則名不見而柩獨明矣」注：「謂見所書置于重，則名已無而但知其柩也。按銘皆有名，此云無。蓋後世禮變，今猶然。」然則銘之不名亦自周末已然矣。

「司馬温公」止「其制如傘架」

《禮》：「卒塗，祝取銘置于肂。」注：「爲銘設柎，樹之肂東。」疏：「始死作銘，置于重，今殯訖，取置于肂上，銘所以表柩故也。」今按柎、跗同，肂東即殯東也。注，公自注也。傘，亦作繖，蓋也。架，《博雅》「杙也」，所以舉物者。

七七日

七七之齊，因七虞而起。眉山劉氏曰：「虞者，既葬返哭而祭也。蓋未葬則柩猶在殯，既葬則返而亡焉。則虞度神氣之返，於是祭而安之。且爲木主而托之以憑依焉，故謂之虞主。嘗求之傳注，謂天子九虞，以九日爲節。諸侯七虞，以七日爲節。大夫五，士三。由是言之，既葬而虞，虞而卒哭，降殺有等。自春秋末世，大夫僭用諸侯七虞之禮矣。後代循習，莫究其義。而世俗遂以親亡以後每七日必供佛飯僧，以爲是日當於地府見某王者。吁！古人七虞之設乃如是哉！故世之治喪者未葬則當朝夕奠，朔望殷奠。既葬則作主虞祭，不必惑於浮屠齋七之説。庶乎可謂祭之以禮矣。」按劉氏名泗洙，宋時人，其學問深淺雖未可知，其爲言懇惻，而理足以破世俗之惑矣。故具録于此。

百日

百日卒哭，出《開元禮》。朱子曰：「《開元禮》以百日爲卒哭，以今人葬或不能如期，故爲此權制。王公以下皆以百日爲斷，殊失禮意。」今按百日而齋，亦因百日卒哭之義也。

設道場

佛家謂法會處爲道場。《華嚴經》：「佛入菩提道場，始成正覺。」設之者主壇宇，聚四象是也。

修建塔廟

《金剛經》注：「塔廟者，廟之爲言貌也，塔中安佛形貌。」

無邊波吒

《楞嚴經》：「有罪者入寒冰地獄，波波吒吒羅羅。」注：「忍寒聲也。」

李舟

《唐書》：「李舟，字公度，隴西人。父岑，嘗爲水部郎官。」李肇《國史補》：「李舟嘗與妹書曰『釋迦生中國，設教如周禮。周孔生西方，設教如釋迦。天堂無則已，有則君子登。地獄無則已，有則小人入』云云。」柳宗元《先友記》：「舟有文學，俊辯，高志氣。以尚書郎使危疑反側者再，不辱命。其道大顯，被讒妬，出爲刺史，廢痼卒。」

主人未成服而來哭者當服深衣

丘氏曰：「主人未成服來哭者，素淡色衣可也。」按《檀弓》，孔子曰：「始死，羔裘玄冠者，易之而已。」疏曰：「養疾者朝服。羔裘玄冠即朝服也。始死則去朝服，著深衣。」《家禮》去上服者，即去朝服之義也。《問喪》「扱上衽」注：「衽，深衣前襟也。以著深衣故扱其衽也。」又崔氏《變除》云：「自始死至成服，白布深衣不改。今襲事纔畢，而主人且未變服。吊者不可服吊服，故曰當服深衣。蓋主人深衣，故吊者亦深衣也。」又按《檀弓》：「子游裼裘而吊。曾子曰：『夫夫也，爲習於禮者，如之何其裼裘而吊也？』主人既小斂，袒，括髮。子游趨而出，襲裘帶絰而入。曾子曰：『我過矣。』」疏曰：「凡吊喪之禮，主人未變服之前，吊者吉服。吉服者，羔裘、玄冠、緇衣、素裳。又袒去上服，以露裼衣。此裼裘而吊是也。主人既變服之後，吊者雖著朝服，而加武以絰。武，吉冠之卷也。又掩以上服，若是朋友又加帶，此襲裘帶絰而入是也。」又按楊氏《吊服圖》「主人未小斂而吊」條云：「子游裼裘而吊。疏曰：『主人未變服之前，吊者吉服，謂羔裘、玄冠、緇衣、素裳。又袒去上服，以露裼衣。』」「主人既小斂而吊」條云：「《喪大記》：『吊者襲裘，加武帶絰。』小斂之後來吊者以上朝服掩襲裘上裼衣加武者。武，吉冠之卷也。主人既袒，括髮，故吊者加武。明不改冠，亦不免也。帶絰者，帶謂要帶，絰謂首絰。以明朋友之恩，加緦之絰帶。主人既襲帶，故吊者亦襲裘帶絰也。子游襲裘帶絰而入是也。」「主人既成服而吊」條云：「凡吊事弁絰服，弁絰如爵弁而素加環絰。」又曰：「大夫相爲吊服，弁絰裼衰。士相爲服吊服，加麻，即緦絰帶，疑衰素裳。」今按吊服節次如此，《家禮》但曰「未成服之前當著深衣而已」者，恐省煩也。〇裼衣，吴氏曰：「以單衣加裘上而見其美曰裼，以全衣蒙之曰襲。」胡氏曰：「古者衣裘不欲其文之著，故必加單衣以覆之。然欲其色之稱，《玉藻》所謂羔裘緇衣以裼之是也。」白雲許氏曰：「裘，冬服也。内有袍襗之屬，然後加裘，又以衣蒙之，謂之裼。此所謂衣裼衣是也。裼之色必與裘之色類。裼上加襲，襲則朝祭之服也。襗，音澤，袴也。加武帶絰，謂以絰加武也。環絰，單股絰也。五服絰皆兩股相纏也。錫衰，錫，鍛濯灰治之謂。十五升去其半，有事其布，無事其縷者。無事其縷，象衰在内也。疑衰吉服，十五升去一升。疑之言擬也，擬於吉也。吊服即疑衰也。麻謂絰也。緦絰帶即緦服之絰帶也。」

「主人相向哭盡哀」止「無辭」

丘氏曰：「按高氏曰：『古人謂吊喪不及尸，非禮也。』今人多待成服而後吊，則非矣。又曰：『親始死，雖不敢出見賓，然有所尊者則不可不出。』今本注有『吊主人，相向哭，盡哀，主人以哭對，無辭』之文，則是主人出見賓矣。然考《書儀》及《厚終禮》又有『未成服，主人不出，護喪代拜』之説。今兩存之，各爲其儀于後。俾有喪者於所尊親用前儀，於疏遠者用後儀云。」今按丘説有補未盡處，有喪者考行可也。

小斂袒括髮　免　髽　奠　代哭

衾用複者

《喪大記》："小斂，君、大夫、士皆一衾，用複衾。"注："複者，衾之有綿纊者。"

"絞横者三縱者一"止"或彩"

《禮》："厥明，陳衣于房，南領，西上。絞横三縮一，廣終幅，析其末。"注："絞，所以收束衣服爲堅急者，以布爲之。縮，縱也。横者三幅，縱者一幅。析其末者，令可結也。"疏："《喪大記》注云：『小斂之絞也，廣終幅，析其末，以爲堅之强也。大斂之絞，三析用之，以爲堅之急也。』大小斂之絞，雖皆收束，而細分則有别也。"細布者，《士喪記》："凡絞紟用布，倫如朝服。"注："倫，比也。"朝服，十五升布也，則其細可知。或彩云者，有則用彩亦可也。丘氏曰："絞用細白綿布爲之。"○《儀禮》："陳襲事，西領，南上。"《喪大記》："大夫、士西領，南上。"《家禮》亦於襲事西領南上。後不言某領某上，則皆西領南上矣。但《儀禮》大小斂皆南領西上，未詳何義。

「凡斂欲方」止「惟祭服不倒」

「祝布絞、衾、散衣、祭服。祭服不倒，美者在中。」注：「斂者趨方，或顛倒衣裳，祭服尊，不倒之也。美，善也。善衣後布於斂則在中也。」疏曰：「襲時衣裳少，不倒。小斂十九稱，衣裳多，取其要方。除祭服之外，或倒，或否。士之助祭服則爵弁服、皮弁服，并家祭服玄端亦不倒也。斂衣半在尸上，今先布者在下，則後布者在中可知也。」

「凡鋪斂衣」止「後布散衣也」

此禮「陳衣」疏文，曰：「以絞紟爲裏束衣，故皆絞紟爲先，但小斂美者在内，大斂美者在外，故小斂先布散衣，後布祭服。大斂則先布祭服，後布散衣也。襲時美者在外，是三者相變也。」散衣者，《禮》注：「褖衣以下，袍繭之屬。」疏：「有著之異名，同入散衣之屬也。」《禮記》：「纊爲繭，緼爲袍。」注：「纊，新綿。緼，舊絮。」〇褖衣在襲三稱之中，而非祭服，故亦入散衣之屬。以今而言，非上服則皆散衣也。繭、襺同，公殄反。

可以使人之勿惡

《檀弓》：「子游曰：『人死，斯惡之矣。無能也，斯背之矣。是故制絞衾，設柳翣，爲使人勿惡也。』」

陳氏《集説》曰：「恐太古無禮之時，人多如此。於是推原聖人所以制禮之初意，止爲使人勿惡勿背而已。絞衾以飾其體，柳翣以飾其棺，則不見死者之可惡矣。」

「遽納之於棺」止「皆廢矣」

高氏蓋歎當時世俗之所爲也。

「楊氏復曰」止「令可結也」

説見上。

潔滌盆新拭巾

盆以洗盞，巾以拭盞也。

「括髮」止「别室」

頭𦈢，按《禮》即布總也。斬衰六升布爲總。既束其本，又總其末，出髻後所垂六寸。齊衰三年降七升，正八升，垂長亦六寸。杖期八升，長八寸。不杖期降七升，正八升。義九升，長八寸。三月布九升，長八寸。大功八寸，小功、緦麻同一尺。布之升數，象冠數，所垂爲飾也。縫絹之説，古禮無考，疑世俗所爲而亦無妨也。丘氏曰：「以麤布爲巾代之，亦可也。」去笄纚而露其髻曰髽，爲父母皆麻髽。但母喪則男子著免時，婦人亦著布髽。至成服，男子著冠，則婦人只是露髻之髽而著布，總箭笄或榛笄也。竹箭，篠也。木，榛木也。其長皆尺。成服始用笄，斬衰，竹笄。齊衰，木笄。始死將斬衰者笄纚，將齊衰者素冠。今至小斂變，又將初喪服也。「括髮者去笄纚而髻，衆主人免者，齊衰將袒，以免代冠。冠，服之尤尊，不以袒也。免之制，舊説以爲如冠狀，廣一寸。此括髮及免用麻布爲之，狀如今之著幓頭矣。自項中而前，交於額上，却繞髻也。」疏：「今至小斂變者，謂服麻之節，故云變也。」又云：「又將初喪服也，釋『括髮』，泛云去笄纚而髻者，母雖齊衰，初亦括髮，與斬衰同，故云去笄纚而髻，髻上著括髮也。斬衰，婦人以麻爲髽。齊衰，婦人以布爲髽。髽與括髮皆以麻布，如著幓頭焉。免亦然，但以布廣一寸爲異也。」《禮》又云：「婦人髽于室。」注：「始死，婦人將斬衰者去笄而纚，將齊衰者骨笄而纚。今言髽者，亦去笄纚而髻也。齊衰以上，至笄猶髽。髽之異於括髮者，既去纚而以髮爲大髻，如今婦人露髻其象也。」疏：「婦人將斬衰者去笄而纚者，《喪服小記》云：『男子冠而婦人笄。』冠、笄相對。將斬衰，男子既去冠而著笄纚，則婦人將斬衰者亦去笄而纚可知也。將齊衰者骨笄而纚者，齊衰，男子始死素冠，故婦人亦骨笄而纚也。不言斬衰婦人去纚而髽，而但云去笄纚而髽者，專指齊衰婦人而言。文略故也。齊衰以上至髻猶髽者，謂從小斂著未成服之髽，至成服之笄，猶髽不改。至大斂殯後，乃著成服之髽以代之也。括髮與髽皆如著幓頭而異爲名者，以男子陽，外物爲名，而謂之括髮；婦人陰，内物爲稱，而謂之髽也。」賈疏又曰：「髽有二種：一是未成服之髽，即《士喪禮》所云將斬衰者用麻，將齊衰者用布是也；二者，成服之後露髻之髽是也。」皇氏分麻髽、布髽、露髻爲三。且曰：「三年之内男子不恒免，則婦人必不恒用布髽，故知恒露髻也。恒居露髻之髽則有笄。」孔疏則曰：「髽有二，一是斬衰麻髽，一是齊衰布髽，皆名露髻。」○賈疏又曰：「自齊衰以下至緦，首皆免也。」又曰：「自齊衰以下至緦，皆布髽也。」孔疏曰：「大功以下無髽。」楊氏曰：「其所用布之升數未聞。」○今按素冠、骨笄指齊衰之親而言，非謂母喪也。母喪則男子笄纚，括髮，既與父同。婦人去笄而髽，當與男子同，亦以文略故也。○《喪服小記》云：「斬衰括髮以麻，爲母括髮以麻，免而以布。」疏：「爲父小斂訖，括髮爲母。小斂後括髮與父禮同。自小斂後至尸出堂，子拜賓之時，猶與父不異。至拜賓後，子往即堂下位則異也。若爲父，此時猶括髮而踊，襲絰帶于序東，以至大斂而成服。若母喪，於此時則不復括髮，乃著布免，踊而襲絰帶，以至成服。」○陳氏《集説》曰：「布而以免，專爲母言也。」《喪服小記》又曰：「男子冠而婦人笄，男子免而婦人髽。」陳氏《集説》曰：「吉時男子有吉冠，婦人有吉笄，若親始死，男去冠，女則去笄。父喪成服也，男以六升布爲冠，女則箭篠爲笄。若喪母，男以七升布爲冠，女則榛木爲笄，故云男子冠而婦人笄也。男子免而婦人髽者，言遭齊衰之喪，當男子著免之時，婦人則髽其首也。髽有二，斬衰則麻髽，齊衰則布髽，皆名露笄也。」○按《雜記》：「小斂環絰，公、大夫、士一也。」疏曰：「環絰，一股而纏也。士素委貌，大夫以上素爵弁，而加此絰焉，散帶。」又曰：「親始死，孝子去冠而笄纚，至小斂不可無飾。士素委貌，大夫以上素弁，而貴賤悉得加環絰。故云公、大夫、士一〔二〕也。」又《檀弓》：「叔孫武叔之母死，既小斂，尸出户，袒且投其冠，括髮。」按袒、括髮當在尸未出户之時，而出户然後始投冠括髮，故子游笑之。然則小斂時著素冠明矣。故陳氏曰「斬衰之喪，親始死，去吉冠而猶有笄纚。將小斂，乃去笄，纚著素冠。小斂訖，去素冠而括髮以麻」云云。○按山陰陸佃曰：「《士喪禮》：『主人袒，括髮，衆主人免于房。』袒，括髮，一人而已，諸子皆免。」此亦誤矣。經所謂衆主人者指從父兄弟以下斬衰而免，則與齊衰無異。爲母雖齊衰而括髮則與父禮同，况斬衰而可免乎？又《既夕禮》：「小斂後，既憑尸，主人袒，括髮，絞帶，衆主人布帶。」注：「衆主人，齊衰以下。」疏：「衆主人知非衆子者，以其衆子皆斬衰絞帶，故知衆主人齊衰以下也。」先儒所説如此分明，何必別立異説

〔二〕「二」字原無，抄本同，據阮刻《禮記正義》補。

以傷名教乎？○《檀弓》曰：「袒，括髮，變也。愠，哀之變也。去飾，去美也。袒，括髮，去飾之甚也。有所袒，有所襲，哀之節也。」疏曰：「袒衣、括髮，形貌之變也。悲哀、愠恚，哀情之變也。去其尋常吉時之服飾，是去其華美也。去飾雖多端，惟袒而括髮，又去飾之中最甚者也。理應常袒，何有袒時？有襲時？蓋哀甚則袒，哀輕則襲。哀之限節也。」方氏曰：「袒則去其衣，括髮則投其冠。衣冠者，人之常服也。故曰『袒，括發，變也』。發於聲音，見於衣服，而生於陰者，此哀之常也。及有感而愠，以至於辟踴者，陽作之也。此其變歟！故曰『愠，哀之變也』。」○啓殯至卒哭，男子免，婦人髽，見《既夕禮》。○司馬公《書儀》曰：「括髮先用麻繩撮髻，又以布爲頭繆。齊衰以下皆免，裂布，或縫絹，廣寸。婦人髽亦細麻繩。齊衰以下亦用布絹，皆如幓頭之制。自項向前交於額上，却繞髻，如著幓頭也。」○朱子曰：「《儀禮注疏》以男子括髮與免，及婦人髽，皆如著幓頭。然幓頭如今之掠頭編子，自項而前交於額上，却繞髻也。免或讀如字，謂去冠。」藍田吕氏曰：「免以布爲卷幘，以約四垂短髮而露其髻，於冠禮謂之缺項。缺、頍同。冠者必先著此缺項，而後加冠。故古者有罪免冠，而缺項獨存，因謂之免者。免以其冕弁之冕，其音相亂，故改音問也。」

「設小斂牀」止「掩首及足也」

按《禮》：「厥明，陳衣于房，南領，西上。絞橫三縮一，廣終幅，析其末。」注：「絞，所以收束衣服爲堅急者也，以布爲之。縮，縱也。橫者三幅，縱者一幅。析其末者，令可結也。《喪大記》曰：『絞一幅爲三。』」疏：「厥明，對昨日始死之日爲厥明。此陳衣將陳，并取以斂，皆用篋。是以《喪大記》云『凡陳衣者實之篋，取衣者亦以篋，升降者自西階』是也。云絞所以收束衣服爲堅急者，此總解大小斂之絞，若細而分之則別。故鄭注《喪大記》云：『小斂之絞也，廣終幅，析其末，以爲堅之强也。大斂之絞，一幅三析，用之以爲堅之急也。』凡絞、紟皆用布，不言長短者，人有長短不定，取足而已。」又曰：「緇衾，赬裏，無紞。」注：「紞，被識〔二〕也。斂衣或倒，被無別於前後也。凡衾制同，皆五幅也。」疏：「斂衣或倒者，惟祭服不倒，則餘服有倒者，皆有領可記也。云被無別於前後也者，被本無首尾，生時有紞，爲記識前後，恐前後互換。死者一定，不須別其前後可也。云凡衾制皆五幅也者，此無正文。《喪大記》云：『紟五幅，無紞。』衾是紟之類，故知亦五幅也。」陳氏曰：「無紞，謂被頭不用組紐之類爲識別也。」又曰：「祭服次，散衣次，凡十有九稱。」注：「祭服，爵弁服，皮弁服。」疏：「凡陳斂衣，先陳絞紟於上，次陳祭服於下，

〔二〕「識」，原作「織」，抄本同，據四庫本《儀禮注疏》改。

故云祭服次。至大斂陳衣，亦先陳絞紟，次陳君襚祭服。所以然者，以絞紟爲裹束衣，故皆絞紟爲先。但小斂美者在内，大斂美者在外，故小斂先布散衣，後布祭服，大斂則先布祭服，後布散衣。是小斂美者在内，大斂美者在外也。襲時美者在外，是三者相變也。」又注「散衣」：「褖衣以下袍繭之屬。」疏：「袍繭，有著之異名，同入散衣之屬也。」又注十九稱謂「祭服與散衣」。疏：「士之服唯有爵弁、皮弁、褖衣而已。云十九稱，當重之使充十九。取天地終數爲斂衣稱數，尊卑共爲一節也。」餘并詳見上文。又按《喪大記》曰：「小斂於户内，大斂於阼。君以簟席，大夫以蒲席，士以葦席。」注：「簟席，竹席也。」又曰：「小斂，布絞，縮者一，横者三。君錦衾，大夫縞衾，士緇衾，皆一。衾十有九稱。君陳衣于序東，大夫士陳衣于房中，皆西領，北上。絞紟不在列。」注：「布絞，縱者在横者之上。縱者一幅，横者三幅，每幅之末析爲三片，以便結束。皆一者，君大夫士皆一衾。衾在絞之上。紟，單被也，不在列，不在十九稱之數也。」《儀禮》，陳襲事則西領，南上。小斂、大斂則南領，西上。《喪大記》，小斂則西領，北上。大斂則西領，南上。此爲不同可疑者。又按《士冠禮》疏云：「《喪大記》與《士喪禮》，陳衣或西領，或南領。此東領者，此嘉禮異於凶禮故也。」是西領、南領，凶禮所爲，故記者或錯記之歟！〇今按所鋪之序則曰絞、紟、衾、衣。蓋紟在絞之上，衾在紟之上，散衣在衾之上，祭服在散衣之上也。但大斂則祭服在衾之上耳。《檀弓》：「子游曰：『飯於牖下，小斂於户内，大斂於阼，殯於客位。』」陳氏曰：

「飯於牖下時，尸在西室牖下南首也。斂者，包裹斂藏之也。小斂在户之内，大斂出在東階，未忍離其爲主之位也。主人奉尸斂于棺，則在西階矣。」方氏曰：「斂以收斂其尸爲義，以衣衾之數有多少，故有大小之名也。」

「衣或顛」止「不倒」

上衣即祭服也，以後世言，則公服是也。詳見上文。

「執事者」止「乃去之」

《既夕記》：「小斂，辟奠，不出室。」注：「未忍神遠之也。辟襲奠以辟斂。既斂則不出於室，設於序西南，畢事而去之。」

「侍者盥水」止「小斂牀上」

按《禮》：「士盥，二人以並，東面，立于西階下。」注：「立，俟舉尸也。」疏：「舉尸，謂小斂從襲牀爲遷尸於户内服上。」又曰：「布席于户内，下莞上簟。」注：「有司布斂席也。」又曰：

「商祝，布絞、衾、散衣、祭服。祭服不倒，美者在中。」注疏見上。又曰：「士舉遷尸，反位。」注：「遷尸於服上。反位者，反西階下位也。」〇今按士二人盥手而立於西階下，待有司布斂席。商祝，布絞、衾、衣，然後舉，遷尸於服上。今《家禮》無此節次，蓋略之也。

「先去枕」止「兩肩空處」

舒，伸也。《方言》：「凡展物謂之舒。」絹，縑也。疊衣，衣之摺疊者，藉首以代枕也。兩端指衣之領及裔也。

「又卷衣」止「餘衣掩尸」

脛，按韻書：「胻也。腓腸，前骨也。」又曰：「腓，足肚也。」蓋自脛以下，衣之長所不及處，故又卷別衣以夾之，使之正方也。

左衽不紐

《喪大記》：「小斂，大斂，祭服不倒，皆左衽，結絞不紐。」注：「左衽，衽鄉左，反生時也。」

疏曰：「衽，衣襟也。生向右，左手解抽帶便也。死則襟向左，示不復解也。結絞不紐者，生時帶並爲屈紐，使易抽解。死時無復解義，故絞束畢，結之不爲紐也。」《儀禮》：「設牀笫于兩楹之間，衽如初，有枕。」注：「衽，寢卧之席也，亦下莞上簟。」又曰：「士舉，男女奉尸，侇于堂，幠用夷衾。」注：「侇之言尸也。夷衾，覆尸柩之衾也。堂謂楹間牀笫上也。」疏：「侇之言尸也者，尸之衾曰夷衾，尸之牀曰夷牀。并此侇尸不作移字，皆作侇者，侇人傍作之，故鄭注《喪大記》皆是依尸爲言也。幠用夷衾者，初死用大斂之衾覆尸。今既小斂，則大斂之衾當擬大斂，故用覆棺之夷衾以覆尸。」《喪大記》：「小斂以往用夷衾。夷衾質殺之裁猶冒也。」疏：「冒，緇質，長與手齊，赬殺掩足。此作夷衾亦如此。上以緇，下以赬，連之乃用也。此色與形制同，而連不連則異也。」《集説》：「夷衾亦上齊手，下三尺繒。色及長短、制度如冒之質殺。裁猶製也。」賈疏又曰：「《喪大記》惟言含一牀，襲一牀，大小斂不言牀者，以大小斂衣裳多，陳於地，故不言牀。襲衣裳少，含時須漉水，又須以冰寒尸，故並須牀也。」丘氏曰「按《儀禮》有卒斂、徹帷之文，無有未結絞，未掩面，猶俟其生之説。《家禮》此説蓋本温公《書儀》也。今擬若當天氣暄熱之時，死者氣已絶，肉已冷，决無可生之理，宜依《儀禮》卒斂爲是。故增入掩首、結絞於裏衾之下，而於大斂條舉棺入置堂中儀節下，去掩首結小斂絞」云。今按含襲並在南牖下，而用牀。小斂在户内，既斂遷尸于堂用牀，大斂在阼階，亦既斂遷尸于兩楹間，用牀。《家禮》則襲後遷尸牀于堂中間，小斂則在尸南，用牀。大斂則在尸牀西，與入棺同一節。其節次甚略，豈以古今堂室異制而遷動之難故如此歟？○小斂後當服未成服之麻，斬衰、苴絰而要絰，散垂三尺。齊衰、牡麻絰亦散帶垂三尺。斬衰，婦人亦苴絰帶。齊衰則牡麻絰帶，但帶不散垂。至成服日，絞帶之散垂者見《禮》疏。《家禮》無此一節。○丘氏《儀節》曰「《家禮》卷首圖有散垂至成服乃絞之説，而《家禮》無有所謂未成服而先具要絰者，故據禮補入」云云。

主人主婦憑尸哭擗

拊心曰擗。《禮》：「主人西面憑尸，踴，無算。主婦東面憑，亦如之。」注：「憑，服膺之。」

「凡子於父母憑之」止「於昆弟執之」

《喪大記》文，其間脱「妻於夫拘之」一句。陳氏曰：「憑之者，身俯而憑之。執之者，執持其衣。奉之者，捧持其衣。撫之者，撫按之也。拘之者，微牽引其衣也。皆當尸之心胸處也。」又曰：「凡憑尸，興必踴。」陳氏曰：「憑尸之際，哀情切極，故起必爲踴，以泄哀也。」

凡憑尸父母先妻子後

亦《喪大記》文。陳氏曰：「謂尸之父母妻子也。尊者先憑，卑者後憑。」

「男子斬衰」止「婦人髽于别室」

《既夕記》：「既憑尸，主人袒，括髮，絞帶。衆主人布帶。」注：「衆主人，齊衰以下也。」疏：「小斂于户内，訖。主人袒，括髮，散帶垂。經不云絞帶，及齊衰以下布帶事，故記者言之。按《喪服》苴絰之外又有絞帶，鄭注云：『要絰，象大帶。又有絞帶，象革帶，齊衰以下用布。』齊衰無等，皆是布帶也。知衆主人非衆子者，以其衆子皆斬衰、絞帶，故知衆人齊衰以下也。至緦麻，首皆免也。」《禮》：「主人、衆主人于房，婦人于室。」注：「于房，于室，釋括髮、髽宜於隱者。」疏：「男子括髮與免在東房。若相對，婦人宜髽于西房。大夫、士無西房，故於室内户西。皆於隱處爲之也。」今《家禮》皆云于别室者，亦以堂室異制故也。五世祖者，《記·大傳》：「四世而緦，服之窮也。五世祖免，殺同姓也。六世，親屬竭矣。」疏：「上自高祖，下至己兄弟，同承高祖之後，爲族兄弟。爲親兄弟期，一從兄弟大功，再從兄弟小功，三從兄弟緦麻，其四世而緦服盡也。五世則祖免而無正服，減殺同姓。六世則不復袒免，惟同姓而已，故親屬竭。」陳氏曰：「五世已無服，但不忍遽絶之，故不襲不冠，爲之肉袒，免冠以變其吉。同姓之恩，至此無減殺也，六世則親盡矣。窮而殺，殺而竭，不變吉可也。」陳氏《集説》曰：「括髮當在小斂之後，尸出堂前，主人爲將奉尸，故袒而括髮耳。」

去冠梳

冠，婦人有冠，説見上。梳義未詳。按梳，櫛髮之具，非常著之物。今曰去冠梳云，則是常著者，嘗見宋人《咏美人春睡圖》，詩曰：「雲鬢半嚲犀梳偃。」是梳亦首飾也，疑以犀角爲之。又蘇子瞻詩曰：「溪女笑時銀櫛低。」注：「於潛女首飾，亦名蓬沓。」然則世俗固已櫛梳名首飾矣。

「入門詣柩前」止「哭盡哀」

自外來，故再拜。丘氏《儀節》則四拜。按《小記》及《奔喪》無詣柩前再拜之文。或問：「孝子於尸柩之前，在喪禮都不拜，如何？」朱子曰：「想只是父母在生時，子孫欲拜，亦須俟父母起而衣服。今恐未忍以神事之，故亦不拜。」今《家禮》有再拜之文，恐或因俗。

「乃就東方」止「如始喪之儀」

按《禮》「已殯而來者無笄纚」一節，若未殯之前而來，當與在家同，不得減殺也。此一節疑指言未殯之前而來者。

「詣殯東面」止「如小斂之儀」

按《奔喪禮》「升自西階，殯東，西面，哭盡哀，括髮，袒」，疑「東」字下闕「西」字也。此一節疑指言已殯而來者。

明日後日朝夕哭猶袒括髮

按《奔喪》：「於又哭，括髮，袒，成踴。於三哭，括髮，袒，成踴。三日成服。」注：「又哭，明日之朝夕。三哭，又其明日之朝夕。」拊心曰擗，跳躍曰踴，三跳爲一踴。三日，自又哭而言也。詳見「奔喪」條下。

尊長坐卑幼立

卑幼指言主人之行以下，將設奠，故立也。

卑幼者皆再拜

按《禮》，奠祝與執事爲之，無拜奠之文。《家禮》恐或因俗。丘氏謂卑幼皆拜，而孝子不拜，然衆子亦當不拜也。

乃代哭不絶聲

《禮》：「乃代哭，不以官。」注：「代，更也。孝子始有親喪，悲哀憔悴，禮防其以死傷生，使之更哭，不絶聲而已。人君以官尊卑，士賤以親疏爲之，三日之後，哭無時。」疏：「《喪大記》：『君喪，懸壺，乃官代哭。大夫官代哭，不懸壺。士代哭，不以官。』注云：『自以親疏哭也。』壺，漏器也。人君有懸壺爲漏刻，分更代哭法。三日之後哭無時者，禮有三無時之哭，始死未殯，哭不絶聲，一無時。殯後葬前，朝夕入，於廟阼階下哭，又於廬中思憶則哭，是二無時。既練之後，在堊室之中，或十日或五日一哭，是三無時。練前葬後，有朝夕，有阼階下哭，唯此有時，無無時之哭也。」陳氏曰：「代哭不以官者，親疏之屬與家人自相代也。」

大斂

「禮曰」止「以三日爲之禮也」

《記·問喪》曰：「或問：『死三日而後斂者，何也？』曰：『孝子親死，悲哀志懣，故匍匐而哭之，若將復生然，安可得奪而斂之也。故曰，三日而後斂者，以俟其生也。三日而不生，亦不生矣。孝子之心亦益衰矣。家室之計，衣服之具，亦可以成矣。親戚之遠者，亦可以至矣。是故聖人爲之斷決，以三日爲之禮制也。』」注：「此記者設問以明三日而斂之義。」方氏曰：「始死而未忍斂之者，孝子之心存乎仁也。三日而必斂之者，聖人之禮制以義也。」

「今貧者」止「無傷也」

朱子曰：「三日便殯了，又見得防慮之深遠。今棺以用漆爲固，要拘三日便殯，亦難。」

陰陽拘忌

謂拘忌陰陽家之説，如時日不利之類。

衾用有綿者

《喪大記》：「小斂，大夫士皆用複衣、複衾。大斂，大夫士猶小斂也。」注：「複，有綿纊者。」然則小斂用複，亦有綿者。今《家禮》獨於大斂言用有綿者，蓋互文也。○丘氏曰：「按《家禮》小斂條『厥明，陳小斂衣衾』，其注下備書布絞縱横之數，又於設奠具麻之後，『設小斂床，布絞衾衣』，其注下文備書布絞先後之序。至於大斂條止書『陳大斂衣衾』，而注下無布絞之數。惟云『衣無常數，衾用有綿』者，所謂衣者，即乃大斂條下卷以塞空缺者也，所謂衾者即舉棺條下『垂其裔于外』者也。皆非用以斂者也，且此後并無『設大斂布絞衣衾』之文。而乃大斂條下注所云『掩首結絞』者，蓋以小斂時未掩其面，未結其絞，至是始掩而結之。所謂結絞者，政謂結小斂之絞耳。注中所謂『收衾』亦謂收向置于棺内，其裔之外垂者也。由是觀之，《家禮》無大斂之絞明矣。惟卷首有大斂圖，其布絞之數亦與附注所引高氏説不同，蓋非《家禮》本文也。竊意《家禮》本《書儀》，蓋合兩斂以爲一小斂。雖布絞而未結，至將入棺乃結之。以是，以入棺即爲大斂也。温公非不知古人大小斂之制，蓋欲從簡以便無力者耳。然君子不以天下儉其親，有力者自當如禮。大斂絞數用縱一横五，而斂之於床，斂訖，舉以入棺，别用衣塞其空處，而以衾之有綿者裹之。斯得禮意矣。若夫無力者不得已，如《家禮》只一小斂亦可。」

「高氏曰」止「堅之急也」

《喪大記》：「布絞，縮者三，横者五。絞一幅爲三，不辟。」臨川吴氏曰：「絞一幅爲三不辟者，辟讀如闢，開也。蓋小斂之絞縮一横三者，曰一曰三，皆以布之全幅爲數也。大斂之絞縮三横五者，曰三曰五，皆以布之小片爲數也。横絞之五，既是以兩幅之布通身裁開爲六片，而用其五片矣。縮絞之三，亦是以一幅之布裁開，其兩端爲三，但中間當腰處約計三分，其長之一不剪破耳。其横縮之絞八片皆夾小，故結束處不用更辟裂之也。若小斂横縮之絞是全幅之布，則其末須是剪開爲三，方可結束也。但其剪開處不甚長，非如大斂之縮絞三分，其長之二皆剪開也。紟五幅者，蓋布五幅聯合爲一，如今單布被。斂衾直鋪，布衾横鋪。斂時先緊卷布衾以包裹斂衾，然後結束縮絞之三。縮絞結束畢，然後結束横絞之五也。」○丘氏《儀節》曰：「按《家禮》本注無大斂之文，止是袝注引高氏説。縮者三，蓋取一幅布裂爲三片也。横者五，蓋取三幅裂爲六片，而用五也。世俗不察乎此，而惑於卷首圖注，往往以横者五爲五全幅，遂至每幅兩端各析爲十五片。間有用高氏説者，亦不知直幅裂入三分之二，及横幅通身裁開之説。今引吴氏此説，庶行禮者有據云。」〇今按《家禮》圖注誠爲謬誤，而附注高説亦不詳細説破，實如丘氏之説。故詳載兩説于此，使有所考云。〇陳氏《集説》曰：「紟五幅用以舉尸者，非是。」

衾二一覆之一藉之

《士喪禮》：「大斂，衾二。」《喪大記》：「大斂，布紟，二衾。君大夫士一也。」注：「小斂一衾，大斂又加一衾也。」

「楊氏復曰」止「横者五」

疏：「紟不在算者，鄭云『紟，今之單被也』。以其不成稱，故不在數内。不必盡用者，《周禮·守祧職》云『其遺衣服藏焉』，鄭云『遺衣服，大斂之餘也』，即此不盡用者也。小斂衣數自天子達者，《喪大記》君大夫小斂以下，同云十九稱，則天子亦十九稱也。大斂則士三十稱，大夫五十稱，君百稱，故云大斂則異矣。」並詳見上文。

兩凳

凳，丁鄧切，《字林》：「牀屬。」

卑幼則於別室

卑幼指卑幼之喪。

「侍者先置」止「四外」

《禮》：「帷堂。婦人尸西，東面。主人及親者升自西階，出于足，西面，袒。」注：「袒，大斂變也。不言髽、免、括髮，小斂以來自若矣。」「士盥如初」，注：「在西階下。」疏：「亦如小斂時。」又曰「布席如初」，注：「亦下莞上簟，鋪於阼階上，於楹間爲少〔二〕南。」又曰：「商祝，布絞、紟、衾、衣，美者在外。」又曰：「士舉遷尸，復位。主人踴，無算。卒斂徹帷。主人憑如初，主婦亦如之。」注：「士舉遷尸，謂從户外夷牀上遷尸於斂上。」又曰：「主人奉尸斂于棺，

〔二〕「少」，原作「小」，抄本同，據四庫本《儀禮注疏》改。

踴如初，乃蓋。」○按大斂一節如此，今《家禮》則並大斂入棺爲一節，蓋略之也。丘氏有《儀節》可考。

「周人殯于西階之上」止「少西而已」

孔子曰：「夏后氏殯於東階之上，則猶在阼也。殷人殯於兩楹之間，則與賓主夾之也。周人殯於西階之上，則猶賓之也。」陳氏《集説》曰：「猶在阼、猶賓之者，孝子不忍死其親，殯之於此，示猶在阼階以爲主，猶在西階以爲賓客也。在兩楹間，則是主與賓夾之，故言與而不言猶也。」方氏曰：「夏后氏殯於東階之上者，示不忍賓之爾，故曰即猶在阼也。殷人殯於兩楹之間，若將賓之矣，故曰則與賓主夾之也。周人殯於西階之上者，則若賓之矣，故曰則猶賓之也。凡此皆以其世漸文，而殯死之所愈遠而已。」丘氏曰：「阼階在東，客位在西。大斂與殯一在東，一在西，是爲兩處，則爲兩事亦明矣。《家禮》從簡省，止於大斂條下云『舉棺入置于堂中少西』，而注引温公説，『周人殯于西階之上。今堂室異制，但于堂中少西而已』，則固以殯爲言矣。惟『乃大斂』注下云『古者大斂而殯，既大斂則累墼塗之』，其意蓋謂古人大斂既畢，即殯于坎中而塗之。即注所謂『置棺于坎而塗之之謂殯』也。今世雖不塗棺而奉尸入棺，亦殯也。然大斂既畢，即舉尸入棺。雖曰二事而實同日行之，故《通解》雖分大斂與殯爲兩節，而陳大斂殯具並作一節書之，此亦可見。」

「今世俗」止「僧舍」

殯於阼者，不忍賓之也。殯於兩楹者，雖已離主位而猶未至於賓位也。周人之殯於客位，猶未免爲世道之降，而至殯之僧舍。此何義乎？世俗之所爲有不忍言者，蓋如此。

「侍者」止「結絞」

小斂時未掩未結，以俟復生，至是始掩結。

舉尸納于棺中

丘氏曰：「《喪大記》『小斂于户内，大斂于阼』云云，又曰：『君將大斂，小臣布席，商祝，布絞、紟、衾、衣。士盥于盤上，士舉遷尸于斂上。』疏曰：『小臣鋪席者，謂下莞上簟，簇於阼階上供大斂也。商祝，喪祝也，鋪絞紟衾衣等，致于小臣所鋪席上，以待尸也。士，喪祝之屬也。將舉尸，故先盥手盤上也。斂上，謂斂處。』按此則大斂不在棺中可知矣。世俗不知卷首圖非朱子本意，往往據其説就棺中大[二]斂，殊非古禮。况棺中逼窄，結絞甚難。讀禮者細考之。」

「實生時所落」止「于棺角」

《喪大記》：「君大夫鬊爪，實于角中，士埋之。」謂平生所積髮及爪也。角，棺之四隅也。士賤，故以物盛而埋之也。蓋君大夫實于棺角，士則埋之者，古禮然矣。一爪一髮亦父母遺體，貴賤有殊，恩愛則一，别埋于地，情所未忍。

「謹勿以」止「啓盜賊心」

《漢書·張釋之傳》：「文帝至霸陵，意悽愴悲懷，顧謂群臣曰：『嗟呼，以北山石爲槨，用紵絮斮陳漆其間，豈可動哉！』張釋之進曰：『使其中有可欲，雖錮南山猶有隙。使其中無可欲，雖無石槨，又何戚焉？』帝悟，遂薄葬，不起山墳。」顔師古曰：「斮，斬也。陳，施也。紵絮，可以

[二]「大」，原作「人」，據抄本改。

紵衣之絮也。斮而陳其間，又從而漆之也。有可欲，謂多藏金玉而厚葬之。人皆欲發取之，是有間隙也。無可欲，謂不置器備而薄葬。人無欲攻掘取之，故無憂慽也。錮，謂鑄塞也。云錮南山者，取其深大，假爲喻也。」《劉向傳》：「向諫成帝營陵太奢，曰：『《易》曰：「古之葬者，厚衣之以薪，葬之中野，不封不樹。後世聖人易之以棺槨。」棺槨之作，自黄帝始。黄帝葬於橋山，堯葬於濟陰，舜葬於蒼梧。丘壟皆小，葬具甚微。禹葬會稽，不改其列。殷湯、周文武皆無丘壟之處。此聖帝明王遠覽獨慮無窮之計也。周公，武王之弟也，葬兄甚微。孔子葬母於防，墓而不墳。季子葬子於嬴博，穿不及泉，斂以時服，孔子以爲合禮。仲尼孝子，延陵慈父，舜禹忠臣，周公弟弟，其葬君親骨肉皆微薄矣。非苟爲儉，誠便於體也。吴王闔閭違禮厚葬，越人發之。秦之五王皆大作丘壟，多其瘞藏，咸盡發掘暴露。至於棺槨之麗、珍寶之藏，無如秦始皇之盛。項羽既發之，牧兒又燒之，豈不哀哉！是故德彌厚者葬彌薄，知愈深者葬愈微。無德寡知，其葬愈厚；丘隴彌高，發掘必速。由是觀之，明暗之效、葬之吉凶，昭然可見矣。』」○紵著同。右記古人薄葬之由，以發明《家禮》之義。○《莊子》曰：「儒以詩禮發冢。大儒臚傳曰：『東方作矣，事之何若？』小儒曰：『未解裙襦，口中有珠。《詩》固有之曰：「青青之麥，生於陵陂。生不布施，死何含珠爲？」』『接其鬢，壓其顪。儒以金椎控其頤，徐别其頰，無傷口中珠。』」林希逸曰：「自上語下曰臚，青青之麥生於陵陂者，賦墓田也。生不布施，死何含珠爲者，譏富者也。

接其鬢以下，大儒教小儒之語。接，撮也。壓、擫同，以手按之也。顪，許穢反，頤下也。控其頤者，控開其頤也。别，亦開也。言歌此詩，教其徒徐取其珠，而欲無所損也。」〇莊周此説雖寓言，以譏一時遊説之士，借《詩》《書》聖賢之言以文其姦者，其言發冢之狀，極其凶巧，故亦録於此，以爲孝子愛親者之戒。

「收衾」止「次掩右」

首不忍先掩者，小斂未掩首之餘意也。衣不忍先右者，亦小斂未結絞之餘意。蓋左衽故也。

「主人主婦」止「盡哀」

《禮》：「主人奉尸，斂于棺，踴如初，乃蓋。」注：「棺在肂中斂尸，所謂殯也。」疏：「先以棺入肂中，而乃奉尸入棺中也。」按禮，入棺後無憑哭之文，而《家禮》云爾者，以大斂、入棺爲一節，故憑哭在入棺之後。

既大斂則累墼塗之

墼，磚之未燒者。○朱子殯長子塾，就寒泉庵西向殯。掘地深二尺，闊三四尺，内以火磚鋪砌，用石灰重重遍塗之，棺木及外用土磚夾砌。將下棺，以食五味奠亡人，次子以下皆哭拜。諸客拜奠，次子代亡人答拜。蓋兄死子幼，禮然也。又曰：「古者棺不釘，不用漆粘。而今灰漆如此堅密，猶有蟻子入去，何況不使釘漆，此不可行。」按《禮》「掘肂見衽」，注：「肂，埋棺之坎也，掘之於西階上。衽，小要也。《喪大記》曰：『君殯用輴，欑至于上，畢塗屋。大夫殯以幬，欑置于西序，塗不暨于棺。士殯見衽，塗上帷之。』又曰：『君蓋用漆，三衽三束。大夫蓋用漆，二衽二束。士蓋不用漆，二衽二束。』」疏：「肂訓爲陳，謂陳尸於坎。《檀弓》：『周人殯於西階之上。』此殯時雖不言南首，南首可知。未葬以前，不異於生，皆南首。惟朝廟時北首，必北首者，朝事不背父母，以首向之故也。引《喪大記》者，畢，盡也。四面及上盡塗之，如屋然。大夫不得四面，但逼西序，以木幬覆棺。不暨棺者，欑中狹小，裁取容棺，但欑木不及棺而已。暨，及也。士見其小要，於上塗之。云帷之者，鬼神尚幽闇，君大夫士皆同。用漆者，塗合牝牡之中也。君棺蓋每縫爲三道，小要每道爲一條，皮束之。大夫士降于君也，大夫有漆，士無漆。引以證經肂與衽之義也。」楊氏曰：「今按古者棺不用釘鑿，棺蓋之際以衽子連之，其形兩端大而中小，所謂小要也。見衽者，衽出見於平地。肂，深淺之節也。」○陳氏曰：「輴，盛柩之車也。殯時以柩置輴上。欑猶叢也，叢木于輴之四面至于棺上也。塗，以泥塗之也。大夫之殯不用輴，其棺一面貼西序之壁，而欑其三面。上不爲屋形，但以棺衣覆之。幬，覆也。塗不暨棺者，大夫欑狹而去棺近，所塗者僅僅不及于棺而已。士殯掘肂以容棺，肂即坎也。棺在肂中，不没其蓋。縫用衽處，其衽以上亦用木覆而塗之。帷，幃也。貴賤皆用帷，惟朝夕之哭乃褰舉其帷耳。」○按「欑」一作「菆」。《檀弓》：「天子之殯也，菆塗龍輴。」疏：「菆，叢也。菆塗謂用木叢棺而四面塗之也。」○按《檀弓》「棺束，縮二横三；衽，每束一」，注，陳氏曰：「古者棺不用釘，惟以皮條直束之二道，横束之三道。衽，形如今之銀則子，兩端大而中小。漢時呼爲小要，不言何物爲之，其亦木乎？衣合縫處曰衽，以小要連合棺與蓋之際，故亦名衽。先鑿木置衽故，然後束以皮。每束處必用一衽，故衽每束一也。」

「擇樸陋之室」止「喪次」

《禮》：「居倚廬。」注：「倚木爲廬，在中門外東方，北户。」疏：「北户者，以倚東壁爲廬，一頭在北，北户向陰。至既虞之後，柱楣翦屏，乃西向開户。」

寢苫枕塊

《禮》注：「苫，編藁。塊，堛也。」疏：「孝子寢卧之時，寢於苫，以塊枕頭。必寢苫者，哀親之在草。枕塊者，哀親之在土。云苫編藁者，鄭因時人用藁爲苫而言『編藁』也。堛，墣也。」

不脱絰帶

《禮》注：「哀戚不在於安。」疏曰：「云不脱絰帶者，冠衰自然不脱，以其絰帶在冠衰之上，故舉絰帶而言也。」

不與人坐焉

《曲禮》：「有喪者專席而坐。」注：「專，單也。」吕氏曰：「專席，不與人共坐也。」

齊衰寢席

此指齊衰之親而言。按《禮》注：「斬衰倚廬，齊衰堊室，大功有帷帳，小功緦麻有床笫可也。」又按《記·間傳》：「父母之喪，居倚廬，寢苫，枕塊，不脱絰帶。齊衰之喪，居堊[二]室，芐剪不納。大功之喪，寢有席。小功、緦麻，牀可也。」注：「芐，蒲之可爲席者。但剪之使齊，不編納其頭而藏於内也。」《喪大記》：「父母之喪，居倚廬，不塗，寢苫，枕塊，非喪事不言。」疏曰：「倚廬者，於中門之外東墻下倚木爲廬也。不塗者，但以草夾障，不以泥塗飾之也。是居母之喪，亦與斬衰無異也。」芐，音下。

「大功」止「復寢」

按《喪大記》：「期，終喪不御於内者，父在爲母爲妻；齊衰期者，大功布衰九月者，皆三月不御於内。」然父在爲母者，又持心喪三年。

「婦人」止「別室」

《喪大記》：「婦人不居廬，不寢苫。喪父母，既練而歸。」注：「練後乃歸夫家也。」

[二]「堊」，原作「亜」，抄本同，據阮刻《禮記正義》改。

右考證乃先生晚年之所撰也。斯文不幸，未克卒業。判書金公堉親炙，最初所藏《家禮》册子，上有先生筆跡，即先生在江東時手書也。於是裒而合之，初喪儀大斂以上則從本藁，以下則從册頭所録，然後首尾無闕，得爲全書。吁，亦不幸中幸也！蓋先生亦嘗輯此編於關西，草成而燬于丙丁。册頭所録只存其梗概，故比諸本藁，前後詳略雖似大相不同，然皆出於先生之手。則是書之成始成終，豈偶然而已？

家禮考證卷之七

成服

《既夕禮》：「大斂，既馮尸。既殯，主人脱髦。三日，絞垂。」注：「成服日，絞要絰之散垂者。」按絞垂一節，當在此時也。

五服

五服之服，《字義》：「屬也，從也。」謂服從也。

朝哭

即朝夕哭也。

相吊如儀

按丘氏《儀節》「是日夙興，五服之人各服其服。執杖有要絰者，絞其麻本之散垂者。男位於柩東，西向。女位於柩西，東向。各以服爲次序，擧哀相吊。諸子孫就祖父前及諸父前跪哭，皆盡哀。又就祖母及諸母前哭，亦如之。女子就祖母及諸母前哭，遂就祖父及諸父前，如男子之儀。主婦以下就伯叔母前哭，亦如之。訖，復位。按哭吊儀出《大明集禮》，今採補入」云云。○今按《家禮》但曰「哭吊如儀」，而不載其儀節，故録丘説如此。

生與來日死與往日

見《曲禮集説》，曰：「與，猶數也。成服杖，生者之事也。數死之明日爲三日。斂殯，死者之事也。從死日數之爲三日，是三日成服者，乃死之第四日也。」戴氏曰：「死者日遠，生者日忘，聖人念之，故三日而殯，死者事也，以往日數。三日而食，生者事也，以來日數。其情哀矣。聖人察於人情之故，而致意於一日二日之間。以此教民，而猶有朝祥暮歌者，悲夫！」

絞帶

象革帶也。見《衛靈公》「子張書紳」下注。

「婦人」止「大袖長裙蓋頭」

見楊氏説。大袖等制詳見補注下。父喪成服以六升布爲冠，女則箭篠爲笄。若母，男以七升布爲冠，女則榛木爲笄。蓋頭即伊川所謂蒙頭也。

適摶四寸

摶，他本作慱。

「喪服斬衰」止「女子子」

《曲禮》注：「當室謂爲父後者。世婦，君之世婦。」《曲禮》注：「女子子，重言子者，别於男子也。」疏、賈疏則又如字。以下至于杖，楊氏解。

三袧

袧，下聲。

「又杖屨一節」止「向外編之也」

朱子曰：「管屨、疏屨，今不可考。略以輕重推之，斬衰用今草鞋，齊衰用麻鞋可也。麻鞋，今卒伍所著者。」《左傳》「扉屨」注：「草屨也。」《韵會》：「扉，通作菲。草屨曰菲，亦曰不借。」《方言》：「扉、麤，履也。絲作曰履，麻作曰扉。」《喪禮》謂之管屨，《曲禮》「苞屨」注：「或爲菲。」

「魯莊公」止「服大功」

按《檀弓》：「或曰：由魯嫁，故爲之服姊妹之服。或曰：外祖母也，故爲之服。」注：「由魯而嫁，故魯君爲之服。出嫁姊妹，大功之服，禮也。或人既不知此王姬乃莊公舅之妻，而以爲外祖母，又不知外祖母服小功，而以大功爲外祖母之服，其亦妄矣。」

小功

當添女爲姊妹之子。

適婦不爲舅後者也

《小記》：「適婦不爲舅姑後者，則姑爲之小功。」注：「禮，舅姑爲適婦大功，爲庶婦小功。今此言不爲後者，以其夫有廢疾或他故，不可傳重，或死而無子，不受重者，故舅姑以庶婦之服服之也。」

緦麻

當添甥，爲舅之妻。麻指經帶，謂腰絰、首絰。

「同爨緦」止「於禮可許」

《檀弓》曰：「嫂叔之無服也，蓋推而遠之也。」注：「嫂叔之分，雖同居也，然在義爲可嫌，故推而遠之，不相爲服。」

「劉氏」止「用不得」

朱子亦有此説，在《大全》五十八「葉味道問」。○衣與裳連曰襴。

「乘樸馬」止「素轎」

男子乘樸馬，婦人素轎。

「凡重喪」止「終其餘日」

《喪服小記》：「除喪者，先重者；易服者，易輕者。」注：「男子重在首，婦人重在腰。凡所重者有除無更，故雖卒哭不受輕服，直在小祥，而男子除首絰，婦人除腰絰。此之謂除喪者先重也。易服者，謂先遭重喪，後遭輕喪，而變易其服也。此言先是斬衰，虞而卒哭，已變葛絰。葛絰之大小，如齊衰之麻絰。今忽又遭齊衰之喪，齊衰腰、首絰皆牡麻，牡麻重於葛也。服宜從重，故男不變首，女不變要，以其所重也。但以麻易男要、女首而已，故云易服者易輕者也。若未虞卒哭，則後喪不能變。」○《雜記》：「有父之喪，如未没喪而母死，其除父之喪也，服其除服，卒事反喪服。」注：「母喪未葬而值父之二祥，則不得服祥。服諸父昆弟之喪，如當父母之喪，其除昆弟之喪也，皆服其除喪之服，卒事反喪服。」「有殯，聞外喪，哭之他室。入奠，卒奠出，改服即位，如始即位之禮。」注：「入奠者，哭之明日之朝，著己本喪之服，入奠殯宫，奠畢而出，乃脱己本喪之服，著新死者未成服之服，而即昨日他室所哭之位，如始聞喪而即位之禮也。」○「曾子問曰：『並有喪，如之何？何先何後？』孔子曰：『葬，先輕而後重，其奠也，先重而後輕，禮也。自啓及葬不奠，行葬不哀次，反〔二〕葬，奠而後辭於殯，遂修葬事。其虞也，先重而後輕，禮也。』」注：「同時有父母或祖父母之喪，自啓及葬不奠，謂不奠父也。次者大門外之右，平生待賓客之處，柩至此則孝子悲哀，柩車暫停。今爲父喪在殯，故不得爲母伸哀於所次之處，故柩車不暫停也。葬母而反，即於父殯設奠，告語於賓以明日啓父殯之期。賓出之後，遂修營葬父之事也。葬是奪情之事，故先輕。奠是奉養之事，故先重也。虞祭亦奠之類，故亦先重。」

唐前上元元年

上元，高宗年號，後肅宗亦稱上元。

〔二〕「反」，原作「及」，據抄本改。

朝夕哭奠　上食〔二〕

「朝奠」止「夕奠」

《檀弓》：「朝奠日出，夕奠逮日。」注：「逮日，及日之未落也。象朝夕之食，事死如事生之意。朝就靈座，夕就靈床，象生時也。」

入就靈座

座，《補注》作「牀」，恐是。

「婦之喪」止「卒哭同」

《記》曰云云，祔於廟則舅主之。

〔二〕「朝夕哭奠上食」，底本無，據《家禮》補。

吊奠賻〔二〕

吊

「知生者吊，知死者傷。知生而不知死，吊而不傷；知死而不知生，傷而不吊。」《曲禮》。

横烏

疑烏帽。

「醊酒」止「留謁」

留名刺在墓前也。醊，酹也，竹芮切。

〔二〕「吊奠賻」，底本無，據《家禮》補。

拜賓

《奔喪記》：「凡拜賓，皆就賓之位而拜之，拜竟，則反己之位而哭踴也。」

「高氏曰」止「孝子齊」

「酹」字作「奠」字者，及答禮，並從高氏說。

聞喪奔喪

《奔喪》曰：「以哭答使者，盡哀；問故，又哭盡哀。」《雜記》：「未服麻而奔喪，及主人之未成絰也，疏者與主人皆成之，親者終其麻帶絰之日數。」注：「若聞訃未及服麻而即奔喪者，以道路既近，聞死即來。此時主人未行小斂，故未成絰。小功以下爲疏，值主人成服之節，則與主人皆成之。大功以上爲親，雖值主人成服，終其日數。」

「日行」止「辟害也」

父母則星行星舍。見《禮記》。

「**入門**」止「**就位哭**」

詳見小斂下楊氏説。

「與家」止「如初」

《奔喪》云：「拜賓，返位成踴。賓出，主人拜送于門外，返位。」

喪側無子孫

《喪大記》：「在竟内則俟之，在竟外則殯葬可也。」

「**齊衰**」止「**爲位而哭**」

張子曰：「爲位者，爲位哭也。然亦有神位。」《奔喪記》注。

望鄉而哭

降服則大功，亦望而哭。《記》。

治葬〔一〕

爲人所扣

扣，音骨。穿也。

「按古者」止「可也」

《曲禮》：「凡卜筮日，旬之外日遠某日，旬之内日近某日。喪事先遠日，吉事先近日。」注：「今月下旬筮來月上旬，是旬之外日也。主人告筮者云欲用遠某日，此大夫禮。士賤職褻，時至事暇可以祭，則於旬初即筮旬内之日，主人告筮者云用近某日。」

〔一〕「治葬」，底本無，據《家禮》補。

后土

丘氏《補注》改后土爲土地之神。

山脚低卸

馬解鞍謂之卸，卸謂山脚低而淺露也。

「世俗」止「不見而已」

國子高曰「葬也者，藏也。藏也者，欲人之不得見也」云云。見《檀弓》。

下帳

帳，猶供帳之帳。凡鋪陳器物總謂之供帳，故此牀席倚卓之類，以一帳字包之。下字，上下之下。

「既夕禮」止「黍稷麥」

三字連其，實四字，《儀禮》文。容及麥八字，劉氏引鄭注。

柳車

柳，聚也，諸飾之所聚也。

扎

扎系，同纏束也。

帷幌

幌，《喪大記》作「荒」，蒙也。在傍曰帷，在上曰荒，皆所以衣柳也。君龍帷黼荒，大夫畫帷。畫者，畫爲雲氣也。士布帷。布荒謂白布，不畫也。

「以木爲筐」止「准格」

筐字可疑。《夏官·御僕》：「大喪持翣。」注疏作「匡」字是也。黼，斧形。黻，兩己相背，形如亞。格，式也。格，階級也。

遷柩　朝祖　奠賻　陳器　祖奠〔一〕

發引

引，引柩車之索。○《曾子問》，孔子稱老聃之言曰：「夫柩不蚤出，不暮宿，見星而行者，惟罪人與奔父母之喪者乎？日有食之，安知其不見星也。且君子行禮，不令親痁患。」注：「痁，病也。」

輁軸

輁，巨恭切。軸，持輪者。

「日晡」止「祖奠」

顔師古曰：「祖者，送行之祭，因享飲焉。昔黄帝之子纍祖好遠遊而死，故後人祭之以爲行

〔一〕「遷柩朝祖奠賻陳器祖奠」，底本無，據《家禮》補。

神。」祭道神曰祖。《風俗通》曰：「祖，徂也。」今人謂餞行曰祖道。《檀弓》：「曾子曰：『祖者，且也。』」

遣奠〔一〕

加楔

楔，柱也。

商祝

祝三：大祝、小祝、商祝。

〔一〕「遣奠」，底本無，據《家禮》補。

及墓　下棺　祠后土　題木主　成墳〔二〕

布磚

塹，未燒磚者。磚，已燒者，塼同。

防墓

孔子父墓在防，故奉母喪以合葬。見《檀弓》。

豐碑

《喪大記》：「凡窆用綍，去碑負引。」鄭氏曰：「斲大木形如石碑，於槨四角樹之。天子六綍四碑，諸侯四綍二碑，大夫二綍二碑，士二綍無碑。」《檀弓》注：「豐碑，天子之制。桓楹，諸侯之制。」孔氏曰：

〔二〕「及墓下棺祠后土題木主成墳」，底本無，據《家禮》補。

「豐，大也。用大木爲碑，穿鑿去碑中之木，使之空，於空間著鹿盧，兩頭各入碑木以紼之，一頭係棺緘，以一頭繞鹿盧。既訖，而人各背碑負紼末頭，聽鼓聲以漸却行而下之也。桓楹不似碑，形如大楹，通而言之，亦曰碑。郵亭表曰桓，如今之橋旁表柱也。諸侯二碑，兩柱爲一碑，而施鹿盧，故鄭云四桓也。」《喪大記》又曰：「君命無嘩，以鼓窆；大夫命毋哭；士哭者相止也。」按《韻會》：「鹿盧，圓轉木也。」

反哭〔一〕

其反如疑

孔子曰：「其往也如慕，其反也如疑。」見《檀弓》。

「饋食」止「哭于堂」

進食曰饋。堂即寢也。

〔一〕「反哭」，底本無，據《家禮》補。

有吊者拜之如初

《檀弓》注：「賓之吊者，升自西階，曰如之何。主人拜稽顙。賓吊畢而出，主人送于門外，遂適殯宫，即先時所殯正寢之堂也。」此反哭之吊。《檀弓》：「弁絰葛而葬，與神交之道也，有敬心焉。」注：「居喪時冠服皆純凶。至葬而吾親托體地中，則當以敬禮之心接於山川之神也。於是以素絹爲弁，如爵弁之制，以葛爲環絰，在首以送葬。不敢以純凶之服交神者，示敬也。」《檀弓》：「殷既窆而吊，周反哭而吊。孔子曰：『殷既慤，吾從周。』」注：「孔子謂殷禮太質慤者，蓋親之在土，固爲可哀。不若求親於平生居止之所而不得，其哀爲已甚也。故吊於墓者不如吊於家者之情文爲兼盡，故欲從周也。」

虞祭

《檀弓》注：「虞猶安也。」

主人之左

吉禮尚左，凶禮尚右者，陰陽之義也。見《朱子大全》序類傳序。

粢盛醴齊

祭祀之飯曰粢盛，饗音香。祭而神歆之也。《左傳》注：「黍稷曰粢，在器曰盛。」醴酒二宿者，《周禮》謂醴齊。酒以度量節作者謂之齊。

三祭於茅束上

《郊特牲》：「縮酌用茅，明酌也。」注：「縮，泲也，謂醴齊濁泲而後可斟酌，故云縮酌也。用茅者，以茅覆藉而泲之也。《周禮》三酒。一曰事酒，爲事而新作者，其色清明，謂之明酌。言欲泲醴齊，則先用此明酌和之，然後用茅以泲之也。」○《檀弓》：「既窆，主人贈，而祝宿虞尸。」注：「祝先歸，而肅虞祭之尸矣。肅讀爲宿，進也。男則男子爲尸，女則女子爲尸。尸之爲言主也，不見親之形容，心無所係，故立尸而使之著死者之服，所以使孝子之心主於此也。禫祭以前，男女異，尸異。几祭於廟則無女尸，而几亦同矣。《小牢禮》云『某妃配』，是男女共尸。」○「虞而立尸，有几筵。」注：「葬則親形，已葬故虞祭則立尸，以象神也。大斂之奠雖有席而無几，此則設几與筵相配也。」

卒哭[一]

玄酒

《禮運》:「玄酒在室。」注:「太古無酒,用水行禮。後王重古,故尊之名爲玄酒。祭則設於室内而近北也。」又云:「玄酒以祭。」注:「每祭必設玄酒,其實不用之以酌。」

成事

祭以吉爲成,卒哭之祭乃吉祭故也。〇《小記》:「赴葬者赴虞,三月而後卒哭。」注:「赴者,急疾之義,謂家貧他故不得待三月而葬者。既疾,葬亦疾。虞以安其神,唯卒哭則必俟三月耳。」〇《雜記》:「祭稱孝子孝孫,喪稱哀子哀孫。」注:「祭,吉也。卒哭以後爲吉祭,故祝辭稱孝子或孝孫。自虞以前爲凶祭,故稱哀。」〇《家禮·祔祭》稱孝子。〇《喪大記》:「既卒哭,弁

[一] 「卒哭」,底本無,據《家禮》補。

絰帶。」注：「素弁加環絰而帶，則仍是要絰也。環絰，一股兩纏也。」○卒哭，丈夫去麻帶，服葛帶而首絰。《儀禮》：婦人以葛爲首絰，而麻帶不變。

祔

《檀弓》注：「《孝經》曰：『爲之宗廟以鬼享之。』孔子善殷之祔者，以不急於鬼其親也。」

「祖妣二人」止「以親者」

《喪服小記》：「婦祔於祖姑。祖姑有三人，則祔於親者。」注：「三人，或有二繼也。親者，謂舅所生母也。」

「祔于王父」止「不配」

配，謂以妣配考。尊指祖考。《雜記》。○《小記》：「庶子不祭殤與無後者。殤與無後者從祖祔食。」本文「旁親無後者以其班祔」。○《雜記》：「凡主兄弟之喪，雖疏亦虞之。」注：「疏指小功、緦麻，疏服之兄弟也。彼無親者主之而已。主其喪則當爲之畢虞祔之祭也。」

「適于某考」止「祔事于先考」

先考指亡者，某考指祖考。

小祥〔一〕

練服爲冠

楊氏曰：「練冠者以練布爲冠。」

〔一〕「小祥」，底本無，據《家禮》補。

大祥〔一〕

黲布

黲，淺青黑色。

禫〔二〕

彈琴而不成聲

《喪服四制》：「祥之日，鼓素琴。」無漆飾也。陳氏曰：「《記》曰『祥之日，鼓素琴』不爲非，而歌則未爲善者。琴自外作，歌由中出故也。」鼓素琴，所以散哀。

〔一〕「大祥」，底本無，據《家禮》補。
〔二〕「禫」，底本無，據《家禮》補。

縞冠素紕

縞，生絹。素，熟絹。冠與卷身皆用縞，但以素緣之耳。縞音岳。朱子曰：「白經黑緯曰縞。」

居喪雜儀〔一〕

「檀弓曰始死」止「反而息」

親始死，孝子匍匐而哭之。心形克屈，如急行道，極無所復去窮急之容也。瞿瞿，眼目速瞻之貌，如有所失而求覓之不得然也。皇皇，猶栖栖也。親歸草土，孝子心無所依托，如有望彼來而彼不至也。慨然，慨嘆日月若馳之速也。廓然，情意寥廓不樂而已。望望，往而不顧之貌。慨，憾恨之意。息，猶待也，不忍決忘其親，猶且行且止以待其親之反也。

「雜記」止「三年憂」

不怠，哀痛之切。雖不食，能自爲以致其禮也。解，懈同，惓也。或讀如本字，謂寢不脱絰

〔一〕「居喪雜儀」，底本無，據《家禮》補。

帶也。憂，憂戚憔悴。

「喪服」止「察焉」

非仁者不足以盡愛親之道，非智者不足以究居喪之理，非强者不足以守行禮之志。一説理，治也，謂治斂殯葬祭之事，唯智者能無悔事也。

「檀弓曰大功」止「可也」

業者，身所習，如學舞、學射、學琴瑟之類。廢之者，恐其忘哀也。誦者，口所習，稍暫爲之亦可。然稱「或曰」，亦未定之辭也。誦，誦詩書禮樂之文。

疏衰

疏衰，齊衰也。

「百官備」止「不言而事行者」

王侯。

「扶而起」止「事行者」

大夫、士。

「扶而起」止「面垢而已」

庶人。

慰人父母亡疏

緬，思也。襄，成也。《左傳》：「克襄大事。」

慰人祖父母亡狀

慟，音動。《韵會》：「大哭，又哀過動心。」痛，病也，傷也。

祭禮〔二〕

四時祭〔三〕

有牲曰祭

《曲禮》疏：「天子之大夫以索牛，士以羊、豕。諸侯之大夫用小牢，士用特牲。其喪祭則大夫亦得用牛，士亦用羊、豕。故《雜記》云『上大夫之虞也小牢，卒哭成事、祔皆小牢』是也。『下大夫之虞也特牲，卒

〔二〕「祭禮」，底本無，據《家禮》補。
〔三〕「四時祭」，底本無，據《家禮》補。

哭成事、祔皆小牢』是也。」○《王制》：「庶羞不踰牲。」注：「葉氏曰：『庶羞常薦而踰牲，嫌於僭物。』」

「春薦」止「以雁」

見《王制》「則薦」下注：「祭有常禮，有常時薦，非正。但遇時物即薦，然亦不過四時各一舉而已。」○鄭氏曰：「内羞配〔二〕食，糝食。庶羞，羊臐、豕膮，皆有胾塩〔三〕。」○李氏曰：「内羞穀物，庶羞牲物。」《詩》注：「俎所以載牲體。羊臛曰臐，豕臛曰膮，皆香美之名。」

諏此歲事

注：「諏，謀也。」

「致齊於内」止「不茹葷」

葷臭，菜氣不潔也。五葷，韭、蒜、芸薹、胡荽、薤也。○《祭統》：「散齊七日，致齊三日以齊

〔二〕「配」，抄本同，據四庫本《儀禮注疏》，疑當作「酏」。
〔三〕「塩」，抄本同，四庫本《儀禮注疏》作「醢」。

之。」凡十日致齊，「心不苟慮，必依於道；手足不苟動，必依於禮」是也。散齊，不飲酒茹葷之類是也。○按《大全·朱子答陳同甫書》曰「熹今年夏中，粗似小康。涉秋兩爲鄉人牽挽，蔬食請雨，積傷脾胃，遂不能食，食亦不化」云。又《自警編》：「宋真宗東封太山，車駕發京師。上及百官皆蔬食。封禪禮畢，上勞宰相王朝等曰：『卿等久食蔬，不易。』朝等皆再拜。馬知節獨進言：『蔬食者，惟陛下一人耳。王朝等在道與臣同次舍，無不私食肉者。』於是朝等皆再拜，曰：『誠如知節之言。』」以此觀之，則古人致齊不近酒肉甚明。而今或忌齊飲酒食肉，略無所忌，恐未允合情禮也。朝，本字日下一。

月祭享嘗之别

天子七廟，四廟月祭，二祧享嘗乃止。

「古人宗子」止「宗之正也」

此《答劉平甫書》，在《朱子大全》。○《曾子問》：「若宗子有罪，居於他國，庶子爲大夫，其祭也，祝曰云云。攝主不厭祭，不旅，不假，嘏。不綏，不墮祭，不配。」注：「墮，減毀之名也。」「曾子問曰：『宗子去在他國，庶子無爵而居者，可以祭乎？』孔子曰：『祭哉！』『請問其祭如之何？』子曰：『望墓而爲壇，以時祭。若宗子死，告於廟而後祭於室。宗子死，稱名不稱孝，身没而已。』」注：「宗子無罪而去，則廟主隨之。」

軒糍糕

糗餌，糕也。粉餈，糍也。《内則》作「酏」，讀爲餈，見《禮記》。軒，《内則》「細者爲膾，大者爲軒」，注：「細縷切者爲膾，大片切者爲軒。」《韵會》：「切肉如藿葉也。麋鹿、田豕、麕皆有軒。」《内則》糍、餈同，糕、餻同。《内則》「羞，糗餌粉酏」，注：「陸氏曰：『糗、餌、粉、餈謂之羞，則以甚美故也。』」

「鬱鬯」止「達于墻屋」

鬱鬯，此天子諸侯之禮。蕭，香蒿。淵泉，求諸陰，求諸陽。

「楊氏復」止「失之矣」

祭禮有特牲士、少牢大夫二禮，禮有朝踐、饋食。朝踐即朝事，祭之日早朝所行之事，「燔燎羶薌，覸以蕭光」是也。饋食即饋熟之禮，「薦黍稷，羞肝肺首心」是也。啐，取内切。至齒爲嚌，入口爲啐，嘗也。啐，一説少飲也。《射義》：「天子之大射謂之射侯。射侯者，射爲諸侯也。」大射，諸侯之射；鄉射，卿大夫之射。諸侯之射必先行燕禮，故亦謂之燕射。「卿大夫之射必先行鄉飲酒之禮。」獲音樺。

侑食

《玉藻》：「飯飧。」「飧，以飲澆飯也。禮，食竟，更作三飧，以助飽實。」所謂三飯也。《曾子問》注：「士祭尸九飯，大夫祭尸十一飯，諸侯十三飯，天子十五飯。」「祝侑，尸食」，所謂厭也。

《曾子問》：「攝主不厭祭。」注：「攝主，介子。厭，足饜飫之義，謂神之歆享也。厭有陰有陽。陰厭者，迎尸之前祝酌奠，訖，爲主人釋辭於神，勉其歆享。此時在室奧陰静之處，故云陰厭。陽厭者，尸謖起也。之後，佐食徹尸之薦俎，設於西北隅，得尸之明白處，故曰陽厭。」

受胙

《論語通義》云：「胙，福也。」《左傳》：「歸胙于公。」《國語》作「歸福」，皆謂祭肉。《左傳》注：「申生歸所祭之酒肉于獻公。」《詩》注：「善其事曰工。」承，猶傳也。來，讀曰釐，賜也；亦若賚。引也，長也。

告利成

《曾子問》注：「利，猶養也，謂共養之禮已成也。」《詩》注：「祝傳尸意，告利成於主人也。成，畢也。」

歸胙

取歸賓俎之義。

兄弟及賓迭相獻酬

酬，指旅酬。兄弟指同姓。祭必擇賓，賓一人，衆賓無數。

初祖〔一〕

杅

杅，蓋同。

「親割毛血」止「右胖」

胖，音伴。半體肉。《禮運》注：「祭玄酒，薦血毛，腥俎。三者是法上古之禮。」

匾盂

匾，音遍，器之薄者。

〔一〕「初祖」，底本無，據《家禮》補。

「肉湆」止「鉶羹」

湆，音泣。暗同。《禮記》「大羹」注：「肉湆。」疏云：「肉汁。鉶，如鼎而小，和菜羹之器。大羹者，太古之羹也，肉汁無鹽梅之和。後王存古禮，故設之，亦尚玄酒之意。」

先祖〔二〕

「四時之祫」止「有不及處」

諸侯立五廟。考廟、王考廟皆月祭之。曾考廟、高祖考、太廟享嘗乃止。

墓祭

《樂書》云：「三代以前未有墓祭，至秦始出，寢起於墓側。漢因秦，上陵皆有園寢。」見《韵

〔二〕「先祖」，底本無，據《家禮》補。

會》寢字。

滅裂

滅裂，輕薄也。

鮓

鮓，側下切，以鹽米釀魚爲菹。